ISO 26000을 통해 사회책임 살펴보기

새로운 국제표준의 이해와 실천

노 한 균

함께 살아가는 세상을 위해
노력하고 있는 **모든 분들**에게
이 책을 바칩니다.

책을 펴내며

전세계적으로 기업뿐 아니라 정부기관, NGO 등 모든 조직들에 대한 사회적 책임 요구가 증가하고 있는 가운데 지난 2010년 11월 사회적 책임 국제표준ISO 26000이 제정되었습니다. ISO 26000은 지배구조, 인권, 노동, 환경, 공정운영, 소비자, 커뮤니티 참여 및 개발 등 7대 핵심 주제에 대해 통합적인 국제표준을 제시하고 있습니다.

ISO 26000은 다른 ISO 국제표준과는 달리 인증certification을 목적으로 하지는 않지만 사회적 평판이나 시장의 평가를 통한 검증이라는 측면에서 더 큰 구속력을 가질 것으로 판단됩니다. 따라서 국내외 모든 조직들은 새로운 국제표준이 된 ISO 26000에 대하여 적극적으로 대응해 나갈 때 지속가능성을 확보할 수 있을 것입니다. 하지만 아직까지 ISO 26000에 대한 국내 산업계의 대응은 미흡한 상태이며, 기존에 지속가능 경영활동들을 활발히 수행하고 있는 국내 유수의 기업들도 이를 체계적이고 전략적으로 대응하지 못하고 있는 게 현실입니다.

ISO 26000의 제정 목적은 모든 형태의 조직들의 지속가능한 발전에 기여하는 것이라고 분명히 밝히고 있습니다. 이에 지속가능발전기업협의회KBCSD는 산업계 전반에 ISO 26000에 대한 이해 및 대응능력을 제고하는 데 조금이나마 보탬이 되고자 본

서적을 발간하게 되었습니다. 본 서적은 ISO 26000의 발간 배경, 의의, 구조, 내용 등에 대한 구체적인 내용을 포괄적으로 설명하는 국내 최초의 전문 서적입니다. 아무쪼록 본 서적이 국내 기업들의 지속가능경영 전략 수립에 있어서 유용한 참고자료가 되고 널리 활용될 수 있기를 바랍니다.

마지막으로 이번에 [ISO 26000을 통해 사회책임 살펴보기: 새로운 국제표준의 이해와 실천] 책자가 나올 수 있도록 집필에 힘써주신 국민대학교 노한균 교수님과 지속가능발전기업협의회 직원들에게 감사드립니다.

지속가능발전기업협의회

회장 허동수

추 천 사

요즘 업계에선 'ISO 26000에 대비하여야 한다'는 의견이 많이 나오고 있다. 그러나 그것이 무엇인지, 왜, 어떻게 해야 하는지, 심지어는 꼭 해야 하는 것인지 등 다양한 견해와 그에 따른 혼동이 존재한다.

1. 누가 만든 것인가?

국제표준화기구International Organization for Standardization가 만든 것이다. 국제표준화기구란 이름의 약어는 언어에 따라 달라질 수 있다. 영어로는 IOS가 되고 불어로는 OIN이 된다. 그렇지만 국제적으로 쓰이는 표준이 국가나 언어에 따라 달라져서는 안 된다는 취지에서 동등equal이란 의미의 그리스어 'isos' 에서 따온 ISO로 통일하였던 것이다.

2. 누구를 대상으로 만든 것인가?

국제표준화기구에서 만든 ISO는 결코 기업만을 대상으로 요구되는 것이 아니다. 기업, 정부, 그리고 사회를 위한 국제표준international standard for business, government, and society이라고 분명히 명시되어 있다.

3. 무엇인가?

조직의 사회(적)책임을 권하는 것이다. '조직의 결정과 활동이 사회와 환경에 미치는 영향에 대해 조직이 지는 책임'의 범위와 내용을 권고하는 것이다. 분명 ISO 26000은 ISO 9001 혹은 ISO 14001의 경우와 달리 인증용이 아니라 권고용이다.

4. 그렇다면 왜 따라야 하나?

기업과 사회의 생존을 위해서이다. 현실적으로 사회의 생존은 기업의 생존 없이는 불가능한데, 기업의 생존, 나아가 지속가능성은 돈 버는 것만으로 이룩될 수 없다. 돈 버는 것과 기업의 사회책임 수행은 별개의 것이 아니라 서로 꼬리를 물고 이어져야 지속이 가능해진다.

기업가가 사회의 희망으로 존경받아야 그 사회가 건강하고 계속 번창할 수 있다. 기업가 정신을 바탕으로 고객이 필요로 하는 제품과 서비스를 창출함으로써 구성원과 사회의 소득수준을 향상시킨 기업가들은 존경의 대상이 되어야 한다. 그런데 현실에서의 기업가는 오히려 질시와 공격의 대상이 되는 경우가 더 많다. 사회유지와 발전의 선봉장이 기업인데, 기업이 진정 그 역할을 올바로 하기 위해선 사회가 필요로 하는 재화와 서비스의 생산 즉, 가치창출만으로는 부족함이 있기 때문이다.

"각 개인이 법 테두리 내에서 열심히 살아가고, 각 (기업)조직 또한 법을 지키면서 열심히 살아간다면, 보이지 않는 손에 의하여 시장과 사회는 굴러가게 되어 있다"라고 생각할 수도 있다. 그러나 개인이나 기업은 한 국가사회의 울타리 내에서만 살지 않고 국경을 넘나든다. 그래야 자원의 글로벌 최적배분, 나아가 사회전체의 발전이 있을 수 있기 때문이다.

특정 국가에 적합한 조직의 사회책임 내용은 그 국가의 발전수준에 따라 국가별로 매우 상이할 것이다. 따라서 보이지 않는 손이 작용하기엔 어려움이 많을 수밖에 없다. 그렇다면 누가 국제사회가 필요로 하는 사회책임의 내용을 제시하여야 하나? 나아가 그것이 인증을 요하는 것이고 강요된다면 누가 얼마나 따를 것인가?

5. 왜 노한균 교수의 책이 필요한가?

ISO 26000은 기업만을 대상으로 하지 않는다. 또 인증을 통해 강요하는 내용이 아니라 권고사항이다. 따라서 ISO 26000을 진정 이해 · 수용하려면 그 내용만이 아니라 사회(적)책임의 배경과 필요성에 대한 이해가 전제가 되어야 한다. 노한균 교수는 소위 '원공' 출신의 '우교' 이시다. 원래 대한민국 공무원으로 국가기관에서 ISO를 연구하고 준비했던 분으로, 교수가 되어서도 '기업의 사회적 책임' 을 대한민국에서 가장 전문적으로 연구하는 분이다. 이런 근무와 연구의 배경을 지니신 분이기에 그의 책은 단순히 ISO 26000의 내용을 소개 · 설명하는 해설서의 수준을 넘어서, ISO 26000의 배경과 의의까지를 다루고 있다. 진정 우리 한국의 제 조직이 ISO 26000을 올바로 이해하고 실천케 하는 지침서가 될 것이다.

서울대학교 경영대학 부학장/경영전문대학원 부원장
한국윤리경영학회 회장 박원우

머 리 말

이 책은 국제표준화기구International Organization for Standardization (ISO)가 2010년 11월 1일 발표한 사회책임social responsibility(SR)에 관한 국제표준인 ISO 26000을 설명하고 독자와 함께 그 의미를 생각해보기 위해 만들어졌다.

ISO 26000의 발표에 즈음해서 국내의 관심이 부쩍 늘어났지만, 그런 관심을 제대로 충족시킬 만한 해설서는 국내는 물론 해외에서도 아직 찾아보기 힘들다. 국내에서 몇몇 단체가 교육 목적으로 만든 해설서가 있지만, 주로 영문으로 106쪽에 달하는 국제표준을 번역해서 요약하고, 거기에 일부 사례나 해설을 덧붙이는 형식이었다.

저자는 새로 발표된 국제표준을 국내에 빨리 소개하고 시사점을 살피기 위해서는 이런 작업이 필요하겠지만, 사회책임과 ISO 26000에 관심을 갖는 많은 조직과 사람들의 궁금증을 풀고, 사회책임에 대한 보다 깊이 있는 이해에 바탕을 둔 실천을 돕기 위해서는 한 단계 더 진전된 작업이 필요함을 느꼈다.

저자가 ISO의 사회책임 국제표준 개발 작업에 관여하게 된 것은 2002년부터였다. 영국에서 학위 취득을 위해, 1997년부터 우리나라에서 세간의 관심을 끌며 일어나기 시작한 소액주주운동을 연구한 저자는 사회와 기업 간의 역동적인 상호작용에 관심을 갖게 되었고, 당시에는 많은 이에게 상당히 생소한 개념이던 기업사회책임corporate social responsibility(CSR)과 이해관계자stakeholder 개념을 공부하게 되었다. 2001년 4년간의 공부를 마치고 근무처인 산업자원부(현재의 지식경제부)로 복귀했을 때, 산업자원부 기술표준원으로부터 ISO의 사회책임 국제표준 개발 작업에 대해 처음 듣게 되었다. 비록 당시 저자가 직접 담당하는 업무는 아니었지만, 외국에서 새로 배워온 지식으로 국가 정책의 일부를 도울 수 있겠다는 생각에 기술표준원과 함께 직장 상사를 설득해, ISO 개발 작업에 처음 참여하게 되었던 것이다. 그때가 10월이었는데, 이 책 제3장에서 ISO 26000 개발역사로 소개한 '글로벌 시장에서 소비자 보호 작업반' 보고서가 나온 후 후속작업을 논의하고 있을 때였다. 그로부터 ISO 26000 개발을 본격적으로 담당하기 위해 2004년 구성된 ISO 사회책임 작업반에 우리 정부 추천 전문가로 참가하고, 국내 대응을 위해 기술표준원이 구성한 SR 표준화 포럼이나 사회책임 전문위원회에 참석하는 등 ISO 26000과의 인연은 계속되었다.

그러나 그동안 ISO 26000과의 인연이 늘 편안하진 않았다. 저자가 ISO 26000 개발과정에 참여하는 것에 의미를 둔 이유는 ISO가 현재 강조하고 있는 것과 같이 전세계에서 사회책임에 관심 있는 사람들이 한데 모여 사회책임에 관해 논의하고 합의하는 것에도 있었지만, 그보다도 더 중요했던 것은 이 국제표준의 개발과정이 사회책임의 내용뿐 아니라 실천과정을 함께 보았던 데 있다. '사회책임이란 이런 것이다' 라고 미리 정해놓고 조직은 그저 따르기만 하면 되는 식의 접근보다 사회책임을 실천하려는 조직이 사회책임이 무엇인지를 근본적으로 이해하고, 스스로 실천방안을 찾도록 하는 방법을 제시하는 것이 더 큰 의미가 있다고 생각했기 때문이다.

그런데 ISO 26000의 개발과정과 그 결과물인 ISO 26000은 저자의 그런 바람에 미치지 못한 면이 꽤 있었다. 저자는 이중 몇 가지를 개발과정의 한계, 내용의 한계, 실천과정의 한계로 요약한 적이 있다. 이 책은 저자가 느끼는 ISO 26000의 한계 중 일부를 저자 나름대로 보완해서 ISO 26000이 사회책임 확산에 보다 의미 있게 기여했으면 하는 바람의 결과라고 볼 수 있다.

특히 이 책이, 여러 사람들이 사회책임에 관한 다양한 내용을 하나의 표준으로 종합하는 과정에서 나타난 표준 전체의 논리성 결여와, 사회책임 진작을 위해 근 10년간 전세계 수많은 전문가들이 투여한 순수한 노력의 결과물을 자신의 판매용 저작물로 만들기로 한 ISO의 결정에서 나타난 ISO 26000의 한계에 대한 보완이 되길 바란다.

이를 위해 이 책은 ISO 26000의 내용을 그대로 받아들여 소개하지 않고, 전체 내용을 저자 나름대로 이해하고 재해석하고 재구성했다. 일면으론 저자의 이런 노력이 ISO 26000의 온전한 이해를 가리는 독단으로 보일 수도 있을 것이다. 그러나 저자는 ISO 26000이 이 시대에 전달해야 하는 중요한 논점은 그간 사회책임 논의를 한 데 모으는 데 있는 것이 아니라, 조직이 외부에서 요구하는 사회책임의 내용을 조직의 입장에서 충분히 소화해서 체화시키는 데 있다고 본다. 따라서 독자들은, 이 분야를 수년간 공부한 사람이 보기에도 혼란스럽기 그지없는 ISO 26000의 내용을, 지난 몇 개월간 나름의 논리로 이해하기 위해 머리를 싸매고 고민한, 한 사람의 해석을 듣는다고 생각하면 좋겠다. 그리고 그 해석에 공감이 가거나 의문이 생긴다면, 이를 바탕으로 독자 나름의 사회책임과 ISO 26000에 대한 견해를 만들고 이를 기초로 사회책임을 실천해 주길 바란다. 다시 강조하지만, 이것이 ISO 26000으로부터 우리가 얻어야 할 가장 중요한 측면이라고 보기 때문이다.

10년에 가까운 사회책임 논의 결과를 ISO의 사유물로 만든 부분에 대해서, 이 책은 ISO의 저작권을 침해하지 않는 한도 내에서, 가능한 한 ISO 26000을 구매하지 않고도 ISO 26000의 핵심내용 대부분을 이해할 수 있도록 내용을 구성했다. 사회책임을 실천하고자 하는 조직과 개인이 이 책을 통해 사회책임에 관한 기본이해를 갖고 실천의 기초를 다질 수 있다면, 이 책은 그 소임을 다했다고 생각한다. 그러고 나서도 ISO 26000이라는 사회책임 표준의 한 형태를 진지하게 읽고 받아들일 필요를 느끼면, 그때 이 표준을 구입해서 원문을 읽어도 될 것이다. 그런 경우를 위해 이 책은 본문에서 다루고 있는 ISO 26000의 관련 부분을 26000 표시와 함께 최종안의 관련 절을 제시해 두었다.

이 책이 세상에 나오기까지 정말 많은 분들의 도움을 받았다. 저자가 위에 설명한 동기로 인해, 혼자서 보다 깊이 있는 ISO 26000 해설서를 만들어 보겠노라고 준비하고 있을 때, 이 책이 세상에 나오는 것의 의미를 인식하고 적극 지원의 의사를 전해준 GS 칼텍스와 지속가능발전기업협의회 허동수 회장님께 우선 감사의 말씀을 드린다. ISO 26000 발표에 즈음하여 사회책임에 관한 각국의 동향 파악이 필요하다는 저자의 뜻을 받아들여 각국 소재 코리아비즈니스센터를 통해 파악한 정보를 선뜻 제공해 주신 코트라 조환익 사장님께도 깊은 감사의 말씀을 드린다. 이 책을 구성하는 과정에서 아쉽게도 조사내용을 깊이 반영하지는 못했지만, 최근 국제동향에 기초한 감각을 갖고 집필 방향을 정하는 데 큰 도움이 되었다. 또한 바쁘신 중에 졸저를 읽는 시간을 할애해 주시고 과분한 추천의 말씀을 주신 한국윤리경영학회 회장 박원우 서울대 교수님께도 감사의 말씀을 드린다. GS 칼텍스 이현 과장님과 지속가능발전기업협의회 정구선 부장님이 그동안 보여준 깊은 신뢰의 응원은 책을 만드는 과정에서 큰 힘이 되었으며, 또한 처음 계획했던 것보다도 훨씬 더 제대로 된 책으로 보답해야 하겠다는, 큰 부담이 되기도 했다. 원고 마감의 약속을 수차례나 어기고 어떤 때는 오랜 묵묵부답으로 원고작성에만 몰두한 저자를 참을성 있게 기다려준 지속가능발전기업협의회 강전욱 연구원과 계속된 원고 독촉을 저자 대신 중간에서 받아주어 저자를 원고에 집중할 수 있도록 도와준 좋은경영천사 유혜연 차장님에게도 고맙다는 말을 전한다. 오랜 기간 집중된 사고와 집필로 균형감을 잃어가던 저자에게 계속 심신의 활력을 불어넣어 주신 설악산 신명환 선생님께도 감사의 말씀을 드린다. 끝으로, 그러나 가장 중요하게, 역시 탈고 약속을 몇 번이나 어겨가며 가족과의 시간을 포기한 채 마음 졸인 집필작업을 수개월간 계속 한 저자 옆에서 함께 힘들어 하며 지켜보고, 끊임 없이 용기를 불어넣어 준 가족에게 사랑의 마음을 전한다.

2011년 4월

성북동 집에서

노한균 씀

| 차 례 |

제 1 부

ISO 26000 개발 배경

01 사회책임에 대한 일반적 이해 | 3
사회책임의 간단한 정의 | 4
사회책임의 논의 역사 | 5
한국에서의 사회책임 논의 | 8

02 사회책임 국제흐름 | 15
국제공공기구 | 15
국제산업계 | 20
국제민간기구 | 21
국가표준기구 | 22
ISO 26000이 정리한, 사회책임 최근 동향 | 23

제 2부

ISO 26000 해설

03 ISO 26000 개요 | 29

ISO 26000 소개 | 29

ISO 26000의 구성 | 30

ISO 26000 이용법 | 33

ISO 26000의 특성 | 37

인증 표준? 비인증 표준? | 38

ISO 26000 개발역사(1): 작업반 구성 이전 | 41

ISO 26000 개발역사(2): 작업반 구성 이후 | 46

04 ISO 26000이 바라보는 사회책임 | 51

사회책임 정의의 확장 | 51

영향의 의미 | 56

❖ 영향의 인과성 | 57

이해관계자 | 59

인과성의 확장 | 60
❖ 인과성의 확장(1): 연루 | 61
❖ 인과성의 확장(2): 영향권 | 64
❖ 연루와 영향권의 관계 | 65
책임의 의미 | 70
❖ 역할의 확인 | 75
이해관계자 개념의 확장 | 77
역할 목록과 과정의 결합 | 82
ISO 26000에서 지속가능발전 | 88
❖ 3대 기본의 이해 | 89
❖ 사회정의와 인권 존중 | 97
❖ 지속가능발전의 구체화(1): 국가 차원 | 98
❖ 지속가능발전의 구체화(2): 조직 차원 | 100
사회책임 원칙 | 104
❖ 사회책임 원칙의 내용 | 104
❖ 사회책임의 핵심요소 | 106
❖ 사회책임 원칙의 의미 | 109

05 ISO 26000이 제안한 사회책임 실천: 내용 측면 | 113

ISO 26000의 사회책임 내용 | 113
7개 사회책임 핵심 주제 | 114
핵심 주제(1): 조직 거버넌스 | 119
❖ 거버넌스 이슈 | 122
핵심 주제(2): 인권 | 127
❖ 인권의 특성 | 130
❖ 인권 관련 주요 규범 | 130
❖ 인권의 8개 이슈 | 132
❖ 인권 존중의 일반 상황 | 134
❖ 인권 존중의 특정 상황 | 140
❖ 인권 존중의 방법 | 143

핵심 주제(3): 노동관행 | 143
❖ 노동관행의 5개 이슈 | 147
❖ 고용과 고용관계 | 147
❖ 근로에서의 근본원칙과 권리 | 151
❖ 근로조건과 사회보호 | 155
❖ 근로에서의 보건과 안전 | 157
❖ 근무지에서의 인간개발과 훈련 | 159
❖ 사회적 대화 | 159
핵심 주제(4): 환경 | 160
❖ 환경의 4개 이슈 | 160
❖ 지속가능한 자원 이용 | 160
❖ 오염 예방 | 162
❖ 기후변화 완화와 적응 | 165
❖ 환경 보호, 생물다양성, 자연 서식지 보호 | 166
핵심 주제(5): 공정운영관행 | 168
❖ 공정운영관행의 5개 이슈 | 171
❖ 반부패 | 171
❖ 책임 있는 정치참여 | 172
❖ 공정경쟁 | 173
❖ 가치사슬에서 사회책임 촉진 | 176
❖ 재산권 존중 | 177
핵심 주제(6): 소비자 이슈 | 178
❖ 소비자의 7개 이슈 | 179
❖ 공정 마케팅 | 179
❖ 소비자 보건과 안전 보호 | 182
❖ 지속가능소비 | 184
❖ 소비자 서비스, 지원, 불만 해결 | 187
❖ 소비자 데이터 보호 | 188
❖ 필수 서비스에 대한 접근 | 189
❖ 교육과 인식 | 190
핵심 주제(7): 지역사회 참여와 발전 | 191
❖ 지역사회 참여와 발전의 7개 이슈 | 193

❖ 지역사회 참여 | 195
❖ 사회투자 | 196
❖ 고용 창출과 기능개발 | 197
❖ 기술개발과 접근성 | 198
❖ 부와 소득 창출 | 200
❖ 교육과 문화 | 203
❖ 보건 | 203

06 ISO 26000이 제안한 사회책임 실천: 과정 측면 | 207

사회책임 실천절차모형 | 208
❖ 실천절차모형과 상세검토 | 216
과정(1): 조직의 사회책임 방향 설정 | 218
과정(2): 사회책임 확인 | 224
❖ 사회책임 범위의 확인 | 225
❖ 사회책임 근원의 확인 | 234
❖ 확인된 사회책임의 여과 | 245
과정(3): 사회책임 실천 | 251
❖ 조직의 사회책임 인식 제고 | 251
❖ 조직의 사회책임 역량 구축 | 252
❖ 조직 시스템에 사회책임 통합 | 252
과정(4): 사회책임 실천결과 확인 | 255
❖ 관 측 | 255
❖ 검 토 | 260
❖ 개 선 | 261
과정(5): 의사소통 | 262
❖ 사회책임 의사소통 일반론 | 262
❖ 이해관계자 참여 | 265
❖ 갈등 해결 | 270
❖ 사회책임 신뢰성 제고 | 271
사회책임 실천절차모형 정리 | 273

제 3부

ISO 26000의 의의

07 ISO 26000 실천의 과제 | 279
ISO 26000의 영향력 결정 모형 | 279
ISO 26000의 수용 정도 | 281
ISO 26000의 품질 | 284
조직의 ISO 26000 활용방식 | 285
수용 조직의 대응과제 | 291

부 록 | 293
참고문헌 | 329

사례

사례 1 GRI가 관리하는 보고서 목록 | 12
사례 2 개별 국가의 CSR 촉진정책 | 19
사례 3 ISO 26000을 미리 활용한 조직 | 36
사례 4 앵글로 아메리칸의 영향 확인 | 58
사례 5 OMV의 연루와 영향권 확인 | 67
사례 6 UN 인권위원회의 '기업과 인권 틀' | 127
사례 7 기업의 인권 침해사례 분석 | 129
사례 8 BLIHR 인권 매트릭스 | 138
사례 9 경쟁당국의 국제공조 | 175
사례 10 구글의 사명선언과 사회책임 | 220
사례 11 존슨앤드존슨의 '우리의 신조' | 221
사례 12 보다폰의 사회책임 전략 | 224
사례 13 EICC의 공급사슬 지속가능성 관리 | 229
사례 14 DIHR의 국가위험 포털 | 230
사례 15 WBCSD의 지속가능경영 비전 2050 | 236
사례 16 인권 영향평가 및 관리 가이드 | 238
사례 17 IFC의 이해관계자 식별 가이드 | 241
사례 18 투모로우의 가치순위 | 256
사례 19 GE의 이해관계자 참여 | 269
사례 20 ISO 26000 이행 체크리스트 | 283

표

표 1 정부 보도자료의 관련 용어 사용 | 9
표 2 한국 정부의 CSR 정책 요약 | 10
표 3 한국 기업의 GRI 보고서 추세 | 12
표 4 한국 기업의 UN 글로벌콤팩트 가입 추세 | 14
표 5 CSR 국제흐름 요약 | 24
표 6 ISO 26000 구성 | 31
표 7 ISO 사회책임 자문그룹 구성 | 43

표 8	ISO 26000 개발 주요문서 목록	48
표 9	UN 지속가능발전지표의 주제 분류	100
표 10	GRI G3 성과지표 구성	102
표 11	ISO 26000 사회책임 개념에 더해진 요소들	106
표 12	사회책임 실천 발전단계	108
표 13	ISO 26000 핵심 주제 이슈의 특성 분석	118
표 14	기업 거버넌스 접근방식 비교	121
표 15	사회책임 통합과 관련된 거버넌스 관련 행동	123
표 16	사회책임 원칙과 관련된 거버넌스 관련 행동	124
표 17	조직 거버넌스와 관련 있는 GRI G3 내용	125
표 18	7개 인권 분야와 관련 문서	131
표 19	인권분류이론과 인권 예	135
표 20	국제인권장전의 인권	135
표 21	ILO 근본협약	151
표 22	고용 최저연령	153
표 23	AA 1000의 사회책임 실천절차 구체화	210
표 24	사회책임 실천 관련 ISO 26000 부분과 실천절차	214
표 25	사회책임의 범위	231
표 26	사회영향평가 방법 비교	240
표 27	ISO 26000 전파에 관한 가설	282

그림

그림 1	ISO 26000의 SR 최근 동향 정리	25
그림 2	ISO 26000 구성체계도	32
그림 3	ISO 26000 실행의 접근순서	35
그림 4	ISO 26000 소개 사이트	39
그림 5	ISO 국제표준 개발절차	47
그림 6	ISO 26000의 사회－조직－이해관계자 관계	53
그림 7	단순한 조직－영향－이해관계자 관계	60
그림 8	연루와 영향권의 관계	65

그림 9 연루와 영향권의 관계 세분화 | 67
그림 10 확장된 주체를 가진 조직-영향-이해관계자 관계 | 69
그림 11 이해관계자 개념의 확장 | 78
그림 12 확장된 이해관계자를 가진 조직-영향-이해관계자 관계 | 80
그림 13 사회책임의 전체 과정 | 81
그림 14 조직-이해관계자 상호작용 | 83
그림 15 범주화된 사회규범과 사례 | 84
그림 16 경성, 연성규범과 제재의 종류 | 85
그림 17 조직-이해관계자 상호작용과 사회규범 | 87
그림 18 지속가능발전의 3대 기본 | 91
그림 19 3대 기본에 기초한 지속가능발전 이슈의 이해 | 93
그림 20 3대 기본에 기초한 세대 간 정의 | 95
그림 21 사회책임 전체 과정 속에서 지속가능발전 | 96
그림 22 지속가능발전 개념의 구체화 과정 | 98
그림 23 사회책임 핵심요소의 재구성 | 110
그림 24 ISO 26000의 사회책임 내용 측면 구조 | 114
그림 25 7개 사회책임 핵심 주제 | 116
그림 26 인권의 8개 이슈 | 133
그림 27 인권 8개 이슈의 재분류 | 134
그림 28 근로, 노동, 피고용 개념 구분 | 144
그림 29 노동관행의 5개 이슈 | 146
그림 30 환경의 4개 이슈 | 161
그림 31 공정운영관행의 5개 이슈 | 171
그림 32 소비자의 7개 이슈 | 180
그림 33 지역사회의 7개 이슈 | 194
그림 34 지역사회 이슈의 재분류 | 194
그림 35 SD 21000의 사회책임 실천절차 | 208
그림 36 AA 1000의 사회책임 실천절차 | 209
그림 37 UN 글로벌콤팩트의 사회책임 실천절차 | 211
그림 38 이 책의 사회책임 실천절차 | 212
그림 39 전략의 4요소 | 219

그림 40 단순한 가치사슬의 예 | 228
그림 41 다른 조직과의 다양한 관계와 그에 따른 결과 | 233
그림 42 사회책임 전체 과정과 7개 핵심 주제 | 244
그림 43 GRI의 지속가능성 이슈 중대성 평가모형 | 249
그림 44 사회책임 실천절차 상세모형 | 273
그림 45 보다 통합된 형태의 사회책임 실천절차 | 275
그림 46 ISO 26000의 향후 영향력 결정요소 | 280
그림 47 조직 중심 SR 추진방향 | 286
그림 48 이해관계자에 대한 영향의 도입 | 287
그림 49 영향력 결정요소 간 상호작용 관계 | 290

제 1 부

ISO 26000 개발 배경

01 사회책임에 대한 일반적 이해

02 사회책임 국제흐름

01 사회책임에 대한 일반적 이해

ISO 26000이 다루는 주제가 사회책임[1]social responsibility(SR)[2]인 만큼, ISO 26000을 제대로 알고 활용하기 위해서는 사회책임이 무엇인가를 가장 먼저 이해할 필요가 있다. 이 책 제3장 'ISO 26000 이용법'에서 다시 소개하지만, ISO 26000을 개발한 국제표준화기구International Organization for Standardization(ISO)도 ISO 26000을 이용해서 사회책임을 실천하려는 조직이 ISO 26000을 가지고 가장 먼저 할 수 있는 일은 ISO 26000 3절[3]Clause 3을 통해 사회

1) 이 책은 ISO 26000에 사용된 용어의 우리말 번역을 가능한 최대한 기술표준원의 번역에 따르려 한다. 그러나 영어 형용사 번역에서 많이 사용되는 "~적(的)"이란 표현은 우리말이 원래는 사용하지 않던, 일본어 표현인 "~の"의 잔재라는 지적이 있어, 번역어의 어감이 아주 어색하지 않다면, 가능한 이 표현을 사용하지 않으려 한다. 따라서 "social responsibility"도 "사회적 책임" 대신 "사회책임"으로 옮겨 쓰려 한다. 다만, 이 용어에 대한 기술표준원 번역은 사람들이 많이 사용하는 "사회적 책임"을 채택했다.

2) 이 책에서 사용된 영문 표현의 약어는 이 책의 부록(1)로 정리했다. 약어가 있는 영문 표현이 본문이나 각주에서 처음 나올 때에는 전체 이름과 약어를 함께 사용하고, 그 이후부터는 약어만 사용했다. 책을 읽다 약어가 뜻하는 의미를 모를 경우는 부록(1)을 참고하면 된다.

3) ISO 26000의 구성은 절(Clause)로 되어 있으며, 하위 구조도 3.3.1의 형식으로 표기되어 있다. 따라서 이 책에서 ISO 26000의 구조를 말할 때에는 'ISO 26000 3.3.1절'과 같이 표현한다. ISO 26000의 전체 구성 개요는 이 책 제3장 'ISO 26000의 구성'에 소개되어 있으며, 이보다 자세한 구성은

책임에 관한 일반사항을 이해하는 것이라고 했다. 사회책임에 대한 일반사항의 이해를 돕는 ISO 26000의 내용은 ISO 26000 5.2절의 '사회책임 인식'과 7.2절의 '조직 특성과 사회책임 관계,' 7.3절의 '조직의 사회책임 이해'로 이어진다.

이 장에서는 ISO 26000 3절과 다른 관련된 부분의 내용을 소개하면서, 독자들의 사회책임에 대한 이해를 도우려 한다.

사회책임의 간단한 정의

ISO 26000이 어떻게 사회책임을 규정하고 있는가를 알아보려면 사회책임에 대한 ISO 26000의 정의부터 시작하는 게 좋다. 이 정의에 더해지는 몇 가지 조건은 이 책 제4장에서 더 살펴보겠지만, ISO 26000이 정의한 사회책임을 가장 간단히 표현하면 "조직의 결정과 활동이 사회와 환경에 미치는 영향에 대해 조직이 지는 책임responsibility of an organization for the impacts of its decisions and activities on society and the environment"이라고 할 수 있다 (26000 2.18절).

이런 ISO 26000의 사회책임 정의에는 세 가지 구성요소가 '조직의 결정과 활동 → 사회와 환경에 대한 영향 → 조직의 책임' 형식으로 연결되어 있다. 따라서 이들 구성요소 각각의 의미와 구성요소를 서로 연결하는 화살표의 의미를 생각해보면, ISO 26000이 정의한 사회책임의 내용을 보다 깊이 파악할 수 있게 된다. ISO 26000의 사회책임 정의에 대한 상세한 논의는

이 책의 부록(2)로 정리했다. 부록(2)를 통해 ISO 26000의 특정 부분이 이 책의 어디에서 언급되고 있는지를 찾을 수 있다.

이 책 제 4 장에서 하기로 하고, 이 장에서는 사회책임의 간단한 정의만 파악하고, 사회책임의 다른 일반사항을 먼저 소개하기로 한다.

사회책임의 논의 역사

ISO 26000은 사회책임 논의 역사를 소개하면서, 일부 사례는 그 이전부터 있었지만, 사회책임이 조직과 정부 활동의 주제로 다뤄지기 시작한 것은 19세기 후반부터이며, 1970년대 초반부터 이 용어가 널리 사용되기 시작했다고 했다(26000 3.1절).

사회책임, 특히 기업사회책임corporate social responsibility(CSR) 논의의 시작은 19세기 후반 등장한 복지자본주의welfare capitalism와 관련이 있다(Wilson, 1958). 복지자본주의 개념은 근로자 복지를 기업과 정부 중 누가 담당할 것인가 하는 문제에서 출발했다.[4)]

미국의 경우, 기업사회책임은 어린이노동 금지, 최저임금과 최장근로시간 설정과 같이, 근로자 복지문제를 법률로 해결하려던 진보시대Progressive Era(1890년대~1920년대) 움직임에 대응해, 기업 스스로 근로자 복지 향상에 노력하면서 시작되었다. 예컨대, 풀먼 자동차Pullman Car Company, 스탠더드 오일Standard Oil, 인터내셔널

4) 초기 CSR 움직임이 최근 논의와 다른 점은 초기의 경우 국가가 법률이나 다른 규제의 형태로, 또는 근로자를 중심으로 한, 기업 이해관계자 그룹이 노동운동과 같은 집단행동의 형태로 기업경영에 관여하는 것을 피하기 위해 기업이 미리 이들이 원하는 일을 해야 한다는 인식에서 출발되었다는 점이다. 기업 외부 압력의 완화라는 동기는 현재까지도 CSR 움직임의 중요한 동인으로 작용하고 있으나, 최근 논의는 기업 외부 압력의 존재를 인정하고, 심지어 이런 압력을 원활하게 하는 것을 전제로, 기업이 외부 압력과 조화를 이루거나 외부 압력을 보완할 것을 요구하고 있다는 점에서 초기 움직임과는 차이를 보인다.

하비스터International Harvester, 포드 자동차Ford Motor Company, 미국 제철United States Steel 등 당시 미국 대기업들은 근로자들에게 유급휴가, 의료혜택, 연금, 휴양시설 등 다양한 방식의 복지 서비스를 제공하는 것을 사회책임으로 생각했다(Wikipedia, 2010).

유럽의 경우, 복지자본주의는 공공복지, 실업보험 등 사회안전망social safety net을 정부가 주도하는 복지국가welfare state 형태로 발전되어, 정부 중심의 규제를 피하기 위해 기업사회책임이 시작되었다고 보기는 어렵다. 그럼에도 불구하고 1889년 근로자에게 대출자금과 무료 건축서비스를 제공한, 독일의 프리트 크러프Fried Krupp, 석탄 근로자에게 무료 주택을 제공한, 프랑스의 율 샤고 에 씨Jules Chagot et Cie, 근로자 주택보조금을 제공한, 영국의 레버 브러더스Lever Brothers 등과 같은 유럽기업도 독자적인 사회책임 노력을 보였다(Wikipedia, 2010).[5)]

ISO 26000이 소개한 대로 CSR이란 말은 1970년대 초반부터 널리 사용되기 시작했지만, 19세기 후반 복지자본주의와 관련된 기업의 사회책임 실천 이후 1970년대까지 기업의 본질과 CSR에 대한 논의는 끊임없이 제기되어 왔다.

예를 들어, 1930년대 미국에서는 기업의 본질에 관해, 잘 알려진 '벌-도드 논쟁Berle-Dodd debate'이 있었다. 이 논쟁의 핵심은 기업을 주주의 재산으로만 보아야 할지(이를 기업의 '주주모형shareholder model' 또는 '사유재산관private property view'이라 한다), 아니면

5) 이런 배경에서 기업사회책임을 다룬, 대표적 초기 학술논의로는 미국 경제학자인 존 모리스 클라크(John Maurice Clark)가 1916년 발표한 논문 '경제책임의 변화하는 기초(The changing basis of economic responsibility)'와 1926년 발간한 저서 '기업에 대한 사회통제(Social Control of Business)'가 있다(Clark, 1916; 1926).

주주 이외의 다른 사회요구에도 관심을 가져야 하는, 사회제도나 구성원의 하나로 보아야 할지(이를 기업의 '이해관계자[6]모형 stakeholder model' 또는 '사회개체관social entity view' 이라고 한다)였다. 어떤 기업관을 가지느냐에 따라 기업 경영자가 주주의 이익을 최우선으로 경영할 것인지, 아니면 주주를 포함한 다양한 사람의 이익을 함께 고려하면서 경영할 것인지의 입장이 달라지게 된다.[7]

CSR의 개념을 보다 직접 다뤘던 초기 작가인 하워드 보웬 Howard R. Bowen은 1953년 그의 저서 '기업가의 사회책임Social Responsibility of the Businessman' 에서 사회책임을 "사회의 목적과 가치 측면에서 바람직한 정책을 추구하거나 결정하거나 일련의 행동을 취해야 하는 기업가의 의무(Bowen, 1953, p. 270)"로 정의함으로써, 순수한 주주 재산보다는 사회제도나 구성원의 하나로서의 기업관에 기초한 사회책임론을 폈다.

이후 CSR 논의는 한편으로는 '벌-도드 논쟁' 에서와 같이 과연 CSR 개념이 현실적으로 가능하고, 바람직한 것인가 하는 논쟁으로 계속 이어졌고, 다른 한편으로는 CSR 개념을 보다 정교하게 만들고 이론화시키는 노력으로 이어졌다.[8]

복지자본주의 시작과 함께 일어난, 기업사회책임의 실천적

---

6) 이해관계자 개념에 대해서는 이 책 제 4 장에서 살펴본다.

7) 벌-도드 논쟁은 주주 중심의 기업관을 주장한, 콜롬비아 법대(Columbia Law School) 교수인 아돌프 벌(Adolf A. Berle)의 논문(Berle, 1931)을, 하버드 법대(Harvard Law School) 교수인 메리크 도드(E. Merrick Dodd)가 반박하면서(Dood, 1932) 시작되었다. 벌-도드 논쟁을 소개하고 검토한 글로는 Weiner(1964), Stout(2002) 등이 있다.

8) 이상 사회책임 논의 역사는 주로 미국을 중심으로 정리되었다. 여러 나라의 사회책임을 비교한 문헌으로는 Williams & Aguilera(2008)을, 유럽을 중심으로 한 비교연구는 Habisch 외(2005)를 참고할 수 있다.

논의는 ISO 26000이 소개한 것과 같이 1970년대에 다시 퍼져나갔는데, 이 시기에는 다국적기업multinational enterprises(MNEs) 또는 multinational corporations(MNCs)의 해외 활동이 경제·사회 발전, 특히 다국적기업의 주재국host country 중에서도 개도국의 발전에 얼마만큼 도움을 주는가에 대한 논란이 크게 일어나면서, 이에 따른 사회책임 문제가 등장하게 되었다.

이 부분은 이 책 제 2 장에서 이어서 소개하기로 한다.

한국에서의 사회책임 논의

그렇다면 한국에서 사회책임 논의는 어떻게 진행되어 왔을까?

현재 확인할 수 있는 문헌을 중심으로 우리나라에서의 사회책임 논의를 거슬러 올라가보면 1970년대에까지 이른다.[9] 당시에 한국 기업인 스스로도 영리와 공익 간 균형을 잡는 경영을 사회책임으로 인식하고 있어(김성두, 1973), 앞서 소개한 보웬의 정의와 비슷하게 사회 가치를 고려하면서도 영리 측면을 함께 강조하고 있었다.

1970년대 이후 한국 학계에서는 사회책임에 관한 논의가 많지는 않지만 끊이지 않고 있었다. '벌-도드 논쟁'과 맥을 같이 해서 먼저 법학계를 중심으로 사회책임이 가장 오랫동안 논의되어 왔고(예: 정희철, 1974; 서정갑, 1986; 한철, 1989; 이병철,

9) 이 시기는, 앞서 소개한 것과 같이, 국제사회에서 CSR 확보에 대한 관심이 새롭게 일어난 1970년대와 같지만, 한국에서의 초기 논의가 이런 국제흐름에 영향을 받아 일어났다는 증거는 찾기 어려우며, 당시 한국 상황에서 독자의 논리를 가지고 시작되었다고 생각된다.

2007), 그 다음으로는 경제·사회발전론의 시각에서(예: 박영철, 1989; 유장선, 1993), 1990년대 이후는 경영학(예: 김원신 1991; 정성호, 1996), 2000년대에는 철학(예: 정원규, 2002) 시각의 논의가 더해졌다. 특히 2000년대에 들어서는 사회책임에 관한 저술을 일일이 소개하기 힘들 정도로 많은 수의 글들이 쏟아져 나왔다.[10)]

학계와는 별도로, 한국 정부의 CSR 관련 정책은 2000년대 초반 들어서야 본격적으로 시작되었다(Rho, 2008). 초기에는 윤리경영을 중심으로 논의가 시작되었는데, 이는 한편으로는 1997년 외환위기를 중심으로 전개되었던 투명경영 논의와 연결되어 있었고, 또 다른 한편으로는 당시 정부의 주요 정책관심사였던

표 1 정부 보도자료의 관련 용어 사용

	2001	2002	2003	2004	2005	2006	2007	2008	합계
윤리경영/기업윤리	2	2	6	3	13	10	4	2	42
사회공헌					10	8	14	7	39
사회적 기업						4	8	10	22
기업사회책임					2	6	5	7	20
지속가능경영				1	1	3	2		7
합계*	2	2	6	4	26	31	33	26	130

주: 같은 문서에서 2개 이상의 용어가 함께 사용된 경우 이를 모두 계산.
출처: Rho(2008), Table 1을 번역.

10) 학술논문을 중심으로 한 사회책임 관련 국내 자료 목록은 '좋은경영천사' 사이트(http://cafe.naver.com/gmakorea)에 10년을 단위로 모아 놓았다. (70년대 자료 게시글 3806번, 80년대 자료 게시글 3807번, 90년대 자료 게시글 3860번, 2000년대 자료 게시글 3866번, 2010년대 자료 게시글 3868번)

반기업정서 완화와 이른바 기업의 '기 살리기'를 위한 기업의 사회공헌활동과 연결되어 있었다.[11)]

표 2 한국 정부의 CSR 정책 요약

주체	정책 목적	정책도구[12)]						
		명령/경성 ←						→ 승인/연성
		입법	재정/규제지원	협력/PPP[1]	경영모형	훈련	교환	인정
지경부	• 친기업 환경 • 산업 적응[2]	○			○	○		○
중기청	• 산업 적응[2]		○		○	○	○	
노동부	• 일자리 창출 • 복지 서비스	○	○	○		○	○	○
복지부	• 복지 서비스 • 일자리 창출			○			○	○
환경부	• 지속가능성 (특히, 환경)	○			○		○	○
금감위	• 산업 적응[2]						○	
권익위	• 투명성				○	○	○	
공정위	• 준법(특히, 공정거래)		○		○	○		○

주: 1. PPP는 '공공－민간 협력(public－private partnership)'을 의미.
2. '산업 적응'은 기업사회책임이 기업 생존과 성장을 위해 대응해야 할, 피할 수 없는 변화이므로, 정부가 권장함을 의미.

출처: Rho(2008), 노한균(2008a).

11) 2000년대 이전에도 기업윤리에 관한 논의는 정부 내에서 간간이 있었다. 그러나 이런 논의는 경영의 일부로서의 윤리라기보다는 부정축재 척결이나 경제력 집중 억제와 같은 기업－정부 간의 관계를 중심으로 한 논의여서 성격이 다소 달랐다고 할 수 있다.

12) 정책도구 분류의 의미와 구체적인 내용에 대해서는 Rho(2008)을 참조하기 바란다.

〈표 1〉에 나타난 것과 같이 2000년대 정부의 초기논의 단계에서 CSR은 윤리경영이나 사회공헌만큼 관심을 얻지는 못했으며, 각 용어 간 관계도 명확하게 정의되지 않아, 일부에서는 CSR을 기업사회공헌과 같은 의미로 사용하기도 했다.

이후 CSR을 포함한, 윤리, 지속가능성에 관한 논의는 점차 확대되어, 지식경제부, 국민권익위원회, 노동부, 보건복지가족부, 환경부, 중소기업청, 금융감독위원회 등 많은 정부기관들이 관련 정책을 내놓았다(Rho, 2008). 그러나 정부의 각 기관이 CSR에 관심을 갖게 된 동기나 정책 목적은 〈표 2〉와 같이 다양했으며, 각 기관이 사용한 정책수단도 입법에서부터 시상에 이르기까지 다양한 방식으로 나타났다.

한국 기업의 사회책임 활동은 그간 어떠했는가?

CSR 활동의 정도를 살펴볼 수 있는 여러 측면이 있지만, 2000년대 이후 국제사회에서 CSR을 이끌었던 두 흐름을 통해 우리 기업의 CSR 활동 동향을 살펴보자.

첫째, 세계적으로 통용될 지속가능성[13] 보고서 가이드라인을 개발하기 위해 1997년 출범한 글로벌 리포팅 이니셔티브 Global Reporting Initiative(GRI)[14]의 조사에 따르면, 한국 기업은 〈표 3〉과 같이 2002년 처음 GRI 가이드라인을 이용한 보고서를 발간했으며, 그 후 2010년까지 총 94개 기업이 203개 보고서를 발간한 것으로 되어 있다.

전세계 보고서 누적 발행량 대비 한국 기업의 지속가능성

13) 지속가능성 또는 지속가능발전과 사회책임의 관계는 이 책 제 4 장에서 검토한다.

14) GRI에 대해서는 이 책 제 4 장 '지속가능발전 개념의 구체화 노력'에서 조금 더 소개된다.

표 3 한국 기업의 GRI 보고서 추세

		2002	2003	2004	2005	2006	2007	2008	2009	2010
한국	신규	1	3	5	12	15	28	37	55	47
	누계(A)	1	4	9	21	36	64	101	156	203
세계	신규	262	431	594	561	605	704	1,100	1,438	1,414
	누계(B)	385	816	1,410	1,971	2,576	3,280	4,380	5,818	7,232
A/B		0.3%	0.5%	0.6%	1.1%	1.4%	2.0%	2.3%	2.7%	2.8%

출처: GRI 웹사이트(2011.1.7. 검색)

보고서 누적 발행량 비중은 2002년 최초 보고서 발행 이후 점차 늘어 2010년에는 2.8%에 이르렀다.

사례 1 | GRI가 관리하는 보고서 목록

GRI는 기업이 스스로 등록을 신청한 보고서와, GRI에 적용수준 점검(application level check)을 요청한 보고서, 인터넷 및 다른 파트너 기관의 조사를 통해 확인된 보고서 등을 기초로, 1999년부터 현재까지 발간된 지속가능성, 사회책임 보고서 목록을 GRI 웹사이트에 공개하고 있다.

GRI 웹사이트에 자사 보고서 등록을 원하는 회사는 GRI 웹사이트에 올려있는 간단한 등록신청서를 작성해서 제출하면 된다.

GRI는 매주 수요일 목록을 갱신할 만큼 정확한 정보 제공을 위해 노력하고는 있지만, 세계 기업을 대상으로 제한된 몇 가지 방법으로 조사되는 만큼 완전한 정보를 제공하는 데에는 한계가 있어 보인다.

이 목록을 통해 가장 먼저 보고서를 발간한 것으로 등록된 한국 기업은 2002년 보고서를 등록한 기술 하드웨어(technology hardware) 분야 '삼성'으로 되어 있다. 그러나 이 회사가 정확히 어떤 회사인지 분명하지 않다. 이 목록에 이미 삼성SDI와 삼성전기는 따로 있어, 이 회사가 만약 삼성전자를 의미한다면, 삼성전자는 2000년과 2001년 녹색경영보고서란 이름으로 보고서를 발간했으며, 2002년에는 보고서를 발간하지 않은 것으로 회사 웹사이트에 소개되어 있어, GRI 정보와 일치하지 않는다.

GRI 보고서 목록은 1999년 이후 발간된 7천 개가 넘는 보고서를 소개하고 있으며, 월 3천 회 이상 열람되는, 포괄적이면서 대표적인 보고서 목록으로 활용되고 있으므로, 회사가 자신의 보고서를 스스로 등록할 경우 정확한 내용이 등록될 수 있도록 신중히 등록해야 하며, GRI 자체 조사에 의해 목록에 오른 경우도 회사 정보가 정확히 등록되어 있는지를 때때로 점검해서 회사 정보가 전세계 이해관계자에게 명확하게 전달될 수 있도록 관심을 기울일 필요가 있다.

한편 이제까지 보고서를 가장 많이 낸 것으로 GRI에 등록된 한국 기업은 2003년 이후 2010년까지 매년 발간된 보고서 총 8개를 등록한 포스코와 현대자동차로 되어 있다.

출처: GRI(2011) GRI reports list(http://www.globalreporting.org, 2011.1.8. 검색). /삼성전자(2011) 삼성전자 환경·사회보고서(http://www.samsung.com, 2011.1.8. 검색)

둘째, 국제연합United Nation(UN)이 2000년 시작한, 사회책임의 10대 원칙 준수 약속인 UN 글로벌콤팩트UN Global Compact(UNGC)의 경우, 한국 기업은 〈표 4〉에 나타난 것과 같이 2005년에 처음 가입하기 시작해 2010년까지 총 119개 기업이 가입했다. 2007년 한국 기업의 가입이 급증한 이후, 2010년까지는 다소 비중이 줄었으나, 현재 전세계 가입 기업의 약 2% 정도의 비중을 차지하고 있다.[15)]

15) UN 글로벌콤팩트 탄생 배경은 이 책 제2장 '국제공공기구'에 소개되어 있다.

표 4 한국 기업의 UN 글로벌콤팩트 가입 추세

		2005	2006	2007	2008	2009	2010
한국	신규	3	10	48	27	9	22
	누계(A)	3	13	61	88	97	119
세계	신규	221	547	681	1,287	1,097	1,198
	누계(B)	966	1,513	2,194	3,481	4,578	5,776
A/B		0.3%	0.9%	2.8%	2.5%	2.1%	2.1%

주: 1. UN 글로벌콤팩트 웹사이트의 회원 명단은 회원 자격 변동에 따라 수시로 변경되기 때문에, 확인 시점에 따라 회원 수가 다를 수 있다.
2. 이 표에 반영된 회원 수에는 해당 연도에 제명된 회원 수가 이미 빠져있기 때문에 누계는 신규 회원 수를 단순 합산하였다.
출처: UN 글로벌콤팩트 웹사이트(2011.3.27. 검색)

이 두 추세만으로는 한국 기업의 CSR 활동의 절대수준과 내용을 정확히 평가하기 어렵지만, 2000년대 들어 한국 기업도 국제사회의 사회책임 움직임에 관심을 갖고 참여하기 시작했으며, 그 참여의 정도가 점차 늘어나고 있다는 점은 확인할 수 있다.

또 하나의 새로운 국제사회 사회책임 움직임으로서 2010년 11월 발표된 ISO 26000에 세계 기업과 한국 기업이 어떤 반응을 보일지가 새로운 관심사라 할 수 있다.

02 사회책임 국제흐름

사회책임에 대한 국제사회 흐름을 살펴보는 한 방법은 이를 주도한 주체에 따라 나눠보는 것이다. 이 글에서는 그 주체를 국제공공기구, 국제산업계, 국제민간기구로 나눠 살펴본 후, ISO 26000과 직접 관련된 부문인 국가표준기구의 활동을 살펴보기로 한다. 특히 이 글에서는 환경, 노동 등 사회책임의 특정 이슈에 초점을 맞춘 국제사회 움직임보다는 사회책임 전반을 다루려는 흐름에 중점을 두어 살펴보기로 한다.[1)]

국제공공기구[2)]

사회책임에 대한 국제공공기구의 활동은 국제연합UN과 경제협력개발기구Organization for Economic Co-operation and Development(OECD),

---

1) ISO 26000은 부속서(Annex) A에 사회책임에 관한 이니셔티브의 목록을 소개하고 있으며, 문헌목록(Bibliography)에 ISO 26000이 다루는 사회책임과 관련된 규범을 정리했다. 이 책 제 2 장은 ISO 26000의 이 두 부분을 저자 나름의 방식으로 정리한 것으로서, 독자는 ISO 26000의 위 두 부분과 연계해서 살펴볼 수도 있다. 사회책임 규범의 일부는 이 책 제 5 장에서 해당 사회책임 핵심주제와 관련해서 다시 언급한다.

2) 이 부분은 노한균(2008b)에 기초해서, 발전시켰다.

그리고 세계은행 그룹World Bank Group을 중심으로 전개되었다.

먼저, 사회책임과 관련해서 UN이 그동안 해온 중요활동을 살펴보면, 사회책임 이슈와 관련된 다양한 규범의 제정, 지속가능발전sustainable development 개념의 고안 및 발전, 그리고 전세계 규모의 기업사회책임 운동인 UN 글로벌콤팩트의 제안을 들 수 있다.

UN이 제정한, 사회책임 이슈 관련 국제규범의 대표사례로는 1948년 '세계인권선언Universal Declaration of Human Rights'과 2003년 'UN 부패방지협약UN Convention against Corruption', 그리고 1972년 UN 인간환경회의United Nations Conference on the Human Environment[3] 이후 나온, 다양한 다자간환경협약들Multilateral Environmental Agreements(MEAs)이 있다.[4] 그리고 1919년 설립된 UN 산하 국제노동기구International Labour Organization(ILO)의 1944년 필라델피아 선언Declaration of Philadelphia을 포함한, 다양한 국제 노동기준들도 UN이 노동 분야에서 받아들인 중요한 사회책임 관련 규범들이다.[5]

그동안 UN이 제정한 규범의 직접적용대상은 주로 정부였다. UN규범이 민간부문에 어떤 의무를 요구하더라도, 이는 정부의 역할을 통해 부과되거나 촉진되었다.[6] 이런 UN이 규범 적용대상으로 다국적기업을 직접 고려하기 시작한 것은, 1970년대 미국계 다국적기업인 ITTInternational Telegraph and Telephone가 칠레

3) 이 회의를 줄여 '스톡홀름 회의'라고도 부른다.

4) MEA 목록은 국제연합환경계획(UN Environment Programme: UNEP) 웹사이트(http://www.unep.org/dec/links/index.html)에서 확인할 수 있다.

5) 이렇게 인권, 노동, 환경, 부패방지의 4개 분야 규범들이 UN 글로벌콤팩트 10대 사회책임원칙의 4개 영역을 구성하고 있다.

6) 정부가 민간부문 활동에 영향을 미치는 다양한 방식에 관해서는 이 책 제 1 장 〈표 2〉의 정책도구 유형을 참조하면 된다.

국내정치에 개입한 사건을 비롯, 다국적기업 활동의 정당성을 다시 생각하게 하는 일련의 사건이 일어나면서부터였다.

이에 UN 경제사회이사회Economic and Social Council(ECOSOC)는 1974년 해외직접투자foreign direct investment(FDI)와 다국적기업 문제를 다룰, 다국적기업위원회와 다국적기업센터UN Centre on Transnational Corporations(UNCTC)를 설립하기로 결정했으며, 다국적기업 행동강령UN Code of Conduct on Transnational Corporations 형태의 UN 규범 제정을 시도했다.[7)]

그러나 20년의 논의에도 불구하고 UN의 다국적기업 행동강령은 제정되지 못했으며, 이를 주도하던 UNCTC는 1993년 해체되어, UN 무역개발회의UN Conference on Trade and Development(UNCTAD)로 흡수되었다.[8)] UN은 그동안 UN과 다국적기업 간 관계가 많이 바뀌었다고 판단하고, 다국적기업에 대한 접근방식을 행동강령 같은 규범 제정에서 공동협력으로 전환, 1999년에 UN 글로벌콤팩트를 제안하게 된다.[9)]

사회책임과 관련된 UN의 중요활동 중 하나인 지속가능발전 개념 고안은 ISO 26000이 바라보는 사회책임과 밀접한 관련이 있으므로, 이 책 제 4 장에서 상세히 살펴보기로 한다.

OECD 역시 1970년대부터 사회책임에 관심을 갖기 시작했는데, 이는 UN의 다국적기업에 대한 관심과 같은 배경에서 출

7) 이 책 제 1 장에서 소개한 다국적기업의 영문과 여기서 소개된 다국적기업 영문은 다르다. 국제경영 분야에서는 다국적기업의 활동에 따라 각각의 용어를 구분해서 사용하기도 하나(예: Bartlett & Ghoshal, 1998), 이 책에서는 모두 같은 의미로 쓰기로 한다.

8) UN의 다국적기업에 대한 정책 흐름은 Emmerij and Jolly(2009)에 간략히 요약되어 있다.

9) 1999년 제안된 UN 글로벌콤팩트는 2000년 본격 출범하게 된다. UNGC의 확산에 대해서는 이 책 제 1 장 〈표 4〉를 참조할 수 있다.

발했다. 1976년 OECD는 'OECD 국제투자 및 다국적기업 선언OECD Declaration on International Investment and Multinational Enterprises'의 일부로 'OECD 다국적기업 가이드라인OECD Guidelines for Multinational Enterprises'을 마련했으며, 2000년 6월에는 기존 가이드라인에 뇌물방지, 소비자 보호 등을 추가하는 개정작업을 했다.[10] 또한 OECD는 1997년 'OECD 국제사업에 있어서 외국 공무원에 대한 뇌물제공 방지를 위한 협약OECD Convention on Combating Bribery of Foreign Public Officials in International Business'('OECD 반부패협약OECD Anti-bribery Convention'이라고 한다) 등 사회책임 개별 부분에 적용되는 규범을 제정하기도 했다.

OECD가 사회책임 문제 자체에 관심을 갖기 시작한 것은 2001년부터이다. 이런 변화는 UN이 1999년에 UN 글로벌콤팩트를 제안하여 2000년부터 본격적인 활동에 들어가는 등, 다른 국제기구의 움직임과 무관하지 않다고 본다. OECD는 2001년부터 다국적기업 가이드라인 국가연락사무소national contact point(NCP) 연차회의와 연계하여 매년 CSR 관련 의견교환 모임Roundtable을 갖고 있으며, 그 결과를 다국적기업 가이드라인 연차보고서에 포함시켜 보고하고 있다.[11]

끝으로 세계은행 그룹은 외국인투자 자문서비스Foreign Investment Advisory Service(FIAS), 세계은행연구소World Bank Institute(WBI), 래피드 리스폰스Rapid Response의 민간부문 발전Private Sector Development(PSD)에 관한 블로그http://psdblog.worldbank.org 등의 활동을

10) 'OECD 다국적기업 가이드라인'의 주요 내용은 노한균(2008b)에 수록된 〈표 5〉에 정리되어 있다.

11) OECD 연차회의 논의 CSR 주제는 노한균(2008b)에 수록된 〈표 6〉을 참조하기 바란다.

통해 사회책임을 진작시키고 있다.

이런 국제공공기구의 CSR 관련 움직임에 더해 각국의 정부도 다양한 방식으로 CSR 관련 정책을 추진하고 있다. 이 중 몇 개를 [사례 2]에 제시했다.

사례 2 | 개별 국가의 CSR 촉진정책

CSR 촉진과 관련해서 각국 정부가 취하고 있는 정책은 다양하다.

미국 국무부는 미국 기업이 국내·외에서 인류의 삶의 질을 높이는 노력을 발굴해 시상하는 '우수기업상(Award for Corporate Excellence: ACE)'을 1999년부터 실시하고 있다. 전세계 미국 공관을 통해 후보기업을 추천받아 중소기업과 다국적 기업 두 분야에 수여되는 이 상은 미국 기업의 이미지를 높이기 위한 목적을 가지고 있다.

프랑스에서는 상장기업에 대해 회사 활동이 사회와 환경에 미치는 영향을 분석해 연례보고서에 명시하도록 의무화한 2001년 '신경제규제법(Nouvelles régulations économiques: NRE)'에 이어, 2009년에는 비상장기업에게도 보고의무를 부과하고 보고이행 조치를 보다 명확하게 규정하는 그르넬 법안(Loi du Grenelle 1, Grenelle 2)이 도입되었다.

중국 국유자산감독행정위원회는 2007년 '공기업의 사회책임 이행 가이드라인'을 발표했으며, 스웨덴 기업·에너지·의사소통부도 같은 해 GRI 가이드라인에 기초한 공기업의 지속가능성 보고서 작성을 의무화한 '공기업 외부보고 가이드라인'을 발표했다.

독일 연방정부는 국가 차원에서 CSR을 확대하기 위해 'CSR 행동계획(CSR Action Plan)'을 2010년 10월에 도입했다. 독일 정부는 그동안 꾸준한 품질관리를 통해 자리 잡아온 '독일산(Made in Germany)'에 대한 좋은 인식을 새로 CSR과 연계하여 '사회책임을 다한 독일산(CSR-Made in Germany)'으로 만들 계획이다.

출처: 지식경제부(산업정책연구원 수행) (2009) 해외 정부의 지속가능경영 추진 동

향. 과천: 지식경제부 / 코트라(2010) 주요국 기업의 CSR 활동 사례, 서울: 코트라.

국제산업계

사회책임과 관련된 산업계의 공동대응으로 오랜 역사를 가진 것은 1974년 석유·가스산업에서 시작된 국제석유산업환경보전협회International Petroleum Industry Environmental Conservation Association(IPIECA)와 1985년 시작된 화학산업의 '책임 있는 보살핌Responsible Care'이 있다.

1990년대 들어서는 임업, 어업, 운송업 등 특정산업의 사회책임 공동노력이 계속되면서, 산업계 전체에 사회책임을 적용하려는 움직임도 함께 나타났다. 후자의 사례로는 1991년 국제상공회의소International Chamber of Commerce(ICC)의 '지속가능발전을 위한 기업헌장Business Charter for Sustainable Development'과 1994년 코 원탁회의Caux Round Table(CRT)의 '코 원탁회의 사업원칙CRT's Principles for Business'이 있다.

2000년대 들어서는 특정산업 중심의 사회책임이 더욱 확산되어 커피, 코코아 등 1차 산품을 중심으로 과거보다 세분화된 사회책임 움직임이 나타났으며, 채굴, 금속, 철강산업부터 전자, 투자, 관광산업에 이르기까지 다양한 산업에서 사회책임 공동노력이 나타났다.[12)]

12) 산업계의 사회책임 공동노력은 ISO 26000 부속서 A에 업종별로 정리되어 있다. 또한 노한균(2010)에도 산업별 국제 이니셔티브를 요약해 놓았다(pp.24~27).

국제민간기구

CSR 촉진을 위한 시민사회와 다른 단체들의 움직임 역시 1970년대 이래 오랜 역사를 가지고 있다. 국제민간기구가 CSR 원칙을 제시했던 몇 가지 사례를 살펴보도록 하자.

1977년 남아프리카공화국의 인종차별Apartheid 정책에 반대한 설리반Leon Sullivan 목사의 '설리반 원칙Sullivan Principles', 1989년 환경책임경제연합Coalition for Environmentally Responsible Economies(CERES)[13]의 '시리즈 원칙CERES Principles' 등 민간기구의 초기 CSR 원칙들은 그 당시 사회의 관심을 끌던 특정 CSR 관련 사안을 계기로 만들어졌다.[14]

1990년대는 종교 입장에서 제시된 CSR원칙이 몇 개 나왔다. 1993년 기독교, 이슬람교, 유대교 지도자들은 기업경영에 종사하고 있는 자신의 신도들이 지켜야 할 원칙을 '국제기업에 관한 윤리강령Code of Ethics on International Business'이란 이름으로 발표했으며, 1971년 활동을 시작한 범종교 기업책임센터Interfaith Center on Corporate Responsibility(ICCR)는 1998년에 '글로벌 기업책임원칙Principles for Global Corporate Responsibility'을 내놓으면서, 이에 기초한 기업감시활동을 전개했다.

1990년대 후반부터 소비자, 인권, 반부패 등 CSR의 중요 이슈를 다루는 국제민간기구들이 각자의 영역에 적용될 원칙을

13) 뒤에 쓴 것과 같이 이 단체의 줄임말은 '시리즈'라고 불린다.

14) '시리즈 원칙'은 같은 해 알래스카에서 발생한 엑손 발데즈(Exxon Valdez) 오일 유출 사고로 인해 제시된 원칙으로, 과거에는 '발데즈 원칙(Valdez Principles)'이라고도 불렸다.

발표했다. 1997년 국제소비자기구Consumers International(CI)는 '글로벌기업에 대한 소비자헌장Consumer Charter for Global Business'을, 국제앰네스티Amnesty International(AI)는 1998년 '기업에 대한 인권원칙Human Rights Principles for Companies'을 발표했다. 국제투명성기구Transparency International(TI)는 2003년 발표한 '뇌물방지 기업원칙Business Principles for Countering Bribery'을 2009년 개정했으며, 2008년에는 이 원칙을 중소기업에 적합하게 고쳐 발표하기도 했다.

국가표준기구

국가표준기구의 CSR 관련 표준 개발은 2000년대 초반부터 가시화되었다.

2001년 이스라엘 표준기구Standards Institutions of Israel(SII)는 사회책임과 지역사회 참여에 관한 표준인 SI 10000의 초안을 만들었다. 이 책 제3장에서 다시 언급하겠지만 이 표준은 ISO 26000 개발 논의를 시작하게 한 계기가 되었다.

2003년 프랑스 표준기구Association Française de Normalisation(ANFOR)는 '지속가능발전－기업사회책임'이라는 제목의 SD 21000를 발표했으며, 같은 해 호주 표준기구Standards Australia(SA)는 기업 거버넌스governance[15] 표준의 일부로 CSR에 관한 AS 8003을 발표했다.

2004년에는 스웨덴과 함께 ISO 26000 개발 작업반의 의장기관인 브라질 표준기구Associação Brasileira de Normas Técnicas(ABNT)가 사회책임 경영시스템 요구사항인 ABNT NBR 16001을 발표했으며, 2006년에는 영국 표준기구British Standard Institution(BSI)가 지속가능발

15) 거버넌스 개념에 대해서는 이 책 제5장에서 다룬다.

전 경영지침인 BS 8900을 발표했다.

ISO 26000 개발 논의는 2001년에 시작되었으나, 초안 작성 작업은 2005년 이후 진행되었고, 각국의 표준 전문가들이 ISO 26000 개발에 참여했기 때문에, 위와 같이 이미 개발되어 있던, 각국의 사회책임 관련 표준들은 ISO 26000의 내용 구성에 크고 작은 영향을 미쳤으리라 생각한다.[16)]

이상 소개한, 4개 주체를 중심으로 한, CSR 관련 국제흐름을 한데 정리해보면, 〈표 5〉와 같을 것이다. 이 표에 CSR과 관련된 모든 국제흐름을 요약할 수는 없지만, ISO 26000 개발과 발표 이전 주요 주체들의 움직임을 짐작하는 데에는 도움이 되리라 본다.

ISO 26000이 정리한, 사회책임 최근 동향

끝으로 ISO 26000이 소개한, 사회책임 관련 최근 동향을 살펴보도록 하자.

ISO 26000은 다양한 표현으로 사회책임 최근 동향을 설명하는데(26000 3.1절, 3.2절), 이 설명은 [그림 1]과 같이 정리할 수 있다.

ISO 26000이 소개한 사회책임 최근 동향을 이해하는 가장

16) ISO 26000 이전에 이미 개발되어 있던 국가표준들에 대한 간단한 소개는 노한균(2007a)을 참조할 수 있다.

17) 국제 규모의 사회현상을 연구하는 다양한 학문 분야에서 영문 'globalization'을 어떻게 번역할 것인가에 대한 논쟁이 있다. 영문 'globalization'이 나타내는 특성은 'internationalization'과는 다르다는 주장 등이다. 이런 논쟁을 인식하면서도 이 책의 주제와 직접 관련되지 않은 논의는 단순하게 만들기 위해 'globalization'을 많은 이들에게 친숙한 '세계화'로 번역하기로 한다.

표 5 CSR 국제흐름 요약

	공공기구	산업계	민간기구	표준기구
1970년대 이전	• ILO 설립(1919) • 필라델피아 선언(1944) • 세계인권선언(1948)			
1970년대	• UN 인간환경회의 (1972) • OECD 다국적기업 가이드라인(1976)	• IPIECA (1974)	• 설리반 원칙 (1977)	
1980년대	• UN 소비자보호 가이드라인(1985)	• 책임 있는 보살핌 (1985)	• 시리즈 원칙 (1989)	
1990년대	• OECD 반부패협약 (1997) • UNGC(1999)	• 지속가능발전을 위한 기업헌장 (1991) • 코 원탁회의 사업원칙(1994)	• 국제기업에 관한 윤리강령 (1993) • 글로벌기업에 대한 소비자 헌장 (1997) • 글로벌 기업책임원칙 (1998) • 기업에 대한 인권원칙 (1998)	
2000년대	• UN 부패방지협약 (2003)	• 커피, 코코아 • 채굴, 금속, 철강 • 전자 • 투자 • 관광	• 뇌물방지 기업원칙 (2009)	• SI 10000(2001) • SD 21000(2003) • AS 8003(2003) • ABNT NBR 16001(2004) • BS 8900(2006)
2010년대	ISO 26000 발표(2010.11.1.)			

그림 1 ISO 26000의 SR 최근 동향 정리

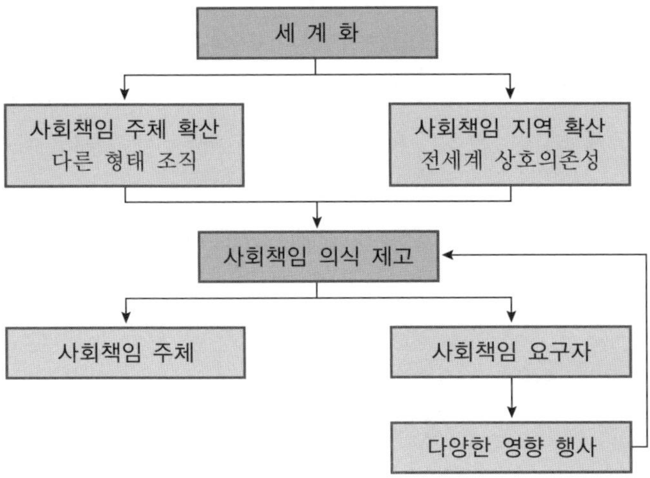

근본동인은 세계화globalization[17]이며, ISO 26000은 이런 세계화의 원인으로 한층 편해진 이동성과 즉각적 의사소통수단의 접근성 등을 예시했다.

이런 세계화의 움직임으로 인해 사회책임은 주체와 지역 두 측면에서 모두 확산되고 있다. 세계 수준에서 발생하는 사회문제를 다뤄야 하는 사회책임의 주체는 그간 오래 논의되던 기업 이외에도 다른 조직으로도 확산되고 있으며, 경제는 물론 정치 · 사회 분야에서도 세계 수준의 상호의존성이 높아지면서, 한 지역에 소재한 조직이 그 지역에서의 사회책임만 생각해서는 한계를 갖게 되는 경우가 빈번히 생기고 있다.[18]

18) 이 부분은 이 책 제 4 장에서 살펴볼 영향권(sphere of influence) 개념과 관련이 있다.

이런 사회책임의 확산은 사람들의 사회책임 의식을 점차 높이는 결과를 가져오는데, 사람들의 사회책임 의식이 높아지면 사람들이 사회책임을 부담해야 한다고 생각하는 주체와 그런 사회책임을 요구하는 요구자 모두가 사회책임 관련 행동을 더욱 자주 하게 되며, 특히 사회책임을 요구하는 사람들이 이전보다 다양한 방식으로 사회책임을 요구하게 되면서, 다시 사회책임 주체와 요구자 모두의 사회책임 인식이 높아지는 강화과정을 겪게 된다.

제 2 부

ISO 26000 해설

03 ISO 26000 개요

04 ISO 26000이 바라보는 사회책임

05 ISO 26000이 제안한 사회책임 실천: 내용 측면

06 ISO 26000이 제안한 사회책임 실천: 과정 측면

03 ISO 26000 개요

이 책 제 4 장부터 제 6 장에 걸쳐 ISO 26000의 구체적인 내용을 자세히 살펴보기에 앞서, 이 장에서는 ISO 26000 전체를 개관하고, 이 국제표준에 보다 친숙해지는 시간을 가지려 한다.

ISO 26000 소개

ISO 26000의 완전한 이름은 "사회책임에 대한 지침Guidance on Social Responsibility"이다.

ISO 26000의 전반적 이해를 위해 우선 찾아보아야 할 정보 출처는 단연 ISO일 것이다. ISO 26000에 관한 정보출처는 지금도 많고, 앞으로는 더욱 많아지겠지만, 이 표준을 개발한 ISO가 가장 권위 있는 정보와 해석을 제공할 수 있기 때문이다.

ISO 웹사이트www.iso.org를 통해 무료로 얻을 수 있는, ISO 26000 개요 파악에 도움이 되는 최근 출간물로는 'ISO 26000 프로젝트 개요ISO 26000 Project Overview' (앞으로 '프로젝트 개요'라 줄여 부른다) (ISO, 2010a)와 'ISO 26000 발견하기Discovering ISO 26000' (ISO, 2010b)가 있다.

'프로젝트 개요' 에서 ISO는 ISO 26000을 선진국, 개도국, 전환경제economies in transition와 같은 국가 구분이나 민간, 공공조직 같은 조직 유형에 관계 없이, 모든 지역의 모든 조직이 사회책임을 다하는 방식으로 운영되도록 돕는, 사회책임에 대한 지침이라고 요약했다.[1)]

ISO 26000의 구성

그렇다면 ISO 26000은 조직의 사회책임을 돕기 위해 어떤 내용을 담고 있는가? 이 표준의 전체 구성을 먼저 살펴보기로 하자.

ISO 26000 최종본은 영어본[2)] 기준으로 총 106쪽이며, 〈표 6〉과 같이 7개 절로 구성된 본문과 본문 앞의 서론introduction, 본문 뒤의 부속서annex와 문헌목록bibliography으로 이루어져 있다.

ISO 26000은 표준의 전체 구성을 한 눈에 볼 수 있도록 [그림 2]와 같은 구성체계도schematic overview를 만들어 최종본에 제시했다(26000 서론). 이 구성체계도는 각 절의 제목과 각 절의 주요 내용을 요약해서 제시하고 있기 때문에 ISO 26000의 전체 내용을 파악하기 쉽도록 되어 있다.

이 구성체계도를 통해 ISO 26000의 구성을 요약하면, ISO 표준이 공통으로 갖추고 있는 구성요소인 표준 범위(1절), 용어

1) ISO 26000이 사회책임의 적용 지역과 주체를 넓히려는 시도는 이 책 제 2 장에서 살펴본, 사회책임의 최근 동향에 대한 ISO 26000의 인식과 맥을 같이 하는 것이다.

2) 현재 ISO가 제공하는 ISO 26000은 영어본 이외에도 스페인어본과 프랑스어본의 세 종류가 있으며, 아랍어, 러시아어, 독일어 등으로 번역작업이 표준 개발과정에 함께 진행되었다.

표 6 ISO 26000 구성

절	국문 제목	영문 제목
	서론	Introduction
1	범위	Scope
2	용어와 정의	Terms and definitions
3	사회책임에 대한 이해	Understanding SR
4	사회책임의 원칙	Principles of SR
5	사회책임 인식과 이해관계자 참여	Recognizing SR and engaging stakeholders
6	사회책임 핵심 주제 지침	Guidance on SR core subjects
7	조직 전반에 걸친 사회책임 통합 지침	Guidance on integrating SR throughout an organization
	부속서	Annex
	문헌목록	Bibliography

와 정의(2절), 문헌목록 등과 함께, ISO 26000의 독자내용인 사회책임 이해(3절), 사회책임 원칙(4절), 사회책임 인식과 이해관계자 참여(5절), 사회책임 핵심 주제(6절), 조직 전반에 걸친 사회책임 통합(7절)을 담고 있다.

이 구성체계도가 표현한 사회책임의 최종 목적은 그림 오른쪽에 나타난 "지속가능발전에 대한 조직의 기여 극대화"이다. 이를 위해 조직은 구성체계도 가운데 위치한 사회책임 인식과 이해관계자 참여(5절), 핵심 주제(6절), 통합(7절)을 실천하게 되며, 사회책임의 실천은 구성체계도 왼쪽에 위치한, 제대로 된 사회책임 이해(3절)와 원칙(4절)에 기초해서 올바르게 이뤄질 수 있다.

그림 2 ISO 26000 구성체계도

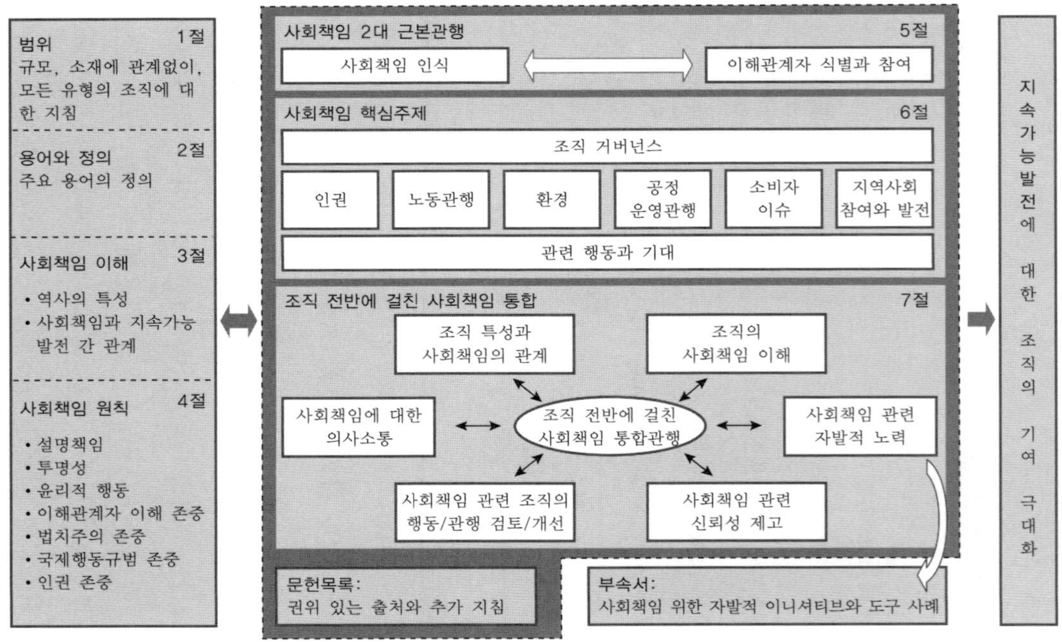

출처: ISO (2010b), p. 7, 저자 번역.

다음으로는, ISO 26000을 이용할 때, 이들 각각의 절을 어떻게 활용해야 될지에 관한 ISO 제안을 살펴보도록 하자.

ISO 26000 이용법

조직이 ISO 26000을 어떻게 이용해야 하는지에 대해서 ISO 26000에는 명확한 언급이 없으며, 다양한 내용들이 표준 곳곳에 흩어져 있다. 그렇기 때문에 ISO 26000을 처음 접하는 조직은 영문 106쪽 분량의 표준을 먼저 읽어 그 내용을 파악한 후, 이를 어떻게 활용할 수 있을지를 고민하는 과정 자체가 부담스러울 수 있다.

ISO가 발간한 'ISO 26000 발견하기'는 ISO 26000 실행을 위해 조직이 할 수 있는 일을 간단히 제시하고 있다(ISO, 2010b). 이런 제안이 ISO 26000의 완전한 실행지침 역할을 하기엔 부족하지만, 무엇부터 해야 할지 막막한 조직에게는 적어도 ISO 26000 실행에 접근하는 순서를 정해준다는 측면에서 의미가 있다.

ISO가 제안한 ISO 26000 실행의 순서는 6단계로 볼 수 있다.

첫째, ISO 26000를 통해 사회책임 실천을 고려하는 조직은 우선 ISO 26000 3절에 설명된 사회책임 특성과 사회책임과 지속가능발전과의 관계를 파악해 사회책임에 관한 일반적인 이해를 높인다.

둘째, 조직은 ISO 26000 4절에 서술된 7개 사회책임 원칙을 검토하게 되는데, 이는 이후 이어질 사회책임 실천의 토대로 이용된다.

셋째, ISO 26000 5절을 통해 조직 영향권sphere of influence[3)] 내

에서 조직의 사회책임을 인식하고, 조직 이해관계자를 식별하고 이들과의 상호작용을 고려한다.

넷째, ISO 26000 6절에 제시된 사회책임 핵심 주제와 이슈, 관련 행동과 기대를 분석해서, 조직의 사회책임 내용을 구체화한다. 이와 함께 6절에서 개별 핵심 주제와 관련해서 추가 제시된 원칙들은 앞서 살펴본 4절의 사회책임 원칙과 함께 이후 사회책임 실천절차의 기초로 사용한다.

다섯째, ISO 26000 7절 지침을 사용해서 조직 결정과 활동 전반에 걸쳐 앞서 구체화된 사회책임을 통합하도록 노력한다.

끝으로, 문헌목록에 제시된 출처와 부속서 A에 제시된 자발적 사회책임 이니셔티브와 도구를 검토해서 ISO 26000의 사회책임 핵심 주제와 통합관행을 넘어서는 조직의 사회책임 심화를 고려한다.

이상 ISO가 제시한 ISO 26000 이용순서를 저자 나름대로의 해석을 곁들여 정리해보면, [그림 3]과 같다.

이 그림을 통해 ISO 26000 이용에 관한 ISO의 제안을 다시 요약하면, ISO 26000을 이용하려는 조직은 ISO 26000 3절 이후 내용을 표준의 목차 순서대로 이용하면 된다.

또한 [그림 3]에서는 각 절과 관련된 활동 사이 흐름과 관계도 제시했는데, 예를 들어, ISO 26000 4절과 6절에서 확인된 원칙은 5절과 7절 실행의 토대가 되며, 7절 실행의 결과, 그리고 문헌목록이나 부속서를 통해 얻은 ISO 26000 이외 추가지침은 다시 3절의 사회책임 이해를 넓힘으로써, ISO 26000을 기반

---

3) '영향권'에 대해서는 이 책 제4장과 제6장 '사회책임 범위의 확인'에서 상세히 설명한다.

그림 3 ISO 26000 실행의 접근순서

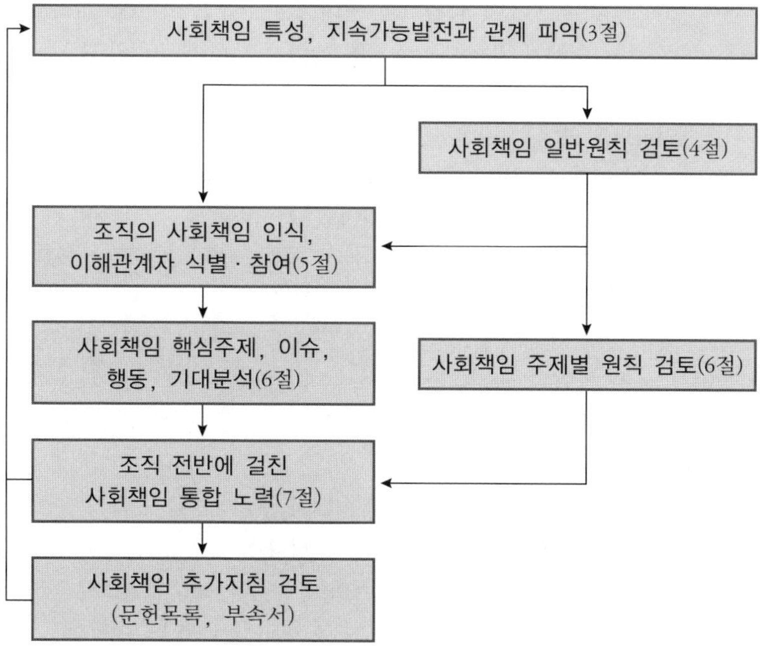

으로 한 사회책임 실행과정을 심화시킨다는 흐름을 보여준다.

물론 ISO 26000을 활용하는 방식은 ISO 제안 하나에만 한정되는 것이 아니다. [사례 3]에서 볼 수 있듯이 ISO 26000 공식 발표 이전부터 이 표준 활용을 준비했던 조직은 앞서 설명한 6단계 중 특정 단계에 중점을 두어 ISO 26000을 이용하기도 하고(예: 보고서 작성단계에서 ISO 26000을 활용한 에코페트롤), 심지어는 사회책임의 전통영역을 넘어선 조직의 다른 기능에도 ISO 26000을 적용했다(예: 전자정부 구축과정에서 이해관계자 참여에 ISO 26000을 활용하는 제네바 주정부).

사례 3 | ISO 26000을 미리 활용한 조직

ISO 26000은 2010년 11월 1일 공식 발표되었기 때문에, 아직까지 이 표준을 어떻게 활용해야 할지에 대한 구체적인 사례가 많지는 않다.

콜롬비아 최대 석유회사인 에코페트롤(Ecopetrol)은 2009년 지속가능성 보고서를 준비하는 과정에서 ISO 26000이 확정 발표되기 1년 2개월 전인 2009년 9월에 이미 자신의 지속가능성 보고서를 ISO 26000, 특히 6절의 사회책임 핵심 주제, 이슈, 행동, 기대에 비추어 분석하고 검토했다고 밝혔다.

남미지역에 40여 개 점포를 가진 건축·인테리어 제품 전문 대형매장인 소디막(Sodimac)의 칠레지사도 기존에 구축한 회사의 지속가능경영 도구를 ISO 26000의 원칙과 핵심주제들에 일치시키는 작업을 진행하고 있다고 했다.

유럽에서는 스위스의 제네바 주정부가 전자정부를 구축하는 과정에서 ISO 26000을 활용하고 있다. 사회책임 부서도 아닌 전자정부 담당 기술부서에서 ISO 26000을 활용하는 이유에 대해, 담당자는 전자정부 구축의 성패는 기술에 있는 것이 아니라, 이용자, 회사, 사회가 서로 협력하는 접근방식에 있으며, 이 과정에서 ISO 26000은 좋은 지침을 제공하기 때문이라고 설명했다. 이 사례는 ISO 26000의 적용 영역을 기업이 아닌 정부, 사회책임 부서가 아닌 다른 기능, 사회책임 주제와 더불어 이해관계자 참여라는 과정까지 확대했다는 점에서 참신한 실용사례를 제시한다.

ISO 26000의 조기 활용 조직들의 이런 시도가 앞으로 ISO 26000의 정착에 어떤 영향을 미칠지 주목해 볼 만하다.

출처: Ecopetrol(2010) Sustainability Report 2009. Bogota, Colombia: Ecopetrol. / ISO(n.d.) Latin American companies pioneer ISO 26000 implementation.(www.iso.org, 2010.12.16 검색). / ISO(n.d.) ISO 26000 helps State of Geneva ensure ethics are respected in e-administration. (www.iso.org, 2010.12.16 검색).

ISO 26000의 특성

이 책 제 2 장에서 국가표준기구 활동과 관련해 살펴보았듯이 2010년 ISO 26000이 발표되기 이전에 사회책임에 관한 많은 표준들이 이미 발표되었으며, 그중에는 ISO 26000과 중복되는 내용도 있다. 그렇다면 ISO 26000은 이렇게 이전에 발표되었던 사회책임 관련 표준들과 어떤 면에서 차별화될 수 있으며, 조직은 어떤 이유로 다른 표준들보다 ISO 26000에 더 관심을 갖게 될까?

ISO가 발간한 '프로젝트 개요'는 ISO 26000의 강점을 "조화되고, 전세계에 관련성이 있는 지침harmonized, globally relevant guidance"임을 강조하며 다음과 같이 주장했다(ISO, 2010a).

첫째, ISO는 스스로 이해관계자 간 합의와 국가 간 합의라는 2중 수준의 합의double levels of consensus에 기초해서, 조화된 국제협정을 개발하는 데 전문성을 가지고 있다고 주장한다.[4)]

둘째, ISO 26000은 ISO의 이런 과정을 통해 무엇이 사회책임이고, 조직이 사회책임을 다하기 위해서는 무엇을 할 필요가 있는지에 대해 전세계에 관련성이 있는 이해(理解)를 이끌어 낸 표준이라는 것이다.

ISO가 강조한 이런 특성은 사회책임에 대한 국제표준으로서 ISO 26000이 가지는 정당성에 관한 부분을 강조한 것이다.

그러나 ISO 26000은 현실성 측면에서도 중요한 특성을 가진다. 이는 ISO라는 이름에서 나온다. 많은 사람들에게 ISO

---

4) 이해관계자와 국가 간의 2중 합의는 이 장 'ISO 26000 개발역사' [그림 5]의 국제표준 개발절차에서 이해관계자를 대표하는 전문가와 국가표준기구로 구성된 참가회원, ISO 회원기관이 의견을 모으는 과정으로 표현되어 있다.

26000이란 이름은 2010년 새로 개발된 표준으로서 당연히 생소하지만, 그럼에도 불구하고, 이 책 제2장에서 소개한, 기존의 사회책임 국가표준인 SI 10000, SD 21000, AS 8003, ABNT NBR 16001, BS 8900보다는 친숙할 수밖에 없다.

세계 176개국 100만 개 이상의 조직이 품질경영에 관한 ISO 9001을 사용하고 있으며, 155개국 20만 개 정도의 조직이 환경경영에 관한 ISO 14001을 이미 채택하고 있는 상황에서, 사회책임경영의 국제표준인 ISO 26000을 자신들이 알고 있는 ISO 표준의 새로운 가족으로 받아들이는 것은 생소한 이름의 다른 사회책임 표준을 받아들이는 것보다 어렵지 않다. 심리학에서 설득을 설명할 때 자주 인용되는, 이른바 '문 안쪽에 발 들여놓기 효과foot-in-the-door effect'를 ISO 26000은 누리고 있는 것이다.

사회책임 관련 표준을 활용하려는 조직이나, 조직이 사회책임 표준을 활용해서 사회책임을 다하고 있음을 확인하고 싶은, 조직의 이해관계자나 표준의 구체적인 내용을 알지는 못해도 ISO라는 이름이 다른 어떤 사회책임 표준보다 친숙하다는 점에서 ISO 26000은 다른 표준에 비해 이미 '한 수 접고' 사회책임 표준시장에 들어간 것이다.[5)]

인증 표준? 비인증 표준?

ISO 웹사이트 첫 화면은 [그림 4]와 같이 "경영과 리더십

5) 이 점은 이 책 제2장에서 ISO 26000이 정리한 사회책임의 최근 동향 중 사회책임 주체와 사회책임 요구자 모두의 사회책임 의식이 높아지는 현상과 맞물려 있다.

그림 4 ISO 26000 소개 사이트

출처: ISO 웹사이트(2010.12.15 검색)

표준management and leadership standards"이라는 이름으로 네 가지 표준을 소개하고 있다.

ISO에 따르면 이 표준들은 "좋은 경영관행good management practice"에 관한 요구사항requirement이나 지침guidance을 제공하는 표준으로, 품질경영에 관한 ISO 9001: 2008, 환경경영에 관한 ISO 14001: 2004, 위험관리risk management에 관한 ISO 31000: 2009와 함께 사회책임에 관한 ISO 26000: 2010을 포함시켰다.[6)]

ISO는 앞의 두 표준을 요구사항을 제공한, 인증용 표준certifiable standard으로, 뒤의 두 표준을 지침을 제공한, 비인증용 표준non-certifiable standard으로 구분했다.

6) ISO 9000과 ISO 14000은 몇 가지 표준으로 이루어져 있으며, 그중 인증을 위한 요구사항을 다룬 표준이 ISO 9001과 ISO 14001이다. 여기서는 이 두 표준이 인증용 표준임을 명확히 하기 위해 [그림 4]의 ISO 웹사이트가 소개한 표준의 일반명칭인 ISO 9000과 ISO 14000 대신 ISO 9001과 ISO 14001을 사용했다.

ISO 26000이 비인증용 표준임을 분명히 하기 위해, ISO 26000은 인증 목적의 사용을 의도하지도 않고 적절하지도 않음을 명확히 밝히고(26000 1절), 사용 용어에 대해 별도로 설명까지 하고 있으며(26000 상자 1), ISO 26000 발표 이후에 이를 재확인하는 보도자료까지 냈다(ISO, 2010c).

ISO 26000이 제공한 설명에 따르면, ISO 9001이나 ISO 14001 같은 인증용 ISO 표준에서 요구사항은 '해야 한다'는 의미의 'shall'이란 단어를 사용하며, 인증기관certification body은 이 요구사항을 기초로, 조직의 경영시스템을 감사하고audit, 이 요구사항을 지키고 있다는 인증서certificate를 발행할 수 있다.

반면, ISO 26000 같이 지침을 제공하는 ISO 표준은 요구사항을 포함하지 않고, 다만 권고사항recommendation을 포함할 수 있는데, 이 경우는 '하는 게 바람직하다'는 의미의 'should'란 단어를 사용하게 된다. ISO/IEC지침ISO/IEC Directive[7] 규정에 따르면 권고사항이란 "몇 개 가능성 중, 다른 가능성을 언급하거나 배제하지 않고, 한 가능성을 특히 적합한 것으로 권고"하는 것을 뜻한다.[8]

따라서 ISO 26000을 인증용 표준으로 사용하려는 어떤 시도도 ISO는 ISO 26000에 대한 허위표시misrepresentation로 받아들여(26000 1절), 강력한 대응을 하겠다는 의지를 보였다(ISO, 2010c). 이를 위해 ISO는 회원기관과 다른 관련 조직에 이런 ISO의 뜻

7) IEC란 ISO와 영역을 나누어 국제표준업무를 함께 담당하고 있는 국제전기기술위원회(International Electrotechnical Commission)를 뜻한다.

8) 이외에도 ISO/IEC지침은 권고의 표현이, 어떤 행동이 선호되기는 하지만 반드시 요구되지는 않는다는 방식으로, 또는 어떤 가능성이나 일련의 행동이 다른 가능성이나 행동에 비해 가치가 떨어지는 것으로 생각되지만 금지되지는 않는다는 부정의 형태로 전달될 수도 있다고 했다.

을 잘 알려 줄 것과 만약 ISO 26000을 인증용으로 사용하려는 시도나 사실을 발견할 경우 ISO에 통보해 줄 것을 요청했다. 세계 인증기관을 승인하는(이를 '인정accreditation' 이라 한다) 국제인정포럼International Accreditation Forum(IAF)은 최근 ISO의 이런 취지를 받아들여 재확인하는 결의를 하기도 했다(ISO, 2010c).

ISO 26000 개발역사(1): 작업반 구성 이전[9)]

ISO 26000 개요를 마치면서, ISO 26000 탄생과정을 간략히 소개할까 한다. ISO 26000 개발역사를 이해하는 것이 이 표준 활용에 바로 도움을 주지는 않지만, 이 책 제 1 장과 제 2 장에서 소개한 사회책임 논의 역사, 국제흐름과 함께 ISO 26000 개발역사를 이해하는 것은 앞으로 일어날 수 있는 사회책임과 지속가능발전 관련 국제 움직임과 그 속에서 ISO 26000 향보를 짐작하는 데 도움이 됨으로써, 이 표준의 활용도를 높일 수 있다고 생각하기 때문이다.

2005년 ISO 26000 개발을 공식 결정하기 이전에 ISO는 두 차례에 걸친 내부 검토과정을 거친다. 첫째는, 2001년에서 2002년에 걸친 소비자정책위원회Committee on Consumer Policy(COPOLCO)의 검토이며, 둘째는, 2003년에서 2004년에 걸친 '사회책임에 관한 자문그룹Advisory Group on Social Responsibility(AG)' [10)]의 검토였다.

이 책 제 2 장에서 국가표준기구의 활동을 소개하면서, 이스라엘 표준기구SII가 2001년 사회책임과 지역사회 참여 표준 초안

9) 이 글의 일부는 노한균(2007a)을 인용했다.
10) 초기에는 이 그룹의 이름이 '전략적 자문그룹(Strategic Advisory Group)' 이어서 'SAG' 라는 약칭으로 불리기도 했다.

인 SI 10000을 만들었다고 소개했다. 같은 해 SII는 이 표준 초안을 ISO에 제출했는데, ISO 이사회Council[11]는 2001년 4월 열린 회의에서 이사회 산하 정책개발위원회 중 하나인 소비자정책위원회COPOLCO에게 SII가 제출한 사회책임에 관한 초안을 검토하도록 결의했다.

COPOLCO는 다시 산하 '글로벌 시장에서 소비자 보호 작업반Working group on Consumer Protection in the Global Marketplace'에 CSR 국제규격 개발의 실현가능성feasibility과 바람직성desirability을 긴급 검토할 것을 요청했다. 또한 COPOLCO는 작업반에 많은 사람의 의견수렴 창구로 온라인 토론기구 설치를 요청했고, 그 결과 각국 400명 이상의 온라인 토론참가와 100건 이상의 보고서 초안 송부, 30건 이상의 서면의견 접수 등을 통해 작업반은 2002년 5월 보고서를 제출했다.

이 보고서에서 COPOLCO는 소비자 입장뿐 아니라 기업, 피고용인, 시민, 지역사회, 정부 입장에서도 자발적 성격의 기업책임 경영시스템표준management system standard(MSS)은 바람직하고 실현가능하며, ISO는 이런 국제표준 개발을 주도하기에 좋은 위치에 있다는 결론을 내렸다. 이 보고서는 "개발될 표준이 입증과 측정이 가능한 결과를 만들 수 있는, 기업책임 의지의 실현을 위해 국제적으로 합의된 틀이 될 수 있을 것"으로 전망했으며, ISO 이사회에 주요 이해관계자를 포함하면서, 이 문제를 보다 깊이 조사할 자문그룹을 구성하도록 권고했다(ISO COPOLCO, 2002).

ISO 이사회는 2002년 9월 스톡홀름 회의에서 CSR 문제를

11) ISO의 조직도는 이 책 부록(3)으로 덧붙였으니, 이를 참고하기 바란다.

표 7 ISO 사회책임 자문그룹 구성*

지역	기관
아프리카	• 보츠와나 보건부(Ministry Of Health) • 모로코 산업표준기관(Service de Normalisation Industrielle Marocaine)
미주	• 멕시코 표준 · 인증기관(Instituto Mexicano de Normalización Certificación) • 미국 모토롤라(Motorola) • 캐나다 알칸(Alcan) [의장직 수행] • 브라질 환경미래연구소(Ecofuturo Institute)
아시아/오세아니아	• 호주 경쟁 · 소비자 위원회(Australian Competition and Consumer Commission: ACCC) • 말레이시아 표준기관(Industry Standards) • 일본 레이타쿠 대학(Reitaku University)
유럽	• 독일 지멘스(Siemens) • 스웨덴 산업협회(Swedish Industry Association) • 프랑스 기업사회책임 감시기구(Observatoire sur la Responsabilité Sociétale des Entreprises: ORSE)
국제기관	• ISO 소비자정책위원회(COPOLCO) • ISO 개도국문제위원회(Committee on Developing Country Matters: DEVCO) • 국제소비자기구(CI) • UN 글로벌콤팩트(UN Global Compact) • 글로벌 리포팅 이니셔티브(Global Reporting Initiative: GRI) • 국제상공회의소(International Chamber of Commerce: ICC) • 국제자유노동조합연맹(International Confederation of Free Trade Unions: ICFTU) • 국제표준이용자연맹(International Federation of Standards Users: IFAN) • 국제지속가능발전연구소(International Institute for Sustainable Development: IISD) • 세계야생동물기금(WWF-International) • 국제노동기구(ILO) • 국제고용자조직(International Organization of Employers: IOE)

주: 2003년 9월 16일 기준.
출처: IISD 웹사이트(http://www.iisd.org/standards/csr_members.asp, 2011.1.5 검색)

ISO 내에서 더 진전시키기로 결정하고, 2003년 초 '사회책임에 관한 자문그룹AG'을 구성했으며,[12] 이 그룹은 〈표 7〉과 같이 세계 각국의, 기업, 정부, 정부간 조직, 노동, 소비자, 비정부 조직non-governmental organization(NGO)을 포함한 이해관계자 대표들로 구성되었다.

18개월간의 연구와 토론을 통해 AG는 2004년 4월 세계의 사회책임 노력을 개관하고, ISO가 고려할 이슈를 찾아낸 보고서를 제출했다(ISO Advisory Group on Social Responsibility, 2004). 이 보고서에서 AG는 다음 일곱 가지 조건이 충족된다면 ISO가 사회책임 분야에서 표준 개발을 계속하는 것이 바람직하다는 결론을 내렸다(ISO, 2004).

첫째, ISO는 사회책임이 ISO가 이미 다뤘던 주제와 이슈들과는 질적으로 다른 많은 주제와 이슈를 포함한다는 것을 인식해야 한다.

둘째, ISO는 정부와 정부간 기구들이 제대로 된 절차를 거쳐 정의할 수 있는 사회의무나 기대를 스스로 정할 권한이나 정당성이 없다는 점을 인식해야 한다.

셋째, ISO는 권한 있는 정부간 국제기구가 채택한 규범과 이런 정부간 국제기구가 채택한 규범에 포함되어 있는 보편원칙을 반영할 수도 있고 그러지 않을 수도 있는 민간의 자발적 노력은 정부 규범과 차이가 있음을 인식해야 한다.

---

12) 이때 AG의 검토범위는 COPOLCO의 검토범위였던 기업사회책임과 달리 사회책임으로 변했다. ISO 기술관리부(Technical Management Board: TMB)는 AG 구성을 처음 결정한 2002년 결의안(TMB Resolution 78/2002)에서 기업사회책임을 언급했다가, AG의 작업범위를 결정한 2003년 결의안(TMB Resolution 59/2003)에서는 사회책임으로 변경했다.

넷째, ISO는 정치과정을 통해서만 해결될 수 있는 이슈들을 다루는 것을 피하기 위해 주제 범위를 좁게 해야 한다.

다섯째, ISO는 노사정 3자간 공식 의사소통에 기초해, 광범위한 사회이슈에 대한 국제규범을 규정하는 조직으로서 ILO의 독자 권한을 인정해야 한다.[13)]

여섯째, ISO는 사회책임이란 주제가 복잡하고 급격히 진전되는 특성이 있기 때문에 이런 특성을 가진 사회책임 약속을 실질적으로 조화시키는 것이 실현가능하지 않다는 점을 인식해야 한다.

일곱째, ISO는 개발과정을 검토해야 하며, 필요하다면 충분한 범위의 이해관계자들의 의미 있는 참여를 보장하기 위해 개발과정을 조정해야 한다.

한편, AG 검토단계에서는 그 이전 COPOLCO 검토와는 달리 앞으로 개발될 ISO 26000의 모습을 결정하는, 두 가지 중대한 변화가 있었음에 주목할 필요가 있다.

첫 번째 변화는 앞서 언급한 대로 새로 개발될 국제표준의 범위가 기업사회책임, 즉 CSR에서 사회책임, 즉 SR로 바뀌면서 사회책임의 주체가 모든 조직으로 확대되었다는 점이다.

두 번째 변화는 새로 개발될 표준은 적합성conformity을 평가하는 규격문서specification document가 아니라 지침문서guidance document 형태를 취하는 것이 바람직하다고 권고해서, 앞서 소개한 바와 같이 인증용 표준에서 비인증용 표준으로 바뀌었다는 점이다.

---

13) ISO는 2005년 3월 사회책임 표준화에 관한 양해각서(Memorandum of Understanding: MOU)를 ILO와 체결했다.

ISO 26000 개발역사(2): 작업반 구성 이후

2004년 10월 1일 ISO 기술관리부Technical Management Board(TMB)는 사회책임에 대한 새로운 표준을 개발하겠다는 신규작업항목 제안서New Work Item Proposal(NWIP)인 ISO/TMB N 26000를 회원기관에 돌렸다. ISO의 국제표준 개발절차는 보통 [그림 5]와 같은 6단계를 거치는데, 이로써 국제표준의 개발의 첫 단계가 시작된 것이다.

이 제안서는 2005년 1월 7일까지 3개월 동안 실시된 ISO 회원기관 찬반투표를 거쳐, 우리나라 기술표준원을 포함한 32개 회원기관이 표준 개발작업에 참여하겠다는 의사표시를 얻었다.

그 결과 ISO 사회책임 작업반Working Group on Social Responsibility(WG SR)이 구성되었는데, ISO 사회책임 작업반은 표준 개발작업에 적극적으로 참가하기를 희망한 ISO 회원기관, 즉 참가회원이 지명한 전문가expert[14)]와 내부 ISO/IEC 위원회 연락담당자, 그리고 이 작업 참가를 희망하는 관련 국제기구나 광범위한 지역을 관장하는 지역기구에 허용된 외부 연락담당자D-liaison로 구성되었다.

작업반은 2005년 3월 브라질 살바도르에서부터 2010년 5월 덴마크 코펜하겐에서의 마지막 총회까지 6년 동안 총 8차례의 총회와 수많은 부속 회의, 온라인 의견교환 등을 거쳐 ISO 26000을 개발했다.

---

14) 작업반에는 소비자, 정부, 산업, 노동, NGO, 서비스 · 지원 · 연구 · 기타(service, support, research and others: SSRO)의 6개 이해관계자 그룹이 있으며, ISO 회원기관은 이해관계자 범주별로 각각 1명씩 최대 6명의 전문가를 지명하여 작업반에서 활동하게 할 수 있다.

그림 5 ISO 국제표준 개발절차[15)]

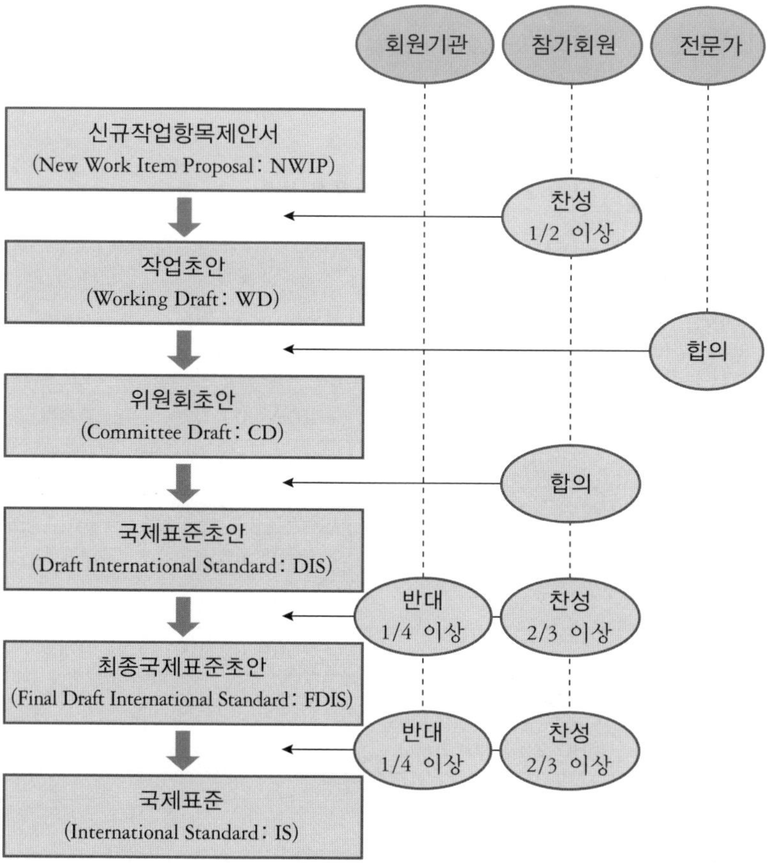

출처: 노한균(2010), p. 8.

15) 그림을 단순하게 만들기 위해서 개발절차 이행조건의 몇 가지를 그림에 표시하지 않았다. 첫째, NWIP에서 WD로 넘어갈 때 참여회원 1/2 이상의 찬성과 함께 5개국 이상의 적극 참여 표명이 필요하다. 둘째, ISO 절차에서 '합의(consensus)'란 핵심사안의 실질문제에 대해 계속된 반대가 없는 상태로, 만장일치를 의미하지 않는다. 셋째, DIS에서 FDIS, FDIS에서 IS로 넘어갈 때는 [그림 5]에 표시된 2개 조건이 동시에 충족되어야 하며, DIS에서 FDIS 이행단계에서만 내용에 대한 논평이 허용된다.

마지막 총회가 열린 2010년에는 한국을 포함한 99개 참가 회원으로부터 450명의 전문가와 210명의 옵서버가 개발작업에 참여했으며, 4개의 ISO/IEC 위원회[16]와 42개 외부 연락기구가 참여했다.

표 8 ISO 26000 개발 주요문서 목록

초안 이름	ISO 문서번호[17]	발표일	준비기간
WD1	N055	2006.03.28	12개월
WD2	N080	2006.10.06	5개월
WD3.1	N113	2007.07.23	10개월
WD3.2	N113[18]	2007.10.26	3개월
WD4.1	N137	2008.03.11	4개월
WD4.2	N143	2008.06.02	3개월
CD	N157	2008.12.15	6개월
DIS	N172	2009.09.14	9개월
FDIS	ISO/FDIS 26000: 2010	2010.07.12	10개월
IS	ISO 26000: 2010	2010.11.01	3개월

출처: 노한균(2010), p. 7을 고침.

16) ISO 26000 개발에 참여한 4개 내부조직은 ISO/TC 159(Ergonomics), ISO/TC 173(Assistive products for persons with disability), ISO/TC 176(Quality management and quality assurance), ISO/TC 207 (Environmental management)이었다.

17) ISO 사회책임 작업반 공식문서는 "ISO/TMB/WG SR N(번호)"의 형식으로 부여된다. 이 글에서 "N(번호)"으로 표시한 문서들은 작업반 공식문서를 의미한다.

18) WD3.2는 별도 문서번호를 받지 못한 채 발표되었다. 문서관리에 관한 ISO와 사회책임 작업반 기존 관행을 고려하면, WD3.2는 앞서 발표한 WD3.1의 개정판 형태로 나온 것이므로, WD3.1의 문서번호인 N113 뒤에 적어도 개정판임을 표시하는 "rev1"이라도 붙여야 했다.

[그림 5]의 개발절차에 따라 6년의 개발기간 동안 발표된 ISO 26000의 초안 이름과 문서번호, 발표일 등은 〈표 8〉과 같다.

마지막 FDIS에서 IS로 넘어가는 투표에서는 기권한 참가회원을 제외한 71개 참가회원 중 66개 회원이 찬성표를 던져, 93%의 지지율을 보였으며, 77개 회원기관 중 5개 기관이 반대표를 던져 6%의 반대율을 보였다. 이로써 참가회원 2/3 이상의 찬성과 회원기관 1/4 이하의 반대라는 [그림 5]의 마지막 요건이 충족되면서 ISO 26000은 국제표준으로 확정되었다.

04 ISO 26000이 바라보는 사회책임

이 책 제 3 장에서 [그림 2]나 [그림 3]을 설명하면서, 사회책임을 제대로 실천하기 위해 가장 먼저 할 일은 사회책임을 제대로 이해하는 것이라고 소개했다. 제 1 장에서 ISO 26000의 간단한 사회책임 정의만 소개하고 넘어갔는데, 이 장에서는 ISO 26000 논의를 중심으로 사회책임을 보다 깊이 이해해 보도록 하자. 이 장에서는 또한 ISO 26000 논의에 기초해서 사회책임을 이해하기 위해 생각해 볼 문제들을 다룬다. ISO 26000의 내용에 기초해 실천 중심으로 구성된, 이 책 다른 부분에 비해 다소 이론적이고 ISO 26000의 내용을 넘어서기도 하지만, 앞서 제 1 장에서 설명한 것과 같이, ISO 26000에서는 물론, 요사이 많이 얘기되는 사회책임의 다양한 측면을 한번 생각해봐야 조금 더 의미 있는 실천을 할 수 있으므로 사회책임 자체를 깊이 살펴보는 시간을 갖기로 한다.

사회책임 정의의 확장

앞서 제 1 장에서 ISO 26000의 간단한 사회책임 정의는 세 가지 구성요소, 즉 '조직의 결정과 활동 → 사회와 환경에 대한 영향 → 조직의 책임'을 연결하고 있다고 했지만, ISO 26000이 언급한 사회책임은 이보다는 다양한 측면을 가지고 있어 그렇게 쉽게 이해될 수 있는 것은 아니다.

여기서는 ISO 26000의 간단한 사회책임 정의에서부터 출발해서, ISO 26000이 소개하는 사회책임의 다른 측면을 소개한 후 여기서 나오는 질문을 중심으로 사회책임 개념을 정리하려 한다.

ISO 26000의 간단한 사회책임 정의는 네 측면에서 확장될 수 있다.

첫째, 앞서 제 1 장에서 ISO 26000이 제시한 사회책임의 간단한 정의를 소개하면서, 이 정의에 포함된 세 구성요소와 이들을 연결하는 화살표의 의미를 생각해보면, ISO 26000의 사회책임 정의를 보다 정확하게 파악할 수 있다고 했다.

이로부터 나오는 몇 가지 질문은 다음과 같다.

- 영향이란 무엇을 의미하는가?
- 조직의 결정, 활동과 무관한 영향은 사회책임 대상이 아닌가?
- 책임이란 무엇인가?
- 영향이 있으면 책임은 자연스럽게 생기는 것인가?
- 영향에 대한 책임은 어떻게 지는 것인가?

둘째, ISO 26000의 사회책임 정의는 위의 간단한 정의에 몇 가지 조건을 더하고 있는데, 이들은 다음과 같다(26000 2.18절).

- 투명하고 윤리적인 행동transparent and ethical behaviour

- 지속가능발전에 기여contribute to sustainable development
- 이해관계자 기대 고려take into account the expectations of stakeholders
- 적용될 수 있는 법 준수compliance with applicable law
- 국제행동규범 준수consistent with international norms of behaviour
- 조직 전반에 걸쳐 통합integrated throughout the organization

ISO 26000의 사회책임 정의에 부가된 이 조건들을 보면서, 가장 먼저 드는 의문은, 만약 정의에 있는 조건들 중 하나라도 충족되지 않는다면, 그것은 사회책임으로 볼 수 없는가 하는 것이다.[1)]

셋째, ISO 26000은 사회책임을 인식할 때 조직, 이해관계자, 사회(그리고 환경)의 3자간 관계를 모두 고려해야 한다고 했

그림 6 ISO 26000의 사회－조직－이해관계자 관계

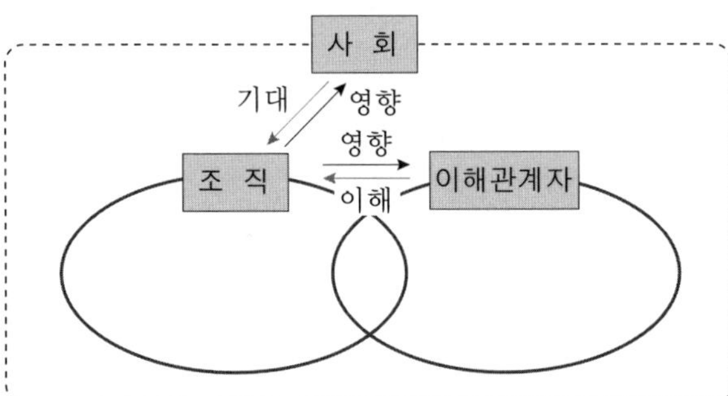

1) ISO 26000 사회책임 정의에 더해진 조건 중 지속가능발전과 조직 통합을 제외한 조건은 이 장 뒷부분에서 다룰 사회책임 원칙과 중복되기 때문에, 사회책임 원칙 중 하나라도 충족되지 않는다면 사회책임이라고 볼 수 없는지 하는 질문으로도 연결된다. 이 부분은 이 장 뒷부분에서 사회책임 원칙과 관련해서 다시 논의한다.

다(26000 5.2.1절). ISO 26000은 3자간 관계에 대해, 조직과 이해관계자는 사회 안에 존재하며, 조직은 이해관계자와 사회에 영향impact을 주고, 반대로 이해관계자는 조직에 이해interest를 가지며, 사회는 조직에 기대expectation를 갖는 관계가 있다고 했다. ISO 26000에서는 이 관계를 그림으로 표현했으나, 저작권 보호로 그대로 이 책에 게시할 수 없기 때문에, 위 설명에 기초해 [그림 6]과 같이 나름대로 정리해 보았다.[2)]

ISO 26000의 사회책임 3자간 관계 설명은 앞서 소개한 사회책임의 간단한 정의와 중복되는 부분도 있지만, 또한 완전히 같지는 않기 때문에 독자가 ISO 26000 설명을 기초로 사회책임을 일관된 한 틀 속에서 이해하는 데 어려움을 줄 수도 있다.

ISO 26000의 사회책임 3자간 관계 설명을 통해 우리는 다음과 같은 질문을 추가로 던지게 된다.

- 이해관계자 이해나 사회 기대는 조직 영향과 어떤 관계인가?
- 조직에 대한 이해관계자 이해나 사회 기대는 어떻게 확인할 수 있는가?
- 이해관계자 이해와 사회 기대가 같지 않을 경우, 조직은 어떻게 해야 하는가?

넷째, ISO 26000은 위에 소개한, 사회책임 정의의 두 번째 확장이나, 이 책 제 3 장 [그림 2] 표현과 같이 사회책임과 지속가능발전을 연결시키고 있다. ISO 26000은 이 두 개념이 서로

2) ISO 26000이 제시한 사회, 조직, 이해관계자라는 사회책임의 세 측면에 대한 설명은 이 장에서 논의를 확장시켜 가면서 그 의미를 다시 음미하기로 한다.

다른 것이지만, 지속가능발전이 사회의 폭넓은 기대를 요약해 주는 한 방식으로 이용될 수 있기 때문에, 지속가능발전에 대한 조직의 기여를 극대화하는 것을 사회책임의 근간으로 삼을 수 있다고 했다(26000 3.3.5절).

이런 설명으로부터 우리는 사회책임에 관한, 다음과 같은 몇 가지 추가질문을 생각할 수 있다.

- 지속가능발전의 의미는 무엇인가?
- 지속가능발전을 요약된 사회 기대로 보는 것은 정당한가?
- 지속가능발전을 사회 기대로 볼 경우 이해관계자 이익과 조직의 영향과의 관계는 어떻게 정리해야 하는가?
- 지속가능발전, 이해관계자 이익과 뒤에 소개될 ISO 26000 사회책임의 7대 핵심 주제와의 관계는 무엇인가?

이상과 같이 ISO 26000은 사회책임에 대해 다양한 방식으로 언급하고 있으나, 각 방식들 간의 관계를 명확히 하지 않고 있을 뿐 아니라, 각각의 설명방식에서 나올 수 있는 추가질문도 있기 때문에 이런 측면을 함께 고려한 일관된 이해를 갖지 못한다면, 이후 실행할 사회책임 실천의 내용과 과정[3] 모두 부조화를 이룰 가능성이 크다. 따라서 여기서 소개한 ISO 26000의 사회책임 네 측면과 이와 관련된 질문을 중심으로 사회책임에 대한 이해를 넓히려 한다.

ISO 26000의 사회책임 정의에서는 영향impact의 존재 여부가 사회책임 논의의 출발점이 되므로, 이 개념에 대해서 우선 살펴보자.

3) 사회책임의 내용과 과정이 무슨 의미인지는 이 장 끝 부분에서 설명한다.

영향의 의미

ISO 26000이 제시한 영향의 정의를 간단하게 말하면 "긍정적이거나 부정적인 변화positive or negative change"라고 할 수 있다(26000 2.9절).

이 영향의 간단한 정의에 ISO 26000은 두 가지 요소를 더했다. 첫째, 이 변화는 조직의, 과거와 현재 결정과 활동의, 전적인 또는 부분적인 결과로 나타나며, 둘째, 그 변화가 일어나는 영역은 사회, 경제, 환경이라는 것이다(26000 2.9절).

첫 번째 요소는 우리가 사회책임의 간단한 정의에서 보았던 '결정과 활동 → 영향'의 관계에 '과거와 현재'라는 시점과 '전적 또는 부분적'이라는 범위를 더한 것이다. 그리고 이런 관계는 앞서 제기한, '조직의 결정, 활동과 무관한 영향은 사회책임 대상이 아닌가?'라는 질문과 연결된다.

두 번째 요소는 변화가 일어나는 영역을 사회, 경제, 환경이라는 세 영역으로 구분한 것으로, 이는 지속가능발전에서 많이 논의된 이른바 '3대 기본triple bottom line(TBL)'의 영역을 말한다.[4)]

우선 조직의 결정과 활동의 결과로서의 변화라는 첫 번째 요소를 영향의 인과성이란 주제를 통해 살펴보고, 영향의 발생 영역이라는 두 번째 요소는 지속가능발전과 사회책임의 관계를 논하면서 검토하려 한다.

4) '3대 기본'에 관해서는 이 장 뒷부분에서 사회책임과 지속가능발전의 관계를 검토하면서 다루기로 한다.

❖ 영향의 인과성

조직의 결정과 활동의 결과로서의 변화라는 ISO 26000의 영향에 대한 정의는 일반적으로 영향평가impact assessment 분야에서 받아들여지고 있는 영향의 정의와 맥을 같이 한다. 예를 들어, 국제영향평가협회International Association for Impact Assessment(IAIA)는 영향을 "해당 행동으로 일어날 일과 해당 행동 없이도 일어날 일 사이의 차이"로 정의한다(IAIA, 2009). 컬럼비아 경영대학원Columbia Business School을 중심으로 2002년에 시작된 '사회기업가정신 연구 이니셔티브Research Initiative on Social Entrepreneurship(RISE)'의 연구결과물에서도 영향을 "어쨌든 일어날 일을 넘어서, 활동의 결과로 일어나는 전체 결과의 비중"으로 정의해 IAIA와 비슷한 접근을 취하고 있다(Clark 외, 2004).

영향평가 분야의 영향에 대한 정의는 ISO 26000이 말한 '결정과 활동의 결과로 나타나는 변화'로서의 영향을, '자연스럽게 일어나는 변화natural change'에 대비되는 '개입된 변화intervened change'로서의 영향으로 보다 구체화하고 있다.[5] [사례 4]에 소개한 앵글로 아메리칸의 영향 확인 과정은 '개입된 변화'로서의 영향을 찾는 과정을 간단하게 보여준다.

5) 여기서 영향은 변화의 한 부분임을 명확히 이해할 필요가 있다. 변화는 시간이 흐름에 따라 계속 일어나고 있는 현상이며, 아무 변화가 없어 보이는 것도 변화의 일종이라고 할 수 있다. 반면 영향은 시간이 흐름에 따라 일어나는 현상 중 무언가에 의해 일어난 변화를 의미한다. 조금 더 깊이 들어가면, 어떤 변화든 그 변화를 일으키는 원인은 있게 마련이므로, 모든 변화는 영향이 될 것이다. 그러나 수많은 변화 중 우리 조직에 의해 일어난 변화를 영향이라고 보면 될 것이다.

사례 4 | 앵글로 아메리칸의 영향 확인

영국 런던에 본사를 둔 앵글로 아메리칸(Anglo American)은 전 세계 각지에서 10만 명 넘게 고용, 다이아몬드, 동, 니켈, 백금 등을 생산해, 208억 달러(약 22조 8,800억원, 2009년 기준)의 매출을 올리고 있는 글로벌 광업 회사다.

이 회사는 2003년에 앵글로 아메리칸 사회-경제 평가 도구상자(Socio-Economic Assessment Toolbox: SEAT)라는 관리시스템을 개발해서 전세계 사업지에 적용하고 있을 뿐 아니라, 다른 조직도 사용할 수 있도록 무상으로 제공하고 있다.

SEAT은 사회-경제 평가를 위한 전체 과정을 제시하고 있지만, 이중 회사 활동으로 인한 영향을 점검하는 과정만 추려 살펴보자면, 이 과정은 다음과 같이 간단하지만 논리적으로 연결되는 몇 가지 질문으로 이루어져 있다.

SEAT에 제시된 용광로 운영과 노동 고용에 따른 앵글로 아메리칸의 분석 예시를 살펴보자. 이런 영향 분석은 영향의 인과성에 기초한 접근방식임을 알 수 있다.

활동	지역에 변화를 일으키는 활동의 측면	해당 측면이 환경에 일으키는 변화	이 변화로 인한 사회/경제 영향
용광로 운영			
대기 배출	대기권에 배출	대기 질 감소	건강 악화
고용			
노동 고용	非지역민 고용	非지역민 증가, 지역민과 마찰 증가	지역사회와 관계 불편, 갈등, 기물 파손

출처: Anglo American(2011) Socio-Economic Assessment Toolbox(SEAT)(http://www.angloamerican.com/aal/siteware/docs/seat_toolbox2-1.pdf, 2011.2.1. 검색). / Wikipedia(2011) Anglo American PLC(http://en.wikipedia.org/wiki/Anglo_American_PLC, 2011.2.1. 검색)

이 정의를 받아들인다면, 사회책임의 전제가 되는 영향을 알아내는 간단한 질문은 '과연 이 변화는 우리 조직의 결정과 활동이 없었다면 일어나지 않았을까' 일 것이다. 즉 어떤 과거, 현재, 미래 변화가 우리 조직의 결정과 활동이 없었다면 일어나지 않았을 것으로 판단된다면, 그건 ISO 26000이나 영향평가 분야 정의에 따른 '영향' 으로 볼 수 있다. 반면, 우리 조직의 결정과 활동이 없었더라도 그 변화가 일어날 것으로 판단된다면, 이 변화는 위 정의에 따른 '영향' 이라고 하기 어렵다.[6)]

이런 영향의 의미는 이 장 뒤에서 연루complicity와 영향권 개념을 소개하면서 확장되겠으나, 그 이전에 영향이 일어나는 영역으로서 이해관계자 개념을 먼저 소개해서 가장 단순한 형태의 사회책임 구조를 정리하고 다음 논의로 넘어가려 한다.

이해관계자

영향이나 변화가 일어나는 영역과 관련해서 우리가 검토해야 할 또 다른 개념은 이해관계자이다. ISO 26000은 이해관계자stakeholder를 "조직의 어떤 결정 또는 활동에 이해를 갖는 개인 또는 그룹individual or group that has an interest in any decision or activity of an organization"으로 정의했으며(26000 2.20절, 5.3.2절), 개인이나 그룹이 조직의 결정과 활동에 어떻게 영향을 받고 있고 받을 수 있는지를 알면, 조직과의 관계를 만드는 이해와 이해관계자를 식별할 수 있다고 했다(26000 5.2.1절, 5.3.2절).

6) 이 부분은 바로 뒤 인과성의 확장으로서 '연루(complicity)' 를 소개하면서 더 논의한다. 또한 영향의 인과성은 관련성(relevance) 개념과도 연결되는데, 이 논의는 이 책 제 6 장에서 상세히 살펴보기로 한다.

그림 7 단순한 조직－영향－이해관계자 관계

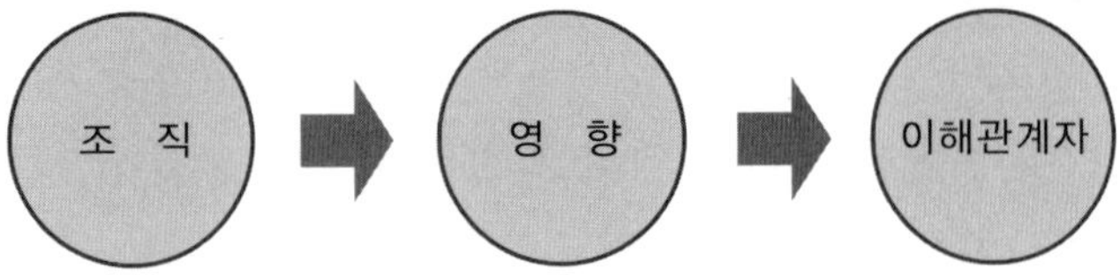

이런 ISO 26000의 설명에 따르면, 조직의 영향이 이해관계자 이해를 만든다고 해석할 수 있다.[7]

ISO 26000은 이때 이해는 조직에 지불이나 권리 존중 등을 요구하는, 실제적이거나 잠재적 근거가 되지만, 반드시 공식적이거나, 금융적 요구나 법적 권리를 포함할 필요는 없으며, 단순히 조직에 의견을 낼 수 있는 권리right to be heard가 될 수도 있다고 했다(26000 5.3.2절).

이제까지 살펴본 영향의 의미, 조직 결정과 영향의 인과성, 이해관계자 사이의 관계를 정리하면, [그림 7]과 같다. 이 그림은 매우 단순해 보이지만, 앞으로 이 책에서, 사회책임의 전제가 되는, 조직의 영향을 보다 깊이 논의하는 기초가 될 것이다.

인과성의 확장[8]

앞서 사회책임 정의의 확장에서 살펴본 바와 같이 ISO

7) 조직의 영향이 이해관계자의 이해로 이어진다는 설명은 이 장 뒤에서 영향의 인과성과 이해관계자 범위를 확장시키면서 보다 상세히 논의할 것이다.
8) 엄밀하게 말해 연루와 영향권 개념은 어떤 변화를 조직의 결정과 행동이 초래했는가라는 영향의 인과성 문제는 아니며, 조직이 초래하지 않은 변화에 대해서도 조직이 어떤 형태로든 책임을 져야 한다는 책임의 확장 문제

26000이 바라보는 사회책임은 [그림 7]에 다양한 측면을 더하고 있어, 이처럼 간단하지만은 않다.[9)]

우선 조직과 영향을 연결하는 [그림 7]의 앞부분을 보다 깊이 있게 이해하기 위해서, ISO 26000에 소개된 연루와 영향권의 두 개념을 중심으로 사고를 넓혀보도록 하자.

◆ 인과성의 확장(1): 연루[10)]

앞에서 우리는 영향을 '개입된 변화'로 요약하고, '과연 이 변화는 우리 조직의 결정과 활동이 없었다면 일어나지 않았을까'라는 간단한 질문을 통해, 사회책임의 전제가 되는 영향의 유무를 판단할 수 있다고 했다.

이런 영향의 인과성에 관해 우리가 추가로 고려해야 할 첫 번째 개념은 '연루'다.

ISO 26000은 7대 사회책임 원칙[11)] 중 하나로 '국제행동규범 존중'을 제시하면서, 조직은 국제행동규범을 지키지 않는 다른

라고 할 수 있다. 그러나 우리 조직 이외의 다른 주체가 초래한 영향에 대한 책임문제를 다루는 것이기에 여기서는 [그림 7]의 앞부분과 관련해서 영향의 인과성이란 제목으로 다룬다.

9) [그림 7]을 통해 또 하나 생각할 문제는 조직이 자신의 사회책임을 확인하는 절차로 과연 [그림 7]처럼 영향을 식별한 후 영향을 받는 이해관계자를 찾아내는가 하는 점이다. 논리에 있어서는 이런 접근방식이 옳고 [사례 4]에 소개한 앵글로 아메리칸의 SEAT은 이런 절차를 따르고 있지만, 보통은 이해관계자의 일반 유형을 설정한 후 각 유형의 이해관계자가 가질 영향을 생각하거나, ISO 26000의 핵심 주제 관련 행동 같이 이미 어느 정도 결정된 이해관계자별 기대행동을 따르는 접근을 하지 않는가 생각한다.

10) complicity를 '공모'라고 번역하는 경우도 있으나, '공모'는 행위의 계획 단계에서부터 적극 참여했다는 의미가 풍겨, 적극적인 참여없이도 이득을 얻거나 단순히 침묵하고 있는 경우까지 연루로 보는 ISO 26000의 취지를 고려할 때는 '연루'가 보다 적절한 번역이라고 본다.

11) 7대 사회책임 원칙에 대해서는 이 장 뒷부분에서 소개한다.

조직의 활동에 연루되는 것을 피하는 게 좋다고 권고한다(26000 4.7절).

ISO 26000은 연루가 법적 의미와 비법적 의미를 모두 가진다고 했다. 법적 의미에서 연루란 “해당 불법행위를 알거나 이에 기여할 의도를 가지고 있으면서, 범죄 같은 불법행위 수행에 상당한 효과를 가지는 행위를 하거나 간과하는 당사자가 되는 것”으로 정의했다. 반면 비법적 의미에서 연루는 “상세검토due diligence[12]를 수행함으로써 사회, 경제 또는 환경에 상당히 부정적인 영향을 미칠 것을 이미 알게 되었거나 알았어야만 했던, 타인의 불법행위 수행을 도울 때”를 말한다. 또한 조직이 이런 불법행위에 대해 침묵하거나 이로부터 이득을 얻은 것도 연루된 것으로 간주할 수 있다고 했다(26000 상자 4, 6.3.5.1절).[13]

특히 ISO 26000은 사회책임 핵심 주제 중 하나인 인권과 관련해서는 연루의 유형을 셋으로 나눠 명확히 하고 있다(26000 6.3.5.1절).[14]

첫째, 직접연루direct complicity란 조직이 알면서 인권침해(또는 연루 개념을 앞서와 같이 사회책임 일반으로 확장하면 ‘인권침해’는

12) ‘상세검토’에 대해서는 이 책 제6장에서 소개한다.

13) 연루와 관련해서 ISO 26000이 법적 의미뿐 아니라 비법적 의미를 포함한 것은 시사점이 크다. 연루와 관련된 기존 논의는 법적 의미에 한정해서 접근하려는 입장과 이를 넘어선 비법적 의미까지 포함하려는 입장이 있었는데(UN, 2008a), ISO 26000은 비법적 의미까지 포함함으로써 현재까지는 형사책임의 대상이 되지 않는다고 여겨지는 이득연루와 침묵연루까지 연루의 적용을 넓게 해석하고 있기 때문이다. 이에 관해서는 이 장의 각주 16)과 18)을 참조할 수 있다.

14) ISO 26000이 연루를 직접, 이득, 침묵의 세 유형으로 구분한 것은 UN 글로벌콤팩트의 연루 유형화를 그대로 받은 것이다(UN, 2008a). 또한 이는 ISO 26000이 비법적 의미의 연루까지 넓게 포함하고 있음을 보여주는 다른 사례다.

'불법행위[15] 전반'으로 볼 수도 있다. 이하 같다)를 고의적으로 도울 때를 말한다.

둘째, 이득연루beneficial complicity란 타인이 저지른 인권침해로부터 조직이 직접적으로 이득을 얻는 것을 말한다.

셋째, 침묵연루silent complicity란 체계적이거나 지속적인 인권침해에 대해 조직이 문제를 제기하지 않는 것을 말한다.

조직의 도움이 없었다면 해당 불법행위가 일어날 수 없을 만큼 조직이 중요한 도움을 준, 직접연루의 경우를 제외하고,[16] 연루의 세 유형은 모두 우리 조직의 결정이나 활동이 없었더라도 어차피 해당 불법행위는 일어났을 것이라고 말할 수 있다.[17] 따라서, 만약 조직이 어떤 불법행위에 이득연루나 침묵연루의 형태로 관련되어 있다면, 이런 연루로 인해 조직이 도덕적 비난을 받을 수 있을지는 모르지만, 우리가 앞서 살펴본 사회책임 정의에 따라서, 이런 불법행위는 조직의 영향이라고 볼 수는 없으며, 자신이 미친 영향에 대한 책임으로 정의된 사회책임의 대상이 아니라고 할 수 있다.[18]

---

15) 법률에서 '불법행위'란 고의나 과실로 다른 사람에게 손해를 끼치는 행위를 말한다.

16) 국제형사재판소(international criminal tribunal)는 형사책임을 져야 하는 연루는 상당한 도움(substantial assistance)이라는 물리요소와 인지(knowledge)라는 정신요소에 기초한다는 입장을 취해왔다(UN, 2008a). 다시 말해, 두 요소 중 어느 하나라도 입증되지 않는 경우는 형사책임을 묻기 어렵다는 것이다.

17) 시간 개념을 가지고 이를 달리 표현하자면, 직접연루는 불법행위를 돕는, 조직의 결정과 활동이 불법행위 발생시점의 전후나 불법행위 발생 도중 어느 시점에나 일어날 수 있지만, 이득연루나 침묵연루는 일반적으로 불법행위가 일어나는 도중이나 그 이후, 그로부터 이득을 얻거나, 이에 대해 침묵하는 조직의 결정과 활동이 따르게 될 것이다.

18) 국제형사법 입장에서도 이득이나 침묵이 형사책임을 구성하는 것은 아니라는 것이 일반견해다(UN, 2008a). 그러나 남아프리카 진실·화해위원회

그런데 ISO 26000은 사회책임의 하나로 심지어 침묵연루까지도 조직이 피할 것을 권고하고 있기 때문에(26000 4.7절), 우리는 ISO 26000이 스스로 제시한 영향의 정의 속에 포함된 영향의 인과성을 넘어선 사회책임을 권고한 ISO 26000의 모순된 두 주장 사이 간격을 메울 무엇인가를 추가로 고려해야 할 것이다.

이에 앞서 영향의 인과성을 확장시키는 두 번째 개념인 영향권을 먼저 살펴보고 나서 영향의 인과성 문제를 정리하도록 하자.

❖ 인과성의 확장(2): 영향권

영향의 인과성에 관해 우리가 추가로 고려해야 할 두 번째 개념은 '영향권' 이다.

ISO 26000은 영향권을 "조직이 개인이나 조직의 결정 또는 활동에 영향을 줄 수 있는 능력을 가지게 되는, 정치적, 계약적, 경제적 또는 기타 관계의 범위/정도"로 정의했다(26000 2.19절).

실제 영향권 개념은 조직 영향의 범위와 조직 영향력의 범위라는 두 의미가 섞여 사용되고 있다(UN, 2008a).[19] 위에서 살펴본 ISO 26000의 영향권 정의를 볼 때, ISO 26000은 영향권을

(South African Truth and Reconciliation Commission)가 적어도 직접이득의 경우 책임의 대상이 된다고 결정하는 등 이득이나 침묵연루가 도덕적 비난의 대상에만 머무는 것은 아니라는 해석이 계속 나오고 있다.

19) UN 사무총장 기업과 인권 특별대표인 존 러기(John Ruggie) 하버드대 교수는 영향권 개념을 검토하면서 영향권의 표현에 사용된 'influence' 개념이 조직이 다른 사람의 인권에 실제 미치는 효과의 범위라는 의미의 영향권에서는 'impact' 의 의미로, 조직이 다른 주체들의 행태에 변화를 줄 수 있는 영향력의 범위로서의 영향권에서는 'leverage' 의 의미로 사용되고 있다고 지적했다(UN, 2008a). ISO 26000이 사용하는 영향권 개념은 후자인 'leverage' 로서의 'influence' 라고 할 수 있다.

20) 만약 ISO 26000이 영향권을 조직 영향의 범위 의미로 사용했다면, 이는

조직 영향력의 범위 의미로 사용하고 있다고 볼 수 있다.[20] 우리 조직의 영향권 안에 있는 다른 개인이나 조직, 즉 주체가 사회책임의 전제가 될 어떤 영향을 일으켰을 때, 어떤 경우는 우리 조직의 결정이나 활동이 없이도 그 영향은 일어날 수 있다.

이렇게 영향권 개념은, 앞서 살펴본 연루와 함께, 영향의 인과성 확장 문제, 즉 우리 조직의 결정이나 활동이 없이도 어차피 일어날 영향에 대해서도 우리 조직이 사회책임을 지게 될 수 있는가라는 문제의 다른 축을 형성한다.

❖ 연루와 영향권의 관계

연루와 영향권은 서로 관계가 없는 별도 개념으로, 우리 조

그림 8 연루와 영향권의 관계

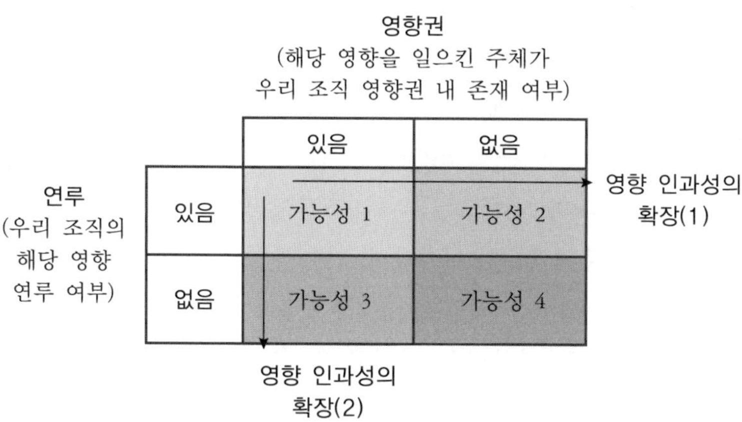

영향을 받은 개인이나 집단으로서 이해관계자의 범위를 확인하는 개념이 되었을 것이다.

직의 영향권 안에 있는 다른 주체가 일으킨 영향에 우리 조직이 반드시 연루되는 것은 아니며, 우리 조직이 연루된 영향을 일으킨 조직이 반드시 우리 조직의 영향권 안에 있는 것도 아니다.

이렇게 볼 때 연루와 영향권 사이에는 [그림 8]과 같이 가능성 1부터 가능성 4까지 4개의 조합이 나올 수 있다.

다른 주체가 일으킨 영향에 우리 조직이 연루되었는지 여부가 영향의 인과성을 확장시킨 것과 같이([그림 8]의 수평 화살표 방향인 가능성 1과 2), 영향을 일으킨 다른 주체가 우리 조직 영향권 안에 있었느냐 여부도 영향의 인과성을 확장시켜([그림 8]의 수직 화살표 방향인 가능성 1과 3), 우리 조직의 결정이나 활동이 없이도 어차피 일어날 불법행위에 대한 우리 조직의 사회책임 문제를 낳을 수 있다.

이 분석을 조금 더 정교하게 정리하기 위해 [그림 8]의 가능성 1의 영역을 세분해서 살펴보도록 하자. 가능성 1은 어떤 영향을 일으킨 주체가 우리 조직의 영향권 안에 있고, 우리 조직도 그 영향의 발생에 연루된 경우를 말한다. 그러나 영향을 일으킨 주체가 우리 조직의 영향권 안에 있다는 것이, 그 주체가 해당 영향을 일으키도록 우리 조직이 영향력을 행사했다는 것을 의미하지는 않는다. 따라서 가능성 1은 다시 [그림 9]와 같이 해당 영향이 일어나도록 우리 조직이 가지고 있는 영향력을 행사한 경우와 영향력은 가지고 있지만 행사하지는 않은 경우로 나눌 수 있다.

앞서 세 유형의 연루를 조직의 영향력 행사 여부와 연결시키면, [그림 9]와 같이 된다. 어떤 영향을 일으킨 주체가 우리 조직의 영향권 안에 있고, 우리 조직도 그 영향의 발생에 연루

그림 9 연루와 영향권의 관계 세분화

		보유 영향력 사용 여부	
		사용	사용 않음
연루	있음	직접연루	이득연루 침묵연루

된 경우([그림 8]의 가능성 1), 우리 조직이 해당 영향 발생을 위해 영향력을 행사한 경우는 직접연루가 될 것이고, 영향 발생을 위한 영향력은 행사하지 않고 단순히 발생된 영향으로부터 이득을 얻거나, 이에 대해 침묵하는 것은 이득연루나 침묵연루가 될 것이다.[21]

사례 5 | OMV의 연루와 영향권 확인

오스트리아 비엔나에 본사를 둔 OMV는 중앙유럽을 중심으로 약 35,000명을 고용해, 179억 유로(약 26조 8,500억원, 2009년 기준)의 매출을 올리고 있는 석유·가스회사다.

OMV는 2003년 UN 글로벌콤팩트에 가입하고, 2007년에는 이사회 차원에서 인권정책 선언문을 채택했으며, 이를 구체화하기 위한 관리도구로서 OMV 인권 매트릭스(Human Rights Matrix)를 개발해서 사용하고 있다.

OMV는 인권 매트릭스에서 회사가 갖는 영향력과 영향권 내 기

21) 영향권 내 다른 주체의 불법행위 이후 이득을 얻었는지 여부나 침묵했는지 여부에 관계없이, 불법행위 발생을 위해 영향력을 행사한 경우는 모두 직접연루가 될 것이다.

관 또는 개인을 다음과 같이 나누어 정리하고, 각자의 책임을 명시했다("인권을 존중하고 충족할 가장 강한 책임"이나 "인권 충족을 지원할 책임" 같은 세부 내용은 생략했다).

OMV 영향력	OMV 영향권 내 개인/기관					사회 전반
	임직원	사업 파트너	공급자/계약자	주변 지역사회	국가기관/정부	
50%이상 주식 소유 또는 지배						
합작투자의 운영자						
합작투자의 파트너						

OMV는 또한 회사가 가담할 위험이 있는 연루를 다음과 같은 네 유형으로 나누고, 각각에 대한 규범 근거, 판단 요소, 법률책임 여부, 연루로 인해 일어날 수 있는 결과를 정리했다.

유형	규범 근거	판단 요소	법률 책임	일어날 수 있는 결과
'상당한 참여' 연루	국제관습법 국제형사법 국가법정	객관: 인권침해 참여의 상당한 효과 주관: 참여가 불법행위를 돕는다는 인지	명확	국제형사재판소 소송 국가 형사소송 민사소송 NGO 행동 소비자 행동 매체 압력 동료 압력
'이득' 연루	글로벌콤팩트 국가판례	객관:인권침해로부터 직접이득 주관: 인지	불명확, 사법권에 따라 다름	민사소송 NGO 행동 소비자 행동 매체 압력 동료 압력

'합작 투자' 연루	국가판례 국가합작투자법 해양법협약	객관: 공동 설계나 목적을 갖는 파트너의 인권침해 주관: 행동 인지	불명확, 사법권에 다름	민사소송 NGO 행동 소비자 행동 매체 압력 동료 압력
도덕 연루	정치-윤리규범	객관: 심각하고 체계적 인권침해[22)] 주관: 인지	없음	NGO 행동 소비자 행동 매체 압력 동료 압력

출처: Ludwig Boltmann Instutute of Human Rights & Human Rights Consulting Vienna(2009) OMV Human Rights Matrix, Vienna, Austria: OMV. / OMV(2010) Sustainability Report 2009, Vienna, Austria: OMV. / Polsterer, N.(2009) OMV, the UN Global Compact and Human Rights: From Signature to Implementation(Case Story No. 714), New York: UNGC.

그림 10 확장된 주체를 가진 조직-영향-이해관계자 관계

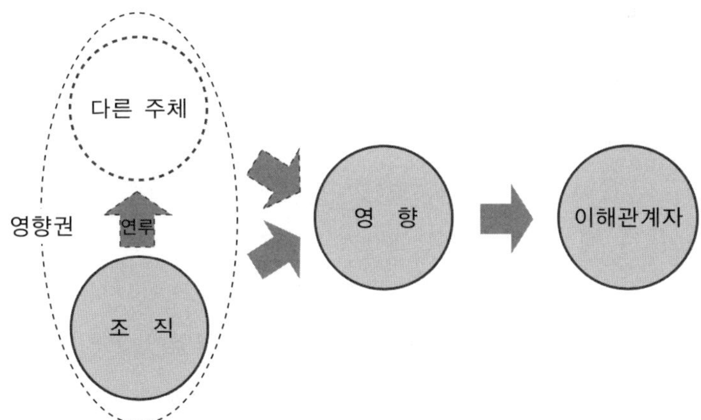

22) 독자가 언뜻 보기에 심각하고 체계적인 인권침해와 인지가 있는데, 어떻게 도덕연루에 머무를 수 있을까라는 의문이 들 수도 있다. 그러나 여기서 심각하고 체계적인 인권침해를 일으킨 주체는 해당 조직이 아닌 다른 조직이나 개인이며, 해당 조직은 이를 알고 있을 뿐이다.

이상 연루와 영향권 개념을 통해 확장시킨 영향의 인과성 개념은 [그림 7]에서 사회책임의 전제가 되는 영향을 일으키는 주체를 [그림 10]과 같이 확장시켜, '조직의 결정과 활동의 결과로서의 변화' 로서의 영향이라는 ISO 26000의 정의를 다시 생각하게 한다.

이제까지 '조직의 결정과 활동 → 사회와 환경에 대한 영향 → 조직의 책임' 의 구조를 가진, ISO 26000의 간단한 사회책임 정의로부터 출발해서 '조직 → 영향 → 이해관계자' 라는 관계를 살펴보고, 이해관계자에 영향을 미치는 주체가 우리 조직을 넘어서는 경우까지 보았다.

이제부터는 책임의 의미를 중심으로 [그림 7]의 간단한 사회책임 정의 구조의 뒷부분 의미를 살펴보자.

책임의 의미

ISO 26000은 사회책임 원칙[23)]의 하나로 조직이 이해관계자의 이해를 존중하고 고려하며 대응할 것을 권고한다(26000 4.5절).

이 책 제 1 장에서 ISO 26000은 사회책임을 "조직의 결정과 활동이 사회와 환경에 미치는 영향에 대해 조직이 지는 책임"으로 정의했다고 했지만(26000 2.18절), 정작 책임이 무엇인지, 어떻게 하는 것이 책임을 다하는 것인지에 대해서 ISO 26000은 구체적으로 설명하지 않았다.[24)]

---

23) ISO 26000의 사회책임 원칙 전체에 대해서는 이 장 뒷부분에서 '사회책임 원칙' 이란 제목으로 살펴본다.

24) 이 책 제 6 장에서 살펴보게 될 7개 사회책임 핵심 주제에 관련해서 ISO 26000이 제안하는 '관련 행동과 기대' 가 책임에 대한 구체적인 내용이 아

책임은 다양한 뜻으로 사용되는데, 그중에서도 일반적으로 많이 사용되는 책임의 의미로는 인과책임causal responsibility, 법률책임legal responsibility, 도덕책임moral responsibility 등이 있다(Klein, 2005).

누군가가 직접 또는 간접으로 어떤 상태를 일으켰을 때, 우리는 그 누군가가 그 상태에 대해 책임이 있다고 말하는데, 이것이 바로 인과책임이다. 사회책임에서 책임 개념을 인과책임으로 해석하면, 사회책임의 핵심은 어떤 상태를 초래한 주체를 찾아내는 것이 되며, 조직의 결정과 활동의 결과로서의 영향이 사회책임의 중요요소로 포함된, ISO 26000의 사회책임 정의도 인과책임의 측면을 분명히 갖고 있다.

그러나 ISO 26000이 뜻하는 사회책임은 인과책임에만 머물지는 않는다. 만약 누가 이 상태에 책임이 있는가라는 인과책임이 ISO 26000이 말하는 사회책임의 전부였다면, 우리 조직이 원인을 제공한 영향을 확인하는 것만으로 인과책임으로서의 사회책임을 다했다고 할 수 있다.[25] 그러나 ISO 26000에서 조직의 영향을 식별하는 것은 조직의 사회책임을 식별하는 과정의 일부지, 전부는 아니다. 따라서 인과책임을 넘어선 책임의 다른 의미가 ISO 26000의 사회책임 개념 속에 포함되어 있으며, 그 의미도 함께 찾아야 한다.[26]

닌가 생각할 수도 있다. 이 장에서 책임에 관한 논의를 읽고 나면 그런 해석이 일부는 맞지만, 책임은 거기에만 그치지 않는다는 점을 이해할 수 있을 것이다. 즉 제 7 장 실천과정도 책임의 중요한 내용이 된다.

25) ISO 26000 안에서 인과책임을 찾아내는 질문이 달라진 이유는 인과책임을 접근하는 관점의 차이로 인한 것이다. 보통 인과책임은 관찰된 상태를 누가 일으켰는가라는 질문으로부터 시작되지만, ISO 26000은 사용하는 조직의 입장에서 접근하기 때문에 우리 조직이 일으킨 상태는 무엇인가가 되는 것이며, ISO 26000에서 이 질문은 우리 조직의 영향 식별로 표현되었다.

26) 영향의 인과성 확장에서 보았듯이, ISO 26000은 연루와 영향권 개념을 통

책임의 다른 의미로는 특정 상황에서 특정 행동을 해야 할 의무obligation가 있다는 의미와 그 의무를 다하지 못할 경우 받게 될 제재sanction는 정당한 것이라는 의미가 있다.

인과책임과 함께, 많이 쓰이는 책임의 의미로 앞서 소개한 법률책임과 도덕책임은 이런 의미를 가지고 있다. 법률책임이 있다는 것은 법률이 정한 상황에서 법률이 정한 행동을 할 의무[27]가 있고, 이런 법률의무legal obligation를 다하지 못한 경우 법률에 따른 처벌을 받는 것은 정당함을 의미한다.

ISO 26000이 사회책임 원칙으로 제시한 법치주의 존중(26000 4.6절)이나 국제행동규범 존중(26000 4.7절)은 책임의 이런 의미를 받아들인 것으로 볼 수 있다.

도덕책임의 경우도, 해당 주체가 도덕의무moral obligation를 가지고, 도덕의무가 있는 행동을 하지 못함으로 인한 제재는 정당한 것임을 나타낸다. 조직은 윤리적으로 행동하는 게 좋다고 한 ISO 26000의 또 다른 사회책임 원칙(26000 4.4절)은 이 국제표준의 사회책임이 이런 도덕책임의 요소도 받아들이고 있는 것으로 볼 수 있다.

그러나 인과책임에 법률책임과 도덕책임의 두 의미를 더해도, ISO 26000의 사회책임에 담긴 책임의 의미를 여전히 완전하게 채우지는 못 한다.

만약 법률책임을 ISO 26000 사회책임의 핵심요소로 받아들

해 인과책임의 범위에 들지 않는 영향도 사회책임의 범위에 포함시키고 있다. 이 부분도 ISO 26000의 사회책임에서 말하는 책임이 단순한 인과책임을 넘어서는 것임을 알 수 있는데, 이 점 역시 책임의 의미를 살펴보면서 다룰 것이다.

27) 특정 행동을 하지 않을 의무를 포함한다.

이면, 이미 각국 국내법과 국제법에 법률의무와 제재의 내용이 규정되어 있으므로, ISO 26000이 이를 다시 정리한다는 것은 별다른 의미와 가치를 갖지 못한다.

반면 도덕책임이 ISO 26000 사회책임의 핵심요소라면, ISO 26000은 법률의무에 비해 상대적으로 명확하지 않은 도덕의무를 확인하는 방법을 설명했어야 했다. 그러나 ISO 26000은 윤리적 행동이 "특정 상황의 맥락에서 옳거나 좋은 행동에 대한, 받아들여지는 원칙을 따르며, 국제행동규범을 지키는 행동behaviour that is in accordance with accepted principles of right or good conduct in the context of a particular situation and is consistent with international norms of behaviour" (26000 2.7절)이라고만 정의했을 뿐, 실제 무엇이 윤리적 행동인가를 구분할 때 쓰이는 "받아들여지는 원칙"인지 구체적으로 제시하지는 않고 있다.[28] 설령 윤리원칙을 구체적으로 제시하기 어렵다 하더라도 어떻게 조직이 그런 윤리원칙을 확인하고, 조직의 결정과 활동에 적용할 수 있는지라도 설명했어야 했다.

따라서 ISO 26000을 포함해서 일반적으로 얘기되는 사회책임의 개념을 이해하기 위해서는 책임의 또 다른 의미가 더해져야 한다. 이 책은 그 책임의 의미를 영국의 법학자 허버트 하트Herbert L.A. Hart가 그의 저서 '처벌과 책임Punishment and Responsibility (1968; 2008)'에서 소개한 역할책임role responsibility의 개념에서 찾으려 한다. 하트에 따르면 역할책임은 특정 전문직이나 사회적 또

28) 예를 들어 도덕의무를 규정하는 윤리원칙으로 윤리학에서 자주 얘기되는 것으로는 임마누엘 칸트(Immanuel Kant)의 '정언명령(定言命令)(categorical imperative)'이나 제레미 벤담(Jeremy Bentham)의 '최대다수의 최대행복(the greatest good for the greatest number of people)' 등을 들 수 있다.

는 (부모의 책임과 같이)생물학적인 역할에 부여되는 본분duty으로서, 문화적으로 결정되는 책임이라고 했다(Hart, 1968; 2008; Klein, 2005).

역할 개념은 사회학에서 특히 20세기 중반에 많은 관심을 받았는데, 앞서 하트의 역할책임 정의와 같이 특정 지위나 사회 위치에 부과되는 사회기대social expectations로 이해되고 있다(Marshall, 1994).

사회기대로서의 역할과, 기대되는 역할을 수행할 의무로서의 책임 개념을 도입하게 되면, ISO 26000이 생각하고, 일반적으로 얘기되는 사회책임의 개념이 보다 명확하게 이해된다. 예컨대, 사회책임의 전제로 살펴본 영향, 그리고 이와 관련된 인과책임 개념에 역할책임을 적용하면, 사회는 조직이 스스로의 결정과 활동의 결과로 일어난 영향에 대해 특정 행동을 하기를, 보다 구체적으로는 부정영향은 줄이고, 긍정영향은 늘리는 행동을 할 것을 기대하며, 조직은 이런 기대에 부응할 의무가 있다고 할 수 있다.[29)]

29) Dent(2005) 같은 철학자는 의무(obligation)를 가치(value)와 구분하기도 한다. 의무는 그것이 법에 의하든, 윤리원칙에 의하든, 단호하고 일정한 행동을 강제하거나 요구하는 것이기 때문에, 어떤 행동을 유도하거나 이끌어가는 가치와 다르다는 것이다. 이 점은 이 책 제3장에서 ISO 26000이 사용한 '하는 게 바람직하다'는 의미의 'should' 표현과 관련이 있다. 또한 어떤 사회에서 일부 역할은 거의 의무로 여겨지기도 하지만, 많은 역할이 여전히 가치로 여겨진다는 것도 같은 맥락에서 이해될 수 있다.

또한 역할이 가치의 문제로 여겨진다는 것은 사회에서 주어진 역할이 변함없이 바람직하다는 의미가 아님을 뜻한다. 어떤 사회에 자리 잡은 역할은 그 때, 그 장소에서는 바람직하다고 여겨지지만, 기존 역할의 가치에 도전하는 새로운 역할은 계속 등장한다. 대표적인 예가 역할을 연구한 사회학자의 주요 관심사 중 하나였던 '양성 역할(gender role)'인데, 요즈음 인기를 끄는 개그에서 '소는 누가 키울 거야?'라는 말이 우스운 이유를 생각하면 이 점을 쉽게 이해할 수 있다. 과거에는 소를 키우는 것은 같은 방식으로 사회는 조직이 다른 조직의 부정영향에 연루되지 않기를 기대하고, 조직 영향권 안에 있는 다른 주체에 대해서도 부정영향을 줄이고, 긍정영향을 늘리도록 영향을 행사해주기를 기대한다고 할 수 있다. 법치주의 존중, 국제행동규범 존중, 윤리적 행동 등도 그 자체가(법률책임이나 도덕책임에 기초한) 사회책임의 핵심요소라고 할 수도 있지만, 이 모두는 사회가 조직에게 이런 행동을 기대하는 역할의 일부로도 해석될 수 있는 것이다.

사회책임에서 책임의 의미를 역할책임으로 이해한다면, 사회책임을 이해하고 실천하기 위한 조직은 사회가 기대하는 조직의 역할을 먼저 확인해야 할 것이다. 그럼 이에 맞춰 조직이 사회가 기대하는 역할을 어떻게 확인할 수 있는가를 살펴보자.

❖ 역할의 확인

사회가 기대하는 역할을 확인하는 기법을 살펴보는 것은 이 책 제 6 장에서 다루기로 하고, 여기서는 사회학의 역할이론role theory 발전과정을 통해 정립된, 역할을 확인하는 두 가지 접근방식을 소개하면서 이로부터 ISO 26000의 의미를 찾아보려 한다.

사회학의 역할이론은 두 가지 서로 다른 접근방식을 발전시켜 왔다(Marshall, 1994).

여성의 역할로 받아들였는지 모르지만, 지금 그런 역할을 기대하는 것은 사회 분위기에 맞지 않고, 그래서 그런 주장을 일관되게 하는 모습이 우습게 된다.

이 책의 소재이자, 최근 관심사로 떠오르는, 조직 또는 기업의 사회책임도 이런 점에서 조직 또는 기업의 기존 역할을 뒷받침하던 가치체계와 새로운 역할을 요구하는 가치체계 사이의 관계 속에서 등장한 것으로 이해할 수 있다.

첫 번째 접근방식은 사회시스템 안에 자리 잡은 역할을 구조적으로 설명하는 것인데, 여기서 역할이란 '규범적 권리와 의무의 제도화된 군집institutionalized cluster of normative rights and obligations'으로 이해된다. 이 접근방식의 예로는 환자 역할sick role을 찾아낸 사회학자 탈코트 파슨스Talcott Parsons의 연구가 있는데, 여기서 파슨스는 사회가 일반적으로 기대하는 환자의 역할을 권리와 의무로 나누어 다음과 같이 소개했다(Parsons, 1975).

〈환자의 권리〉

- 환자는 보통의 사회역할을 면제받는다.
- 환자는 자신의 상태에 대해 책임이 없다.

〈환자의 의무〉

- 환자는 회복되도록 노력하는 게 좋다.
- 환자는 기술능력을 갖춘 도움을 찾는 게 좋고, 의료전문가에게 협조하는 게 좋다.

여기서 우리가 주목할 것은 환자 역할의 내용 자체보다는 역할을 권리와 의무로 나누어 나열하는 방식이다. 이 접근방식, 특히 의무를 중심으로 한 조직의 역할을 나열하고 이를 사회책임으로 규정한 것이 바로 ISO 26000이 택한 방식이다. ISO 26000도 이해관계자 이해에 대한 기대, 다시 말해 조직의 사회책임은 ISO 26000 6절의 '관련 행동과 기대' 부분에서 찾을 수 있다고 설명했다(**26000** 5.2.3절).[30)]

30) 사회학에서 역할을 사회기대라고 표현한 것을 ISO 26000에서도 같은 표현으로 사용한 점, ISO 26000 6절에서 조직의 사회책임을 관련 행동과 '기대'로 표현한 점, 그리고 파슨스가 환자의 역할을 의무 측면에서 서술할 때 '하는 게 바람직하다'는 의미의 'should'를 쓴 점 등이 사회학에서 역

이 책 제3장에서 이해관계자와 국가의 2중 합의를 거쳐 무엇이 사회책임인지, 조직이 사회책임을 다하기 위해 무엇을 할 필요가 있는지에 대한 세계적으로 조화되고 관련성 있는 지침을 만든 것이 ISO 26000이라고 ISO 스스로 표현한 것도 위 접근방식과 무관하지 않다.

역할을 확인하는 두 번째 접근방식은 역할을 만들고, 받아들이고, 역할을 수행하는 동적 과정dynamic process에 초점을 둔다. 사회역할은 시간과 장소에 따라 바뀔 수 있기 때문에, 아무리 부지런히 역할의 목록을 새로 만들어가도 완전할 수 없다.[31] 실제 사회책임의 목록 방식을 택한 ISO 26000도 사회책임은 동적이며, 사회, 환경, 경제 관심사의 진화를 반영하므로, 앞으로 추가 이슈가 나타날 수 있음을 인정했다(26000 6.1절).

따라서 우리는 역할이 만들어지고, 수행되는 역동적 과정의 이해를 통해 계속 변화하는 사회역할을 조금 더 쉽게 확인할 수 있을 것이다. 만약 우리가 사회책임, 또는 기대역할의 확인을 위해 두 번째 접근방식을 취하게 된다면, 이 과정에서 앞서 살펴본 이해관계자 개념은 다음과 같이 확장된다.

이해관계자 개념의 확장

앞에서 이해관계자는 조직의 결정이나 활동에서 영향을 받거나 받을 가능성이 있는 개인이나 그룹으로 이해되었다([그림

할을 나열하는 방식과 ISO 26000의 유사성을 보여주는 특징들이다.

31) 이 책 제3장에서 소개한 'ISO 26000 개발역사' 중 사회책임의 복잡하고 급격히 진전되는 특성으로 인해 실질적 사회책임 약속의 조화가 실현가능하지 않다고 지적한 AG 권고도 같은 취지라 할 수 있다(ISO, 2004).

그림 11 이해관계자 개념의 확장

기] 참조). 그러나 앞서 책임의 의미에서 살펴본 바와 같이, 사회책임 개념을, 영향을 일으킨 인과책임을 넘어선, 기대역할 수행이라는 역할책임까지로 보게 되면, 조직 사회책임 형성의 상대방이 되는 이해관계자도 역할책임 개념까지 포괄할 수 있도록 정의되어야 한다.

[그림 11]은 이런 관점에서 기존의 이해관계자 개념을 재정리한 것이다. 이 그림에서는 전통적으로 이해관계자 여부를 구분하던 조직의 영향을 받고 있는지 여부가 한 축을 형성하고 있지만, 조직에 대한 기대역할 형성에 참여하는지 여부를 다른 한 축으로 포함시켜 4개 유형의 이해관계자를 만들어 냈다.

첫 번째 유형은 조직으로부터 실제 영향을 받고, 조직이 그 영향에 대해 어떤 행동을 취해줄 것을 요구하는 활동 이해관계자active stakeholder다.

두 번째 유형은 조직으로부터 영향을 받았으나, 조직에게 어떤 주장도 제기하지 않고 있는 휴면 이해관계자dormant stakeholder다.

세 번째 유형은 자신은 조직으로부터 실제 영향을 받지는 않았지만, 자신이 관찰한 조직의 어떤 영향에 대해 조직이 특정 행동을 취해줄 것을 요구하는 주장 이해관계자claimant stakeholder다.

네 번째 유형은 조직으로부터 영향을 받지도 않았고, 조직에 어떤 주장도 제기하지 않고 있는 잠재 이해관계자latent stakeholder다.

조직으로부터 영향을 받았는지 여부만을 기준으로 이해관계자를 정의하던 기존 접근방식은 오직 첫 번째, 두 번째 유형의 이해관계자만을 이해관계자로 보지만, 사회책임에 대한 기대 형성이라는 새 측면을 도입하면 세 번째, 네 번째 유형도 이해관계자의 범주에 포함되게 된다.

비록 ISO 26000은 조직의 영향 여부라는, 좁은 의미의 이해관계자 개념에 기초하고 있지만, [그림 11]과 같은 이해관계자 개념의 확장을 염두에 두고 표준을 개발한 흔적이 일부 발견된다. 예를 들어 취약그룹vulnerable group[32)]이나 미래 세대future generation[33)]와 같이 조직화되어 있지 않다는 이유로 간과되거나 무시될 가능성이 있는 이해관계자가 있다고 지적한 점(26000 5.3.2절)은 두 번째 유형, 즉 휴면 이해관계자를 뜻한다. 또한 이해관계자 이해는 단순히 조직에 의견을 낼 수 있는 권리가 될 수도 있다거나, 특정 이해관계자를 대신해 발언한다고 주장하는 그룹의 견해를 언급한 부분(26000 5.3.2절)은 세 번째 유형, 즉 주장 이해관계자를 염두에 둔 것이라고 할 수 있다.

이렇듯 이해관계자 개념을 영향을 받았는지 여부를 넘어 기대 형성까지 확장하는 것은 지나친 논리의 비약이 아니며, 오히

32) 취약그룹에 대해서는 이 책 제5장에서 사회책임 핵심 주제인 인권을 다루면서 소개한다.

33) 미래 세대는 이 장에서 지속가능발전 개념과 관련해서 소개한다.

그림 12 확장된 이해관계자를 가진 조직–영향–이해관계자 관계

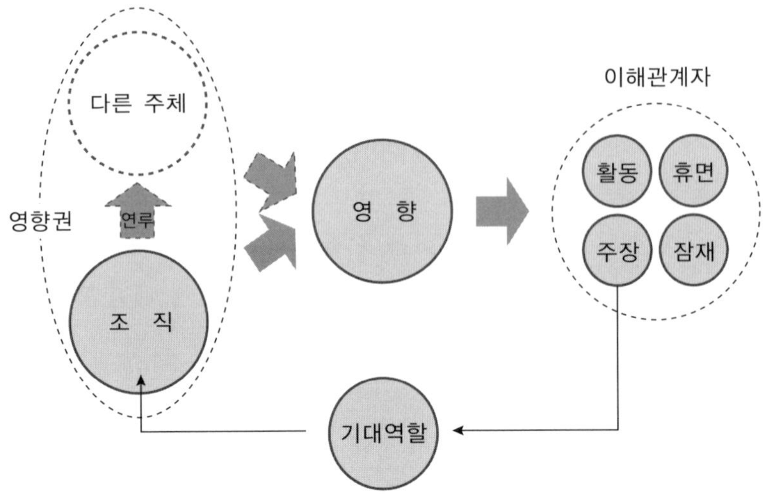

려 ISO 26000을 비롯한, 사회책임 논의에서 이해관계자의 역할을 보다 명확히 할 수 있는 한 방법이라고 생각한다.

위에서 확장한 이해관계자 개념을, [그림 7]에서 [그림 10]으로 발전시켰던 사회책임의 이해에 더하면, 이제 [그림 12]와 같은 형태의 사회책임 개념을 얻을 수 있게 된다.

끝으로 [그림 12]에 앞의 '책임의 의미'에서 논의된 사회책임의 주요내용으로서의 역할책임의 본질, 즉 기대역할을 수행하는 것이 바람직하다는 점을 더하면 우리는 [그림 13]과 같은 보다 전체적인 형태의 사회책임 과정 그림을 얻게 된다.

이렇게 완성된 사회책임 과정의 그림은, 역할을 확인하는 두 번째 접근방식으로 소개한, 역할을 만들고, 받아들이고, 수행하는 동적인 과정을 요약해서 나타낸 것이다. 만들어진 역할

그림 13 사회책임의 전체 과정

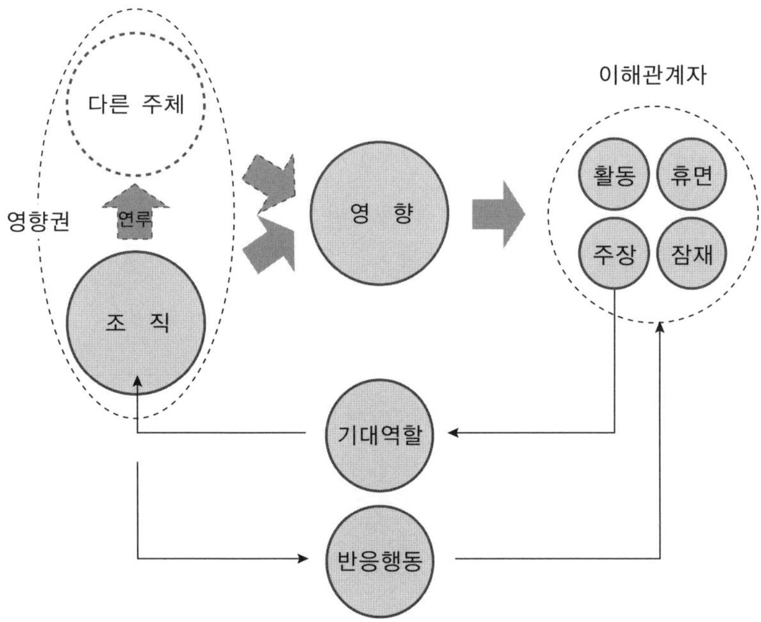

의 내용을 확인하는 첫 번째 접근방식과 달리, 이 그림에서는 조직에 기대하는 역할의 구체적인 내용은 드러나지 않지만, 조직은 이 과정을 잘 이해하고 활용함으로써 때와 장소에 따라 변해가는 역할에도 대응할 수 있는 능력을 갖추게 될 것이다.

다음으로는 역할을 확인하는 두 접근방식, 즉 역할을 목록으로 만드는 방식과 역할과정을 이해하는 방식을 합쳐, 사회책임을 보다 전체적인 시각에서 이해하도록 해보자.

역할 목록과 과정의 결합

[그림 13]에서 정리한 바와 같이, 어떤 조직에 대한 기대역할로서의 사회책임은 해당 조직과 그 조직의 이해관계자 사이 상호작용에 의해서 만들어지고, 받아들여지고, 실천된다. 이 과정을 다른 방식으로 간단히 나타내면 [그림 14]와 같다.

이 그림은 [그림 13]을 단순하게 만들어, 조직과 이해관계자라는 이 두 주체 사이에 일어나는 상호작용만 간략히 표현한 것이다. 이 그림은 조직이 이해관계자에게[34] 영향을 주고, 이해관계자는 이렇게 받은 영향과 직접 또는 간접적으로 관련된 기대역할을 조직에 요구한다. 이런 이해관계자의 기대역할 요구에 대해 조직은 이를 전부 또는 일부 받아들여 해당 기대역할을 수행하기도 하고, 역할 수행을 무시하거나 거절하는 등 다양한 형태의 반응행동을 보이게 된다.[35]

---

34) 이 장의 '이해관계자 개념 확장'에서 이해관계자를 규정짓는 특성으로 조직 영향뿐 아니라 기대 형성도 포함했으므로, 이 표현을 보다 정확히 하자면 '일부 어떤' 이해관계자에게 영향을 준다고 하는 것이 옳을 것이다.

35) [그림 14]에는 [그림 13]에 없던, 조직-이해관계자 간 상호작용의 내용으로 '영향 2'를 포함하고 있다. 이미 충분히 복잡해진 [그림 13]을 통해 전달하고자 했던 설명에 반드시 필요하지 않은 요소라고 판단해 [그림 13]에서는 제외시켰지만, '영향 2'의 의미는 이해관계자가 조직에 역할을 단순히 '기대'만 하고 있지는 않는다는 점을 강조한 것이다. 이해관계자는 자신이 기대하는 역할을 조직이 받아들이고 실천하도록 다양한 형태의 '영향'도 행사할 가능성이 큰데, 이 영향을 조직이 이해관계자 일부에게 주는 영향과 구분하기 위해, 두 영향을 각각 '영향 1'과 '영향 2'로 이름 붙여 [그림 14]의 상호작용에 포함시켰다. 이렇게 영향을 구분하는 것은 이 책 제6장에서 소개할 '사회책임 중대성 평가'에서도 의미를 갖으며, 우리가 보통 이해관계자를 '조직의 활동이나 정책으로부터 영향을 받거나 영향을 줄 수 있는 사람들'로 정의할 때, 이 정의에 등장하는 두 영향이 [그림 14]에서 말하는 영향 1과 영향 2다.

그림 14 조직-이해관계자 상호작용

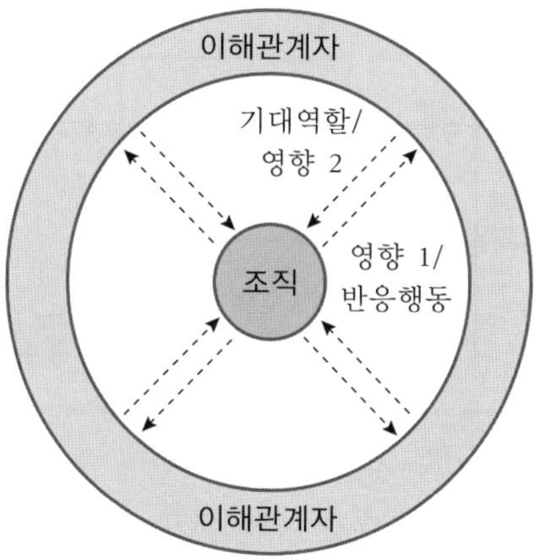

[그림 14]에 요약된 조직과 이해관계자의 상호작용은 이미 [그림 13]에서 표현된 것을 단순하게 만든 것이며, 역할 확인의 두 번째 접근방식인 동적인 상호작용을 통한 역할과정을 표현한 것에 불과하다. 그렇다면 여기에 역할 확인의 첫 번째 접근방식인 기대역할의 목록화는 어떤 방식으로 결합할 수 있을까?

조직과 이해관계자 간의 상호작용, 그리고 이해관계자 간의 상호작용을 통해 기대역할이 만들어지는 과정에서 이미 만들어진 기대역할을 정리하는 방식으로 우리는 다양한 형태의 사회규범social norm을 생각할 수 있다. 사회규범은 문서로 되어 있는지 여부에 따라, 그리고 규범의 준수를 강제하는 방식에 따라 [그림 15]와 같이 4가지 범주로 나눌 수 있다. 또한 [그림 15]에서는 각각의 4가지 범주에 해당할 수 있는 예로서 법규, 관습법, 표준, 협의를 제시했다.

그림 15 범주화된 사회규범과 사례

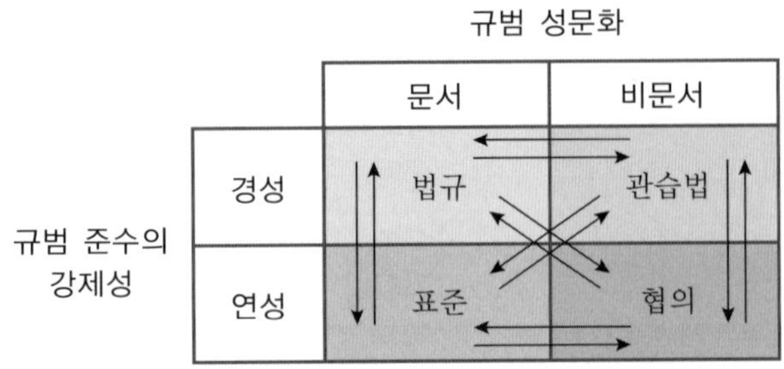

우선 규범의 준수 여부를 강제하는 방식에 따라 규범을 구분한, 경성규범hard norms과 연성규범soft norms에 대해 조금 더 설명하기로 하자.[36]

많은 학자들이 규범을 경성과 연성으로 구분하고는 있지만, 이 두 규범의 차이를 명확하게 나누는 것이 쉽지는 않다.

그러나 [그림 16]에 표현된 것과 같이 규범을 지키지 않은 경우 물리제재physical sanction(또는 이를 처벌punishment이라고 표현하는 학자도 있다)를 가하고, 그런 제재가 정당한 것으로 인정된다면, 이는 경성규범에 해당한다고 하겠다.

법규에서 요구하는 행동을 하지 않았을 경우, 수감이나 영업 금지와 같이, 개인이나 조직이 누릴 수 있는 자유를 제한받는, 물리제재를 받는 경우가 있는데, 이 경우 법규는 경성규범에 해당한다고 하겠다.

36) 경성과 연성의 구분은 규범뿐 아니라, 규제나 사회통제 부분에서도 사용된다. 이 경우에는 경성규제(hard regulation)와 연성규제(soft regulation), 경성통제(hard control)와 연성통제(soft control)로 불리는데, 이 책에서 소개한 구분의 기본특성이 변하는 것은 아니다.

그림 16 경성, 연성규범과 제재의 종류

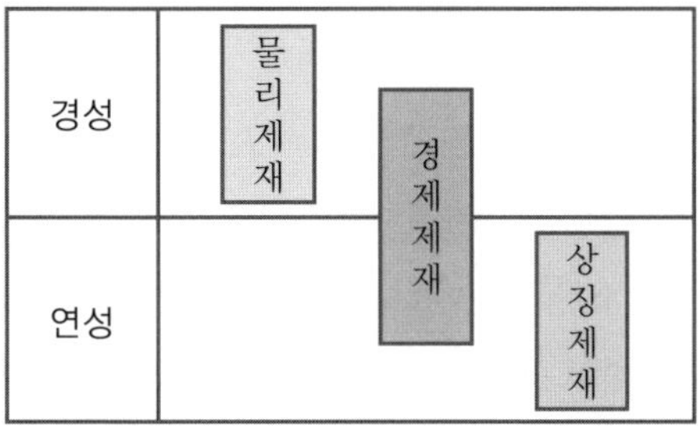

반면 규범을 지키지 않은 경우 상징제재symbolic sanction(또는 이를 비난blame이라고 표현하는 학자도 있다)를 가하고, 그런 제재가 정당한 것으로 인정된다면, 이는 연성규범에 해당한다. 법규에 반영되지는 않아 억지로 따르기를 강요하기는 곤란하고 정당한 처벌의 대상도 아니지만, 사회생활의 기본도덕이라고 사람들이 생각하는 행동을 하지 않았을 경우, 주변 사람들은 그 사람을 함께 지내지 못할 사람이라고 하면서 따돌리거나, 눈살을 찌푸려 불쾌감을 전한다. 이런 규범의 경우는 연성규범에 해당한다고 하겠다.

연성규범을 강제하는 방식으로 요즈음 많이 사용되는 것이 '상대방이 잘못했다고 생각하는 부분을 일반에 공개해서 창피주기naming and shaming'와 '따르지 않아도 좋은데 그러려면 따르지 않는 이유를 설명하라comply or explain'고 요구하는 방식이 있다.

경제이득을 주거나 빼앗는 형식으로 이뤄지는 경제제재economic sanction는 경성규범이나 연성규범 모두에서 사용될 수 있는데, 이는 물리제재나 상징제재와 같은 경성 · 연성규범의 특징을 나타내는 제재와는 별도로 가해질 수도 있고(예를 들어, 물리제재인 영업 정지와 경제제재인 벌금을 함께 부과하는 경우), 물리제재나 상징제재의 결과로 가해질 수도 있다(예를 들어, 부도덕하다고 세간의 비난을 받는 상징제재의 결과로 그동안 거래를 해오던 상대방이 거래 중단을 결정하는 경제제재를 가하는 경우).[37]

이렇게 볼 때 ISO 26000은 문서로 된 연성규범으로서 사회책임, 또는 조직에 대한 기대역할을 열거한 것이라고 할 수 있다.

앞서 [그림 15]에서 네 범주의 사회규범을 서로 화살표로 연결했는데, 이는 각 범주의 규범은 서로에게 영향을 주고, 경우에 따라서는 한 범주의 사회규범이 다른 범주로 옮아가기도 함을 의미한다. 규범 간의 이런 역동성은 ISO 26000의 탄생과정에서도 여실히 나타났는데, ISO 26000이라는 문서로 된 연성규범은 ISO 26000의 문헌목록에 인용된, 175개의 문서로 된 다른 경성, 연성규범에 기초해서 개발된 것이다. 또한, 국제행동규범 존중이라는 ISO 26000의 사회책임 원칙은(26000 4.7절), 국제관습법과 일반적으로 받아들여지는 국제법원칙이라는, 완전하게 문서화되지 않은 경성규범을 통해 조직에 기대되는 사회책임을 존중하도록 요구하는 것이다(26000 2.11절). ISO가 ISO 26000의 강점으로 소개한, 이해관계자 간 합의와 국가 간 합의라는 2중 수준의 합의과정[38]도 결국 아직 문서화되지도 않고, 물리제재도 갖추지 못한 연성규범의 협의과정이 ISO 26000이라는 문서로 된 연성규범을 탄생시켰음을 얘기하는 것이다.

---

37) 규범 강제방식을 기준으로 한 구분이 정부의 CSR정책 요약에 적용된 사례가 이 책 제 1 장의 〈표 2〉다.

38) 이 부분은 이 책 제 2 장 'ISO 26000의 특성'과 'ISO 26000의 개발역사' 중 특히 [그림 5]에서 설명했다.

그림 17 조직 – 이해관계자 상호작용과 사회규범

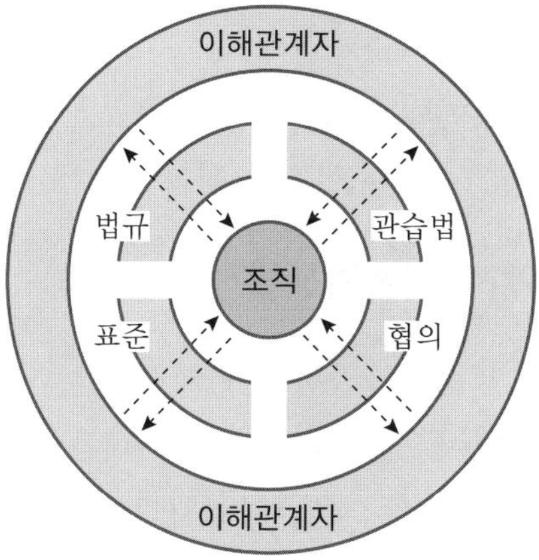

정리하자면, [그림 15]와 같은 네 범주의 규범은 사회가 기대하는 역할을 찾아 정리해서 목록으로 만드는 작업의 다양한 방식을 보여주는 것이며, 이는 역할 확인의 첫 번째 접근방식에 따른 결과물로 볼 수 있다. 따라서 [그림 15]를 역할 확인의 두 번째 접근방식을 요약한 [그림 14]와 결합하면, [그림 17]을 얻게 된다.

이 그림에서 조직과 조직의 이해관계자는 상호작용을 통해 조직의 기대역할을 찾고 실천하는 과정을 계속 하게 되는데(역할 확인의 두 번째 접근방식), 이 과정에서 네 범주의 규범은 이런 상호작용의 근거가 되기도 하고, 상호작용의 결과가 되기도 하면서 상호작용의 내용에 영향을 주게 된다(역할 확인의 첫 번째 접근방식).

이것으로 ISO 26000 사회책임 개념의 핵심요소였던 영향과

책임을 기초로 논의를 확장시켜가면서 ISO 26000의 표현을 넘어선 사회책임의 의미를 살펴보았다. 사회책임에 대한 이해를 마무리하면서 사회책임과 관련해서 짚고 넘어가야 할 몇 가지 추가 주제를 살펴보도록 하자.

ISO 26000에서 지속가능발전

ISO 26000은 지속가능발전과 사회책임은 서로 다른 개념이지만, 지속가능발전이 사회의 폭넓은 기대를 요약하는 한 방식이기 때문에, 어떤 부분에서는 사회책임의 핵심을 "지속가능발전에 대한 조직의 기여 극대화"로 규정했으며(26000 서론, 그림 1, 3.3.5절, 4.1절, 그림 4)[39], 이외에도 많은 부분에서 사회책임과 지속가능발전의 관계를 강조하고 있다(26000 1절, 2.18절, 3.1절, 3.2절, 3.3.1절, 3.3.5절, 4.1절, 4.5절, 5.1절 등).

ISO 26000이 정의한 지속가능발전은 1987년 세계환경 · 개발위원회World Commission on Environment and Development(WCED)가 내렸던 지속가능발전의 정의인 "미래 세대의 욕구 충족능력을 희생시키지 않으면서 현재 세대의 욕구를 충족시키는 발전development that meets the needs of the present without compromising the ability of future generations to meet their own needs"을 그대로 받아들이고 있다(26000 2.23절, 3.3.5절). 그러나 ISO 26000에서는 이 정의의 주석 형태로 높은 삶의 질quality of life, 보건, 번영의 목적을 사회정의와 통합하고, 다양성 속에서 지구의 생명 지지능력capacity to support life을 유지하는 것

39) 여기서 표시된 "그림 1" 등은 이 책에 제시된 그림을 말하는 것이 아니라, ISO 26000 최종표준에 수록된 그림을 말한다.

이 지속가능발전이라는 설명을 더한 것 이외에(26000 2.23절), WCED의 정의를 넘어선 구체화를 시도하지는 않았다.

또한 ISO 26000은 이해관계자 이해나 사회기대라는 사회책임의 다른 구성요소와 지속가능발전의 관계를 명확하게 하지도 않았다. 다만, 지속가능발전이 사회의 폭넓은 기대를 요약하는 방식이라는 설명 이외에, 이해관계자 이해 존중이라는 사회책임 원칙에서 이해관계자 이해가 사회기대, 지속가능발전과 가지는 관계를 고려할 것과(26000 4.5절), 사회책임의 관련성relevance이나 중대성significance을 지속가능발전과의 관계 속에서 평가할 것을 권고하고 있을 뿐이다(26000 5.3.2절, 7.3.2.2절).

앞서 이 장에서 '영향의 의미'를 논의하면서 ISO 26000이 영향이 일어나는 영역을 사회, 경제, 환경이라는 '3대 기본TBL'으로 구분했다고 설명했다. 3대 기본의 개념[40)]은 지속가능발전을 이해하는 데 중요한 시사점을 주지만, 잘못 해석되는 부분도 있고, 나름의 한계도 가지고 있기 때문에, 이 개념의 검토를 통해 지속가능발전과 사회책임의 관계를 정리해 보려 한다.

❖ 3대 기본의 이해

3대 기본의 개념은 가장 단순하게 [그림 18]과 같이 표현될

40) 이 용어는 존 엘킹턴(John Elkington)이라는 영국의 컨설턴트가 1997년 발간한 "포크를 사용하는 식인종: 21세기 기업의 3대 기본(Cannibals with Forks: The Triple Bottom Line of 21st Century Business)"이라는 책에서 시작되었다고들 한다. 그러나 WCED의 지속가능발전 개념 속에서도 명확하게 드러나지는 않지만, 이미 세 영역이 고려되고 있었으며, 위키피디아(Wikipedia)는 프리어 스프레클리(Freer Spreckley)가 1981년 발간한 "사회감사: 협동작업의 관리도구(Social Audit: A Management Tool for Co-operative Working)"라는 저술에서 사회적 기업의 성과측정이 이 세 차원에서 이뤄져야 한다고 주장한 데서 이 개념이 시작되었다고 기록하고 있다.

수 있는데, 이 그림은 기존의 발전관과는 다른 두 관점을 도입하고 있다.

첫째, 기존의 발전관은 경제성장 중심의 관점([그림 18]에서 가운데 있는 요소)에만 초점을 맞춘 데 비해, 3대 기본 개념은 환경과 사회 관점이 발전관에 함께 포함되었다는 점이다.

둘째, 환경, 사회 관점이 경제 관점과 결합되면서 세 관점 간의 관계가 보다 명확히 설정되었다는 점이다. 즉 환경능력 environmental capacity을 유지해야 하는 이유는 경제번영economic prosperity을 달성하기 위한 것이고, 경제번영을 달성해야 하는 이유는 사회정의social justice를 실현하기 위한 것이라는 논리다([그림 18]에서 세 관점의 위치와 화살표 방향).[41]

앞서 소개한 ISO 26000의 설명을 사용해 정리하면, 지속가능발전의 당면한 관심사는 지구의 생명 지지능력을 유지하는 것이지만, 여기에 관심을 갖는 이유는 삶의 질, 보건, 번영의 목적을 달성하기 위한 것이고, 이것은 다시 사회정의와 통합되어야 하는 것이 지속가능발전의 궁극적인 목적이라고 할 수 있다.[42]

41) 다만 3대 기본 논의의 근본토대가 되는 환경능력 유지가 경제번영 달성의 전제조건이며, 경제번영 달성이 사회정의 실현의 전제조건이라는 명제 자체에 의문을 제기할 수는 있다. 이런 입장에서는 지속가능발전 3대 기본 논의 자체가 제대로 구성된 것이 아니라는 비판을 할 수 있다. 3대 기본 논의에 대한 또 다른 비판은 아래 각주 42)을 참조할 수 있다.

42) 이런 논리구조 때문에 이른바 '생태중심주의(ecocentrism)' 또는 '깊은 생태학(deep ecology)'에 기초해서 지구환경문제에 접근하는 사람들은 환경문제 해결의 지향점으로 지속가능발전 개념을 사용하는 것 자체에 우려를 표한다. 왜냐하면, 지속가능발전은 생태계가 인간번영의 도구라는 전제 위에 구성된 개념이기 때문에, 환경 자체의 내재가치(intrinsic value)를 인정하지 않기 때문이다. 지구환경문제에 대한 접근방식 논의는 지속가능발전과 사회책임 논의의 기본토대가 되는 만큼 매우 중요한 문제이지만, ISO

그림 18 지속가능발전의 3대 기본

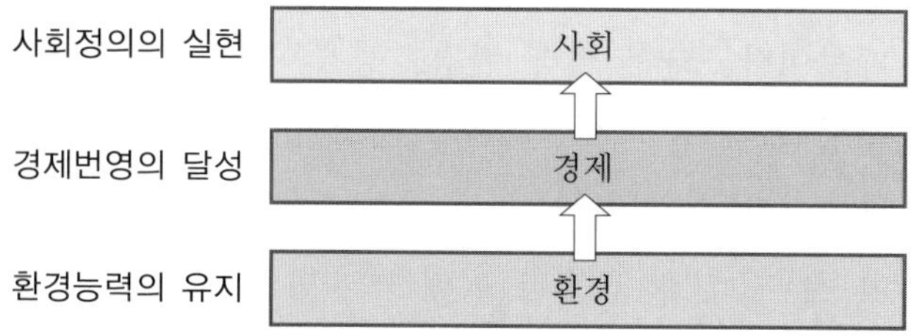

그렇다면 지속가능발전의 궁극적인 목적인 사회정의란 도대체 무엇이며 어떤 상태를 말하는가가 중요한 문제로 등장하게 되는데, 이 문제를 살펴보기 전에 환경, 경제, 사회라는 3대 기본과 관련해서 잘못 인식되고 있는 부분을 하나 지적하고 넘어가려 한다.

3대 기본을 말할 경우 대부분은 3대 기본이 새롭게 도입한 첫 번째 관점, 즉 경제에 더해 환경, 사회 관점도 있다는 점만을 고려해서, 마치 지속가능발전에는 환경, 경제, 사회의 세 영역이 있는 것처럼 설명하고 있다.[43] 이 장 앞부분 '영향의 의미'에서 살펴본 것과 같이 ISO 26000이 사회책임의 전제가 되는 영향이, 환경, 경제, 사회의 세 영역에서 일어난다고 한 것도 이런 뜻으로 해석될 수 있다.

그러나 3대 기본이 기존의 발전관에 비해 의미를 갖는 이유

26000에 기초한 사회책임을 검토하는 이 책에서는 이 논의를 접어두고, 지속가능발전이란 개념이 어느 정도는 '인간중심주의(anthrocentrism)' 사고에 기초한 개념이라는 점만을 확인하고 넘어가기로 한다.

43) 이런 접근방식을 한 대표사례로는 이 장 뒷부분의 〈표 10〉으로 정리한 GRI 성과지표 구성을 들 수 있다. GRI G3 성과지표는 경제, 환경, 사회라는 3대 영역으로 중심으로 분류되어 있다.

는 경제 이외에 환경, 사회도 고려해야 한다는 첫 번째 관점과 함께 이들 세 영역이 서로 연결되어 있다는 두 번째 관점을 강조했기 때문이다. 다시 말해 환경, 경제, 사회의 세 영역은 서로가 서로의 토대가 되기 때문에, 지속가능발전을 세 영역으로 명확히 나누기가 쉽지 않다.

UN이 지속가능성 측정을 위해 1996년에 처음 지속가능발전 지표Indicators of Sustainable Development를 발표할 때만 해도, 환경, 경제, 사회의 3대 기본에 제도institution를 더해 '4대 기둥four pillars' 구분법을 가지고 있었으나, 최근 개정작업을 한 2007년에는 지속가능발전의 영역 사이에 복합성과 통합 필요성이 있기 때문에 이 구분을 폐지한다고 발표한 것도 이런 이유에서다(UN, 2007, p. 10).[44]

따라서 지속가능발전에서 '3대 기본'을 말하면서 [그림 18]에서와 같이 환경, 경제, 사회가 마치 떨어져 있는 것처럼 표현하게 되면, 3대 기본을 주장한 배경을 충분히 살리지 못하는 결과를 낳는다.

3대 기본 영역 사이 상호연관성을 살리면서 3대 기본의 내용을 굳이 구분해 보려면 [그림 19]와 같이 지속가능발전 이슈 자체를 3대 기본 영역으로 나누지 말고, 이슈의 발단이 되는 사안 특성을 3대 기본 영역에 따라 나누는 것이 더 적합할 수 있다. 이는 [그림 19]에서 지속가능성 이슈를 서로 떨어져 있는 것처럼 보이는 환경, 경제, 사회의 수평방향으로 접근하지 말고, 3개 영역이 연결되어 있는 수직방향으로 이해하라는 뜻인

44) UN의 지속가능발전지표에 대해서는 이 장 뒷부분에서 '지속가능발전의 구체화(1): 국가 차원'에서 조금 더 소개한다.

그림 19 3대 기본에 기초한 지속가능발전 이슈의 이해

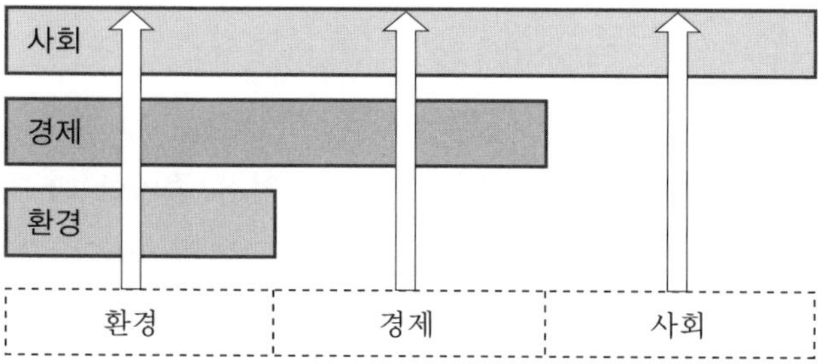

데, 이렇게 하면 3대 기본 영역 사이 상호연관성을 보다 명확히 파악할 수 있게 된다.

예를 들어 수평방향 접근방식에 따르면 기후변화와 같은 지속가능발전 이슈는 단지 환경영역에 속하고 말지만, 같은 이슈를 수직방향으로 바라보면, 기후변화는 환경이슈에서 출발해서, 경제번영을 제약하는 경제이슈로 바뀌고, 다시 사회구성원 간 분배정의의 문제를 초래하는 사회이슈로까지 연결되는 것이다. 고용이라는 지속가능발전 이슈 역시 수평방향 접근방식에서는 단지 경제이슈에 머물지만, 수직방향 접근방식에 의하면 사회이슈로 연결됨을 알 수 있다.

결국 우리가 기존에 환경, 경제, 사회 영역에서 발생하는 영향이라고 하는 것을 '3대 기본'의 틀 속에서 보다 정확히 해석하자면, 이들 영향은 환경, 경제, 사회 영역에서 출발하고는 있지만, 모두 다 사회정의 실현을 제약하는 문제로 귀결된다고 할 수 있다.

이와 같이 지속가능발전을 '3대 기본' 틀 속에서 이해하면,

영역 간 연계성을 명확히 할 수 있고, 지속가능발전의 모든 이슈는 사회정의의 실현 문제로 모아진다는 점을 확실히 하는 장점이 있다.

그러나 이런 장점에도 불구하고 '3대 기본'의 틀은 지속가능발전을 제대로 이해하도록 돕는 데 여전히 중대한 한 가지 약점을 가질 수 있다. 앞서 [그림 18]이나 [그림 19]와 같이 3대 기본의 틀을 바라보게 되면 우리는 주로 현재 시대를 살아가는 사람들 사이의 사회정의, 즉 '세대 내 정의intragenrational justice'에 초점을 맞추게 되는데, 이는 WCED가 지속가능발전을 정의하면서 강조한 '세대 간 정의intergenerational justice'를 놓칠 가능성을 갖게 된다.

따라서 지속가능발전을 이해하는 관념의 틀로 3대 기본을 제대로 활용하려면 [그림 20]과 같이 현재 세대의 3대 기본이 세대를 넘어 미래 세대의 3대 기본에 영향을 주는 관계까지 고려해야 할 것이다.

예를 들어 기후변화와 같은 현재 세대의 환경 관련 지속가능성 이슈는 3대 기본의 틀에 따라 현재 세대의 경제이슈와 사회이슈로 이어지는 것은 물론, 미래 세대의 3대 기본 틀과 연결되어 미래 세대의 환경 관련 지속가능성 이슈에 영향을 주어 미래 세대의 경제, 사회이슈로 대물림된다는 것을 인식해야 한다.[45)]

이와 함께 현재의 기후변화로 현재 세대가 겪고 있는 경제

45) 이 점은 [그림 20]에서 현재 세대 환경이슈가 미래 세대 환경이슈로 연결된 후 미래 세대의 3대 기본 틀을 타고 수직방향으로 경제, 사회이슈로 파급되는 과정을 말한다. 예를 들어, 기후변화로 인해 떨어진 환경능력을 물려받은 미래 세대가 기후변화 없이 겪게 되는 빈곤, 불평등 문제에 더해서 추가로 겪게 되는 빈곤, 불평등의 문제가 여기에 해당한다.

그림 20 3대 기본에 기초한 세대 간 정의

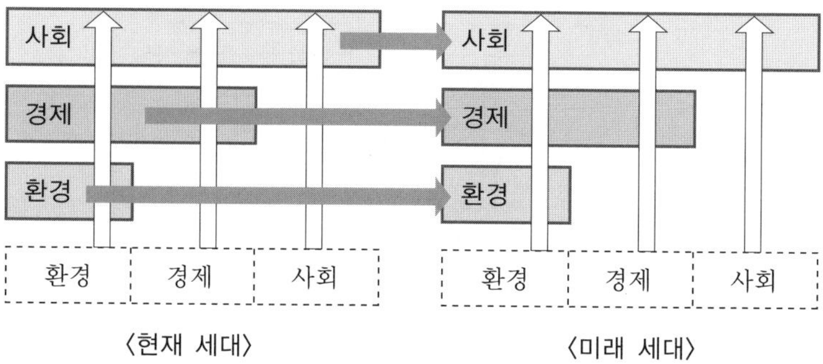

이슈와 사회이슈는 별도로 각각 미래 세대의 경제이슈와 사회이슈로 직접 대물림되어 미래 세대의 지속가능발전 3대 기본은 더욱 어려움을 겪게 된다.[46]

[그림 20]은 지속가능발전 이해에 도움이 되는 3대 기본 틀을 이용해서 지속가능발전 개념을 재구성한 것으로, 이것을 앞서 얻은 사회책임 전체 과정인 [그림 13]과 결합하면 [그림 21]을 얻을 수 있다.

[그림 21]의 윗부분은 해당 조직이나(연루나 영향권 개념을 통해 해당 조직과 관련된) 다른 개체가 일으키는 영향을 사회책임의 출발점으로 표시했는데, 이 영향을 구체화한 것 중 한 사례가 [그림 20]으로 표현된 지속가능발전의 3대 기본 틀이 되는 것이다. 다시 말해, 조직의 영향은 환경, 경제, 사회 어느 영역에서

46) 이 점은 [그림 20]에서 현재 세대 환경이슈가 현재 세대의 3대 기본 틀을 타고 경제, 사회이슈로 파급된 후 다시 미래 세대의 경제, 사회이슈로 연결되는 과정을 말한다. 예를 들어 기후변화로 인해 현재 세대가 이미 겪고 있는 빈곤, 불평등을 그대로 미래 세대에 물려주는 것이 여기에 해당한다.

그림 21 사회책임 전체 과정 속에서 지속가능발전

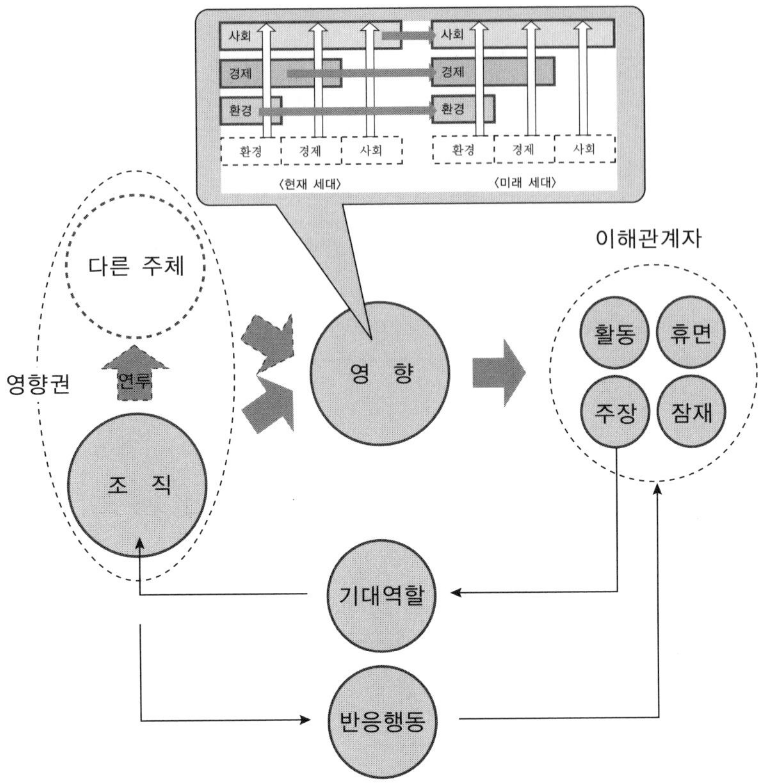

시작될 수도 있으나, 결국은 사회정의 실현을 제약하는 문제로까지 연결되며, 이는 세대 내 정의의 문제뿐 아니라 세대 간 정의의 문제로까지도 연결될 수 있다.

이런 영향을 직접 받은 사람들은 당연히 이해관계자가 되지만, 이들 중 일부만 해당 조직에 특정 행동을 기대하는 주장을 내세우게 되며([그림 21]에서 활동 이해관계자), 심지어는 지속가능발전 관련 영향을 직접 받지 않은 사람들 중에서도 해당 조직에 지속가능발전과 관련된 특정 행동을 기대하는 주장을 하기도 한다([그림 21]에서 주장 이해관계자). 이것이 사회책임 전체 과정 속에서 지속가능발전이 차지하는 위치로 해석할 수 있다.

❖ 사회정의와 인권 존중

앞에서 소개한 3대 기본의 틀을 이용해 지속가능발전의 의미를 다시 정리하면, 지속가능발전의 궁극적인 목적은 사회정의 실현에 있었다. 사회정의라는 개념은 성 토마스 아퀴나스St. Thomas Aquinas의 가르침에 기초해 19세기 중반부터 논의되기 시작했으며, 20세기에 들어서는 존 롤즈John Rawls와 같은 학자들이 다양한 방식으로 이론화를 시도했다.

이 책에서는 사회정의의 이론을 소개하거나 검토하기보다는 지속가능발전이 추구하는 사회정의의 실현을 '평등에 기초한 인권 존중'으로 요약해 제안하려 한다. 이런 제안은 사회정의의 오랜 논의범위를 크게 벗어나지 않으면서, 우리가 다루고 있는 ISO 26000이나 다른 사회책임 관련 논의의 틀 속에서도 의미가 있다고 생각하기 때문이다.[47]

---

47) 그러나 인권의 범위에 자연인이 아닌 법인과 (적어도)동물의 권리가 포함되는지, 평등에 기초한 인권 존중이 과연 지구생태계의 지속가능성을 보장하는 조건인지, 지구생태계의 지속가능성이 갖는 구체적인 의미는 무엇인지, 인권 존중이 사회책임의 근본지향점인지와 같은 근본문제는 여전히 깊이 검토되어야 할 주제라고 생각한다.

이런 이유에서 지속가능발전의 궁극적인 목적으로서의 인권 존중은 단순히 개개인의 권리 존중이라는 관점보다는 개개인이 자신의 삶을 스스로 만들어가는 능력을 강조하는 역량이론(capability theory)에 기초하는 게 바람직하다고 생각한다(Nussbaum, 1992; Sen, 1999). 여기에 더해 아직 존재하지 않거나, 자신의 권리를 주장하기 어려운 미래 세대의 역량도 함께 고려해야 할 것이다.

ISO 26000은 인권 존중을 사회책임의 원칙이자 핵심 주제로 선정했기 때문에, 조직이 존중해야 할 인권의 내용이나 방식 등에 관해서는 이 책 제 5 장에서 해당 논의가 이뤄질 때 보다 상세히 다루기로 한다. 다만 지속가능발전과 사회책임의 관계를 정리하면서, 그동안 지속가능발전 개념을 구체화하려던 국제사회의 시도를 간단히 요약해서 소개하려 한다.[48)]

❖ 지속가능발전의 구체화(1): 국가 차원

"미래 세대의 욕구 충족능력을 희생시키지 않으면서 현재 세대의 욕구를 충족시키는 발전" 또는 보다 간단하게 "세대 간 정의"를 요구하는 지속가능발전의 개념을 실천으로 옮기기 위한

그림 22 지속가능발전 개념의 구체화 과정

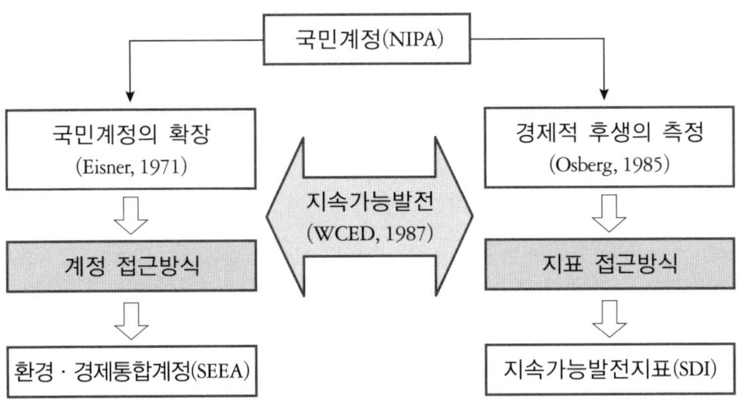

출처: 노한균(2007b), p. 29.

48) 지속가능발전 개념의 구체화 작업 요약은 노한균(2007b) 제 3 장에 기초하고 있으며, 보다 상세한 내용은 이 글을 참고하기 바란다.

구체화 작업은 그동안 국가와 조직 경영의 두 차원에서 이루어져 왔다.

국가 차원에서 지속가능발전 개념의 구체화 작업은 [그림 22]에 요약한 것과 같이, 국민소득과 생산계정(줄여 '국민계정' 이라 한다)national income and product accounts(NIPA)을 기초로 해서 계정 접근방식accounting approach과 지표 접근방식indicator approach의 두 경로를 거쳐 발전해왔다.

계정 접근방식은 '환경 · 경제통합계정System of Environmental-Economic Accounting(SEEA)' 이라는 주요 결과물을, 지표 접근방식은 다양한 형태의 '지속가능발전지표Sustainable Development Indicators (SDIs)' 와 이런 지표를 모아 지속가능발전의 정도를 아주 간단히 표현한, 다양한 형태의 '총량지표aggregate indicators' 라는 결과물을 낳았다(노한균, 2007b).[49][50]

여기서 이제까지 개발된, 국가 차원의 다양한 결과물을 일일이 소개할 수는 없지만, 지속가능발전 개념 구체화 사례로 UN이 1996년 처음 발표하고, 2007년에 개정한 지속가능발전지표만 간단히 소개하도록 한다.

UN 지속가능발전지표는 총 96개로 구성되어 있으며, 그중

49) 우리 정부는 2001년에 녹색 GDP(Green GDP) 시범편제 및 환경경제통합계정 작성방법에 대한 연구를 시작, '환경 · 경제통합계정 및 녹색 GDP 도입 중 · 장기 추진계획(2001-2010)' 에 따라 10년간 3단계로 나누어 우리나라 환경 · 경제통합계정 개발 및 녹색 GDP 작성 중장기 추진사업을 시행했다. 2006년 말에는 기존 사업 추진 성과에 대한 전반적인 검토를 통해, '환경 · 경제통합계정 및 녹색 GDP 도입 중 · 장기 추진계획에 대한 보완계획' 을 수립하였다. 또한 2006년 '국가지속가능발전 전략 및 이행계획' 수립을 계기로 우리 실정에 맞는 '지속가능발전지표(Sustainable Development Indicator: SDI)' 77개를 선정했다(노한균, 2007b).

50) 지속가능발전 총량지표에 대해서는 이 책 제 6 장 '사회책임 근원의 확인' 에서 지속가능발전에 대한 조직의 기여를 검토하면서 소개한다.

표 9 UN 지속가능발전지표의 주제 분류

주제	하위 주제	
1.빈곤	소득빈곤, 소득불평등, 공중위생, 식수, 에너지접근, 주거상태	6
2.거버넌스	부패, 범죄	2
3.건강	사망률, 건강관리 전달체계, 영양상태, 건강상태 및 위험	4
4.교육	교육수준, 문맹률	2
5.인구	인구, 관광	2
6.자연재해	자연재해 취약성, 재해 대비와 대응	2
7.대기	기후변화, 오존층 파괴, 대기질	3
8.토지	토지사용 및 현황, 사막화, 농업, 산림	4
9.해양	해안지대, 수산, 해양환경	3
10.담수	수량, 수질	2
11.생물다양성	생태계, 생물종	2
12.경제발전	거시경제 성과, 재정 지속가능성, 고용, 정보통신기술, 연구개발, 관광	6
13.국제경제협력	교역, 외부자금조달	2
14.소비 및 생산 양식	물질 소비, 에너지 사용, 폐기물 발생과 처리, 교통	4
	하위 주제 합계	44

출처: 노한균(2007b), p. 39.

50개를 핵심지표로 선정했다. 또한 이 지표들은 〈표 9〉와 같이 14개 주제theme, 44개 하위 주제sub-theme로 구분되었다.

❖ 지속가능발전의 구체화(2): 조직 차원

조직 차원에서 지속가능발전의 구체화 작업은 GRI 프로젝트를 통해 이뤄졌다. 2006년 10월 발표된 G3[51] 지속가능경영보고체계Sustainability Reporting Framework는 기본문서인 지속가능성 보고 가이드라인Sustainability Reporting Guidelines을 비롯, 지표규약Indicator Protocol, 기술규약Technical Protocol, 산업 보충자료Sector Supplement로 구성되어 있다.

G3가 제시하는 보고서의 표준틀은 (1) 프로필, (2) 경영방식, (3) 성과지표의 3개 부분으로 되어있다. 프로필profile은 조직 현황, 전략, 거버넌스 등 조직의 지속가능성 성과를 이해할 수 있는 전반배경을, 경영방식management approach은 조직이 특정 지속가능성 주제를 다루는 방식의 설명을 통해 성과지표가 보여주는 특정 영역 성과의 배경을, 성과지표performance indicator는 조직 간 또는 같은 조직의 다른 시점 간 환경, 경제, 사회성과 비교가 가능하도록 정보를 제시한다.

G3 가이드라인은 79개의 성과지표를 선정했는데, 이는 다시 영역에 따라 〈표 10〉과 같이 경제 9개, 환경 30개, 사회 40개로 나뉜다. 79개의 성과지표는 대부분의 이해관계자에게 관심사가 되며 모든 조직에서 중요하다고 간주되는 핵심지표core indicator 49개와 일반적으로 적용되진 않지만 어떤 조직에게는 특히 중요할 수 있는 활동이나 주제인 부가지표additional indicator 30개로 구분된다.[52]

만약 ISO 26000이 지속가능발전을 조직의 사회책임 노력의 방향을 제시하는 개념으로 사용하고, 조직이 이를 받아들인다면, 위와 같은 지속가능발전 개념 구체화의 다양한 결과물을 통

51) GRI는 2000년 제1차, 2002년 제2차, 2006년에는 제3차 가이드라인을 발표했다. 제3차 가이드라인을 G3라고 부른다.

52) G3 성과지표의 내용은 이 책 부록(5)로 정리했다.

표 10 GRI G3 성과지표 구성

대분류	중분류	기호	핵심지표	부가지표	합계
경제	–	EC	7	2	9
환경	–	EN	17	13	30
사회	노동	LA	9	5	14
	인권	HR	6	3	9
	사회	SO	6	2	8
	제품 책임	PR	4	5	9
합계			49	30	79

해 조직은 자신의 사회책임 노력이 지속가능발전에 기여하는 정도를 검토하는 보다 구체적인 노력을 해야 할 것이다.

그러나 현재까지 개발된 지속가능발전 구체화 결과물들은 상호연계성을 깊이 고려하지 않은 채, 독자절차를 거쳐 개발되었기 때문에, 서로의 관련성이 모호하고, 지속가능발전의 궁극적인 목적 달성 여부나 조직의 기여 수준 판단에 활용하는 데 한계를 보인다.

예를 들어, GRI G3은 환경성과 핵심지표의 하나로 지표수, 지하수, 빗물, 상수도를 비롯하여 모든 용수 공급원에서 보고조직의 영역으로 유입된 모든 물의 양을 측정하도록 요구하고 있는데(GRI, 2006), 이것은 UN 지속가능발전지표 중 담수량 측정 지표인, 한 나라가 연간 물의 순환을 통해 얻을 수 있는 담수량 중 인간의 사용을 위해 뽑아낸 지표수와 지하수 양의 비중과 맥을 같이 한다. 그러나 두 지표의 측정방법이 정확히 일치하지 않는 것은 물론, 두 지표의 측정을 통해 궁극적으로 달성하고자 하는 사회정의의 상태, 또는 이 책의 입장에서 주장한 인권 존중의 상태는 더욱더 확인할 수 없다.

그리고 그나마 환경 관련 지표는 그동안의 많은 국제논의를 거쳐 조직의 지속가능경영 성과와 국가의 지속가능발전 지표 사이 어느 정도의 연계성을 유지하고 있으나, 경제, 사회지표의 경우는 서로간의 연계성을 찾기가 더욱더 어렵다(노한균, 2007b).[53]

사회책임과 지속가능발전의 관계를 맺으면서 한 가지 더하고 싶은 말은, 비록 조직의 사회책임 수행이 조직의 경쟁우위 등에 영향을 미쳐 조직의 생존능력을 높인다 하더라도(26000 3.3.5절), 지속가능발전의 목적은 사회 전체와 지구의 지속가능성을 달성하는 것이지, 특정 조직의 지속가능성이나 생존능력에 관심을 가지는 것은 아님을 ISO 26000이 명확히 했다는 점이다(26000 3.3.5절).

요새 우리나라에서 지속가능발전에 기여하는 경영을 '지속가능경영'으로 부르며, 이를 조직의 생존능력을 높이는 경영과 같은 뜻으로 이해하는 경우가 많은데, 이는 ISO 26000의 생각하는 사회책임과 지속가능발전 관점에서 보았을 때, 앞뒤가 바뀐 해석일 수 있다. 즉, 지속가능경영의 원래 의미는 사회 전체와 지구의 지속가능성에 기여하는 경영이며, 그 결과로 조직의

53) [사례 4]에서 소개한 앵글로 아메리칸의 영향 확인절차는 이런 어려움을 극복하려는 독자노력으로 볼 수 있다. 이 회사는 자신의 활동을 열거한 뒤, 지역에 변화를 일으키는 활동의 다양한 측면을 찾고, 해당 측면이 환경에 주는 변화를 확인한 뒤, 이 변화로 인한 사회/경제 영향을 찾아내는 순서를 택하고 있어, 환경 → 경제 → 사회의 3대 기본 틀에 기초한 흐름을 따라 사회책임의 대상이 될 영향을 확인하고 있다.

생존능력이 높아질 수는 있다. 그러나 조직의 생존능력을 높일 목적으로 지속가능경영을 추진하고, 그 부수효과로서 사회와 지구의 지속가능성이 높아지는 것은 지속가능경영의 원래 취지는 아니라고 하겠다.[54)]

사회책임 원칙

이 장에서 '사회책임 정의의 확장'을 얘기하면서, ISO 26000이 '조직의 결정과 활동 → 사회와 환경에 대한 영향 → 조직의 책임'이라는 사회책임의 단순한 정의에 몇 가지 조건을 더해졌고, 이 조건의 상당수가 사회책임 원칙과 중복된다고 했다.

여기서는 우선 ISO 26000이 제시한 사회책임 원칙의 내용을 살펴본 후, 사회책임 정의에 포함된 몇 가지 조건과 사회책임 원칙이 사회책임에 대해 갖는 의미를 검토하도록 한다.

❖ 사회책임 원칙의 내용

ISO 26000은 원칙principle이란 말을 사회책임 전반, 그리고 사회책임의 개별 핵심 주제에 관련지어 사용하고 있으며,[55)] 원칙을 "결정 또는 행동의 근본기반fundamental basis for decision making or behavior"으로 정의했다(26000 2.14절).

54) 사회와 지구의 지속가능성에 기여하는 활동이 모두 조직의 지속가능성에 기여하고, 반대로 조직의 지속가능성에 기여하는 활동이 모두 사회와 지구의 지속가능성에 기여한다면, 이런 구분은 의미가 없을 것이다. 그러나 ISO 26000에서도 언급된 것처럼 이 둘은 늘 같은 방향으로 움직이는 활동이 아니기 때문에, 지속가능경영의 궁극적으로 추구하는 바와 그 추구과정에서 얻을 수 있는 부수효과를 분명히 구분할 필요가 있다.

55) 이 책 제 3 장 [그림 3]의 오른쪽 부분을 보면 ISO 26000 전체 구조와 이용 절차에서 원칙이 차지하는 위치를 확인할 수 있다.

사회책임 원칙은 ISO 26000 4절에 제시되어 있는데, 이는 다음 7가지를 가리킨다.

1. 설명책임accountability(26000 4.2절)
2. 투명성transparency(26000 4.3절)
3. 윤리적 행동ethical behavior(26000 4.4절)
4. 이해관계자 이해 존중respect for stakeholder interests(26000 4.5절)
5. 법치주의 존중respect for the rule of law(26000 4.6절)
6. 국제행동규범 존중respect for international norms of behavior(26000 4.7절)
7. 인권 존중respect for human rights(26000 4.8절)

또한 이 장 '사회책임 정의의 확장'에서는 ISO 26000의 사회책임 정의가 다음과 같은 몇 가지 조건을 포함하고 있음을 소개했다(26000 2.18절).

- 투명하고 윤리적인 행동transparent and ethical behaviour
- 지속가능발전에 기여contribute to sustainable development
- 이해관계자 기대 고려take into account the expectations of stakeholders
- 적용될 수 있는 법 준수compliance with applicable law
- 국제행동규범 준수consistent with international norms of behaviour
- 조직 전반에 걸쳐 통합integrated throughout the organization

이 두 가지 내용만 보더라도 〈표 11〉과 같이 일부요소는 원칙과 정의에 중복되어 나오지만, 어떤 요소는 한쪽에만 있어, ISO 26000이 사회책임을 구성하는 중요요소로서 여러 가지 내용을 특별한 규칙을 갖지 않고 더했다는 느낌을 지울 수 없다.

표 11 ISO 26000 사회책임 개념에 더해진 요소들

사회책임 부가요소 \ 언급된 곳	사회책임 원칙	사회책임 정의	사회책임 목표	사회책임 핵심 주제
• 설명책임	○			
• 투명성	○	○		
• 윤리적 행동	○	○		
• 이해관계자 이해 존중	○	○		
• 법치주의 존중	○	○		
• 국제행동규범 존중	○	○		
• 인권 존중	○			○
• 지속가능발전에 기여		○	○	
• 조직 전반에 통합		○		

따라서 다양하게 더해진 사회책임 요소가 사회책임 이해에 가져올 혼란을 줄이고, 사회책임의 핵심내용을 부각시키기 위해 우리는 〈표 11〉에서 사회책임의 핵심요소를 선정해 재구성할 필요가 있다.

❖ 사회책임의 핵심요소

우리는 여기서 다음과 같은 이유로 ISO 26000이 사회책임 원칙으로 제시한 7개 요소만을 사회책임의 핵심요소로 선정하고, '지속가능발전에 기여'와 '조직 전반에 통합'의 2 요소는 제외하려 한다.

첫째, 사회책임의 핵심요소로서 지속가능발전에 대한 기여는 앞서 살펴본 지속가능발전의 3대 기본 틀에서 지속가능발전

이 궁극적으로 추구해야 할 사회정의의 내용으로 인권 존중을 제안했기 때문에 인권 존중과 중복되는 것이다.

지속가능발전에 대한 기여를 사회책임의 핵심요소에 포함하지 않는 또 다른 이유는 앞서 지속가능발전의 구체화에서 언급한 대로 지속가능발전의 구체화 작업이 사회정의의 실현, 또는 이 책의 제안대로 평등에 기초한 인권 존중이라는 궁극적인 목적보다는 이를 달성하기 위해 실행되는 다양한 중간 활동에 초점을 맞추고 있어, 그런 상황에서 사회책임의 핵심요소로 지속가능발전을 강조하게 되면 지속가능발전 개념 구체화 작업의 현재 수준과 맞물려 궁극적인 목적 달성보다는 중간 활동이 강조될 수 있는 우려가 있기 때문이다.

지속가능발전의 궁극적인 목적으로 인권 존중이 포함된다면 지속가능발전 기여는 사회책임의 핵심요소에서 빼도 무방하고, 또 위와 같은 이유로 빼는 것이 바람직할 수도 있을 것이다.

둘째, ISO 26000의 사회책임 정의에 포함된 조직 전반에 걸친 통합도 사회책임의 핵심요소에서 제외할 수 있다고 본다. 물론 진정한 사회책임이 실천되기 위해서는 조직 전반에 걸쳐 통합되어 실행되는 것이 옳다. 그러나 사회책임을 새롭게 받아들여 실천해 가는 조직 입장에서는 조직 전반에 걸친 통합을 사회책임의 핵심요소로 규정한다면 완전한 통합이 이루어지기까지는 결코 사회책임을 실천하고 있다고 말하기 어렵게 된다.

예를 들어 〈표 12〉에 제시된 것과 같은 사회책임 실천의 발전단계가 있다고 가정해 보자.

어느 조직이든 처음부터 바로 〈표 12〉의 5단계 사회책임을 바로 실천할 수는 없다. 그러나 만약 우리가 조직 전반에 걸친

표 12 사회책임 실천 발전단계[56)]

	1단계	2단계	3단계	4단계	5단계
	기초 (elementary)	참여 (engaged)	혁신 (innovative)	통합 (integrated)	변환 (transforming)
기업시민 의식개념	일자리, 수익, 세금	자선, 환경 보호	이해관계자 관리	지속가능성, TBL	게임 규칙 변화
전략적 의도	법 준수	사업운영권	비즈니스 효과	가치 제시	시장 창조, 사회변혁
리더십	립 서비스, 관심 밖	지원, 범위 안에는 있음	관리인, 조직을 이끔	챔피언, 업계 선봉에 섬	비전가, 시대 선도
구조	주변적, 담당자 위주	담당 부서	각 부서 간 조정	조직적 일치	핵심, 사업 지향
문제 대응	방어적	반응적, 정책	대응 프로그램	미리 앞서 행동, 시스템	정의를 제시
이해관계자 관계	일방적	상호적	서로에게 주는 영향	파트너십, 제휴	다자 기관들
투명성	우회적 보호	홍보	공식 보고서 발간	보증	완전 개방

출처: 브리들리 K. 구긴스 외(2008).

통합을 사회책임의 핵심요소로 본다면 적어도 3단계까지의 사회책임을 실천한 조직은 ISO 26000의 정의에 따른 사회책임을 실

56) 이 표는 출처 저서의 역자가 번역한 내용을 그대로 옮긴 것이기 때문에, 이 책에서 사용한 용어와 일치하지 않는 용어가 사용되었을 수도 있으며, 표의 세부내용에 대한 설명도 생략한다. 보다 자세한 설명은 표의 출처를 참고하기 바란다.

57) 또한 이렇게 되면 진정한 사회책임 수행 여부를 판단하기 위해 조직 전반에 걸쳐 통합정도를 가려야 하는데, 이것 자체가 쉽지 않은 과제가 될 것이다. 더욱이 조직 전반에 걸친 사회책임 통합정도를 가리는 노력이 사회책임의 궁극적인 목적을 달성하는 데에는 아주 중대한 기여를 하지는 않으면서 조직과 이해관계자의 시간과 노력을 많이 쓰게 할 소지도 있다.

천하고 있다고 보기 어렵게 된다.[57]

ISO 26000이 제시한 조직 전반에 걸친 통합은 사회책임 실천의 지향점이기는 하지만, 통합의 달성보다 현실에서 중요한 것은 보다 높은 단계로 나아가기 위해 조직이 끊임없이 노력하는 과정, 즉 ISO가 자주 쓰는 용어인 '꾸준한 개선continuous improvement'일 것이다. 더군다나 사회책임 원칙에 포함되어 있는 설명책임, 투명성, 이해관계자 이해 존중과 같은 요소로 인해 조직 전반에 걸친 통합 요소가 없더라도 형식적으로만 실천하는 사회책임은 어느 정도 배제될 수 있다고 생각한다.

❖ 사회책임 원칙의 의미

그렇다면 7개 사회책임 원칙은 어떤 방식으로 사회책임을 구성하고 있는가? 이 책에서는 [그림 23]과 같이 7개 사회책임 원칙을 가지고 사회책임을 재구성해 보았다.

7개 사회책임 원칙 중 궁극적인 목적은 앞서 제안한 대로 인권 존중이라고 할 수 있다(인권 존중의 원칙). 사회책임의 궁극적인 목적인 인권 존중은 인권을 존중하는 영역과 인권을 존중하는 방식으로 나눌 수 있다.[58]

인권 존중 영역과 존중 방식은 적어도 세 가지 규범에 기초하게 된다. 가장 직접적으로는 조직이 활동하는 국가와 국제사회에 적용되는 실정법이며(법치주의 존중의 원칙), 실정법 규정이

58) 조효제(2007)는 다음과 같은 설명으로 인권 존중 영역만큼 인권 존중 방식도 중요함을 강조했다. "우리는 흔히 세계인권선언과 국제법에서 나열하는 인권의 목록에만 신경을 쓰면서 그러한 목록 뒤에 숨어 있는 인권의 작동방식을 간과하기 쉽다. 인권은 목표와 작동방식과 과정이 모두 인권적이어야 제대로 된 인권으로 인정받을 수 있다(pp.100-101)."

그림 23 사회책임 핵심요소의 재구성

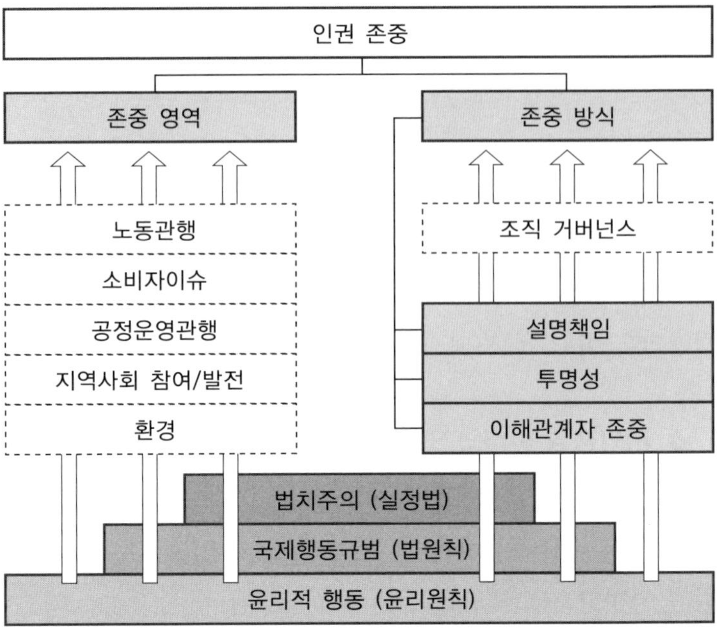

부족한 부분은 국제법원칙에 의해 보완되어야 하고(국제행동규범 존중의 원칙), 국제법원칙에 의해서도 부족한 부분은 윤리원칙에 의해 보완된다(윤리적 행동의 원칙).[59)]

이렇게 3개 규범이 인권 존중의 영역과 방식을 이끌지만,

59) [그림 23]에서 실정법, 법원칙, 윤리원칙의 세 규범에 기초한 인권 존중의 영역과 방식은 각각 세 가지 수직 방향의 화살표로 표현했다. 가장 안쪽에 있는 두 화살표는 실정법에 기초한 영역과 방식인데, 이는 법원칙과 윤리원칙에도 기초하고 있음을 표현한 것이다. 이 두 화살표의 바깥쪽(영역과 방식을 지탱하는 각각의 세 화살표 중 가운데)에 있는 화살표는 실정법에 근거는 없지만 법원칙에 기초한 영역과 방식으로, 역시 윤리원칙의 기반은 가지고 있다. 가장 바깥에 있는 두 화살표는 실정법과 법원칙에는 근거가 없지만 윤리원칙에 기초한 인권 존중 영역과 방식을 가리킨다.

인권 존중의 방식으로서 ISO 26000이 특히 강조하고자 하는 것은, 설명책임, 투명성, 이해관계자 이해의 존중이라고 할 수 있다.[60)]

결국 사회책임은 인권 존중의 영역과 방식이 모두 실정법, 법원칙, 윤리원칙에 기초하고, 인권 존중의 방식은 적어도 설명책임, 투명성, 이해관계자 이해 존중의 원칙을 지켜야만 비로소 제대로 된 사회책임이라고 할 수 있다. 다음 두 장에서는 사회책임 원칙에 기초해 구성된 이런 사회책임 개념을 ISO 26000이 인권 존중의 영역과 인권 존중의 방식이라는 두 측면에서 구체화시켜 해석한 내용을 사회책임 실천의 내용과 과정 측면이라는 이름으로 소개한다.[61)]

---

60) [그림 23]에는 사회책임 원칙뿐 아니라 이 책 제5장에서 곧 소개할 7개 사회책임 핵심 주제도 함께 포함시켜 보았다. 사회책임의 핵심 주제 중 인권은 가장 근본적인 목적의 자리에 위치하며, 거버넌스는 사회책임의 실천과정, 즉 [그림 23]에서는 인권 존중의 방식으로, 나머지 5개 핵심 주제는 사회책임의 실질, 즉 [그림 23]에서 인권 존중의 영역에 위치시킬 수 있다. 특히 5개 핵심 주제 중 환경은 [그림 20]에서 표현한 것과 같이 미래 세대라는 이해관계자를 가질 수도 있고, 3대 기본의 틀을 따라 다른 경제이슈나 사회이슈로 확대되어 현재 세대의 이해관계자를 가질 수도 있기 때문에 가장 아랫부분에 위치시켰다.

61) 사회책임 실천의 내용과 과정, 또는 인권 존중의 영역과 방식은 앞서 사회책임에 대한 이론검토에서 역할 확인의 목록화 방식과 역할을 만들고 받아들이는 과정방식과 어느 정도 연결된다. 그러나 역할의 목록화는 사회책임 실천의 내용이나 인권 존중의 영역뿐 아니라, 사회책임 실천 과정이나 인권 존중의 방식과도 결합될 수 있다. 실제 이 책 제6장에서 소개되고 있는 사회책임 실천의 과정을 보더라도 ISO 26000은 '관련 행동과 기대'라는 표현은 하지 않았지만 사회책임 실천 과정에서 기대되는 역할을 어느 정도 목록화시키고 있다. 그러나 사회책임 실천 과정이나 인권 존중 방식의 본질은 확정된 행동 또는 역할의 목록 제시보다는 그런 행동이나 역할을 계속 찾아가는 동적인 과정에 있다는 점에서 역할 확인의 과정방식에 더 가깝다고 할 수 있다.

05 ISO 26000이 제안한 사회책임 실천: 내용 측면

이 장에서는 사회책임 실천의 내용 또는 인권 존중의 영역으로 ISO 26000의 6절을 중심으로 한 7개 사회책임 핵심 주제 Core Subjects를 살펴보려 한다.

ISO 26000의 사회책임 내용

ISO 26000은 사회책임의 내용 측면을 [그림 24]와 같이 구조화시켜 제시하고 있다. 사회책임의 내용 측면은 가장 크게 7개의 핵심 주제로 나뉘며, 각각의 핵심 주제마다 작게는 1개에서 많게는 8개까지의 이슈Issues가 제시된다.[1] 끝으로 각각의 이슈와 관련된 행동과 기대Related Actions and Expectations를 제시해서 사회책임 내용 측면의 구체성을 더했다.

또한 핵심 주제에 대해서는 해당 핵심 주제를 간단하게 소개하는 개요Overview와 핵심 주제의 실천에 있어 감안해야 하는 원칙과 고려사항Principles and Considerations을 제시했으며, 이슈에 대

1) 핵심 주제별 이슈는 이 장에서 개별 핵심 주제를 다룰 때마다 소개되며, 이 장에서 논의된 핵심 주제별 이슈의 구성그림은 부록(4)로 다시 모아 두었다.

그림 24 ISO 26000의 사회책임 내용 측면 구조

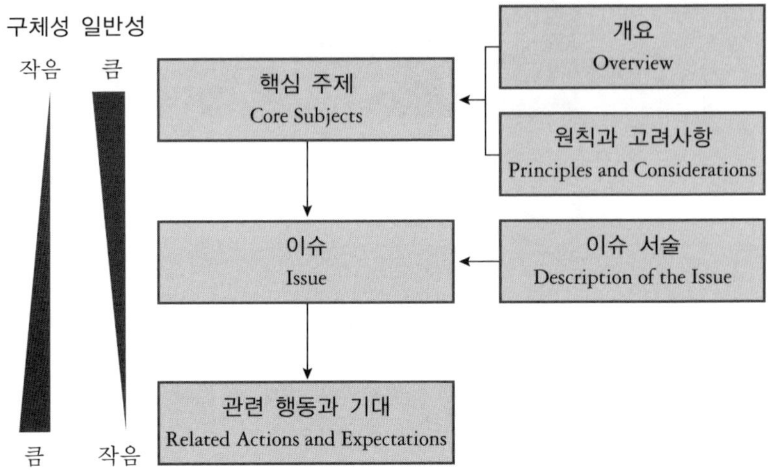

해서는 이슈 서술Description of the Issue 부분을 두어 해당 이슈에 대한 이해를 돕고 있다.

7개 사회책임 핵심 주제

ISO 26000의 사회책임 핵심 주제는 다음과 같이 7개로 나뉜다.

1. 조직 거버넌스organizational governance(26000 6.2절)
2. 인권human rights(26000 6.3절)
3. 노동관행labour practices(26000 6.4절)
4. 환경the environment(26000 6.5절)
5. 공정운영관행fair operating practice(26000 6.6절)

6. 소비자 이슈consumer issues(26000 6.7절)

7. 지역사회 참여와 발전community involvement and development (26000 6.8절)

ISO 26000에 따르면 7개 사회책임 핵심 주제란 가장 일어나기 쉬운, 따라서 조직이 다루는 게 바람직한, 경제, 환경, 사회 영향을 말한다고 했다(26000 5.2.2절).[2] 핵심 주제는 그 하위 이슈와 달리 모든 조직과 어느 정도의 관련성[3]을 가지고 있으며, 따라서 조직이 7개 사회책임 핵심 주제와 친숙해지는 것은 조직의 사회책임을 효과적으로 식별하는 하나의 방법이며, 사회책임을 실천하려는 조직은 7개 핵심 주제를 모두 검토해서, 조직과 관련된 이슈를 식별하는 게 바람직하다고 ISO 26000은 주장한다(26000 5.2.2절). 핵심 주제는 조직이 자신의 사회책임 범위를 정의하고, 관련 이슈를 식별하며, 이들의 우선순위를 결정하는 데 도움을 준다(26000 6.1절).[4]

7개 사회책임 핵심 주제 사이의 관계에 관해서 ISO 26000에서는 2가지 방식으로 정리했다. 하나는 이 책 제3장에서 소개한 [그림 2] ISO 26000 구성체계도의 일부로 표현한 것이며, 다른 하나는 [그림 25]와 같이 표현한 것이다 (26000 6.1절).

[그림 25]를 통해 ISO 26000이 강조하고자 하는 7개 핵심 주제 간 관계는 두 가지로 요약될 수 있다.

---

2) ISO 26000의 문맥 속에서 볼 때 "가장 일어나기 쉽다"는 의미는 어느 조직에게나 일어날 가능성이 있다는 의미로, 따라서 어느 조직이나 다뤄야 할 필요가 있다는 의미로 보아야 할 것이다.

3) 관련성은 이 책 제6장 '확인된 사회책임의 여과'에서 다룬다.

4) 사회책임 확인과 관련된 7개 핵심 주제의 의미는 이 책 제6장 '사회책임 근원의 확인'에서 다룬다.

그림 25 7개 사회책임 핵심 주제

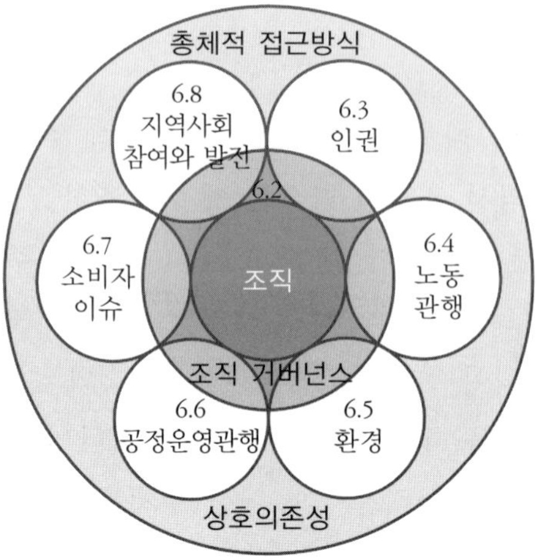

출처: ISO(2009). 저자 번역.[5)]

첫째, [그림 25]의 가장 큰 원에 쓰여 있듯이, 모든 핵심 주제는 서로 관련이 있고, 서로를 보완하기도 하는 상호의존성 interdependence이 있기 때문에, 사회책임을 다루는 조직은 7개 핵심 주제에 대해 총체적인 접근방식holistic approach을 취하는 게 좋다(26000 6.1절).[6)]

둘째, 사회책임 핵심 주제의 하나인 조직 거버넌스는 나머지 6개 핵심 주제와 근본성격이 다르다. 조직 거버넌스는 조직이 다른 핵심 주제와 이슈에 대한 행동을 취하고, ISO 26000 4절의 사회책임 원칙을 실행하도록 도와준다(26000 6.1절). 이 특성은 [그림 25]에서 조직 거버넌스 원이 그림의 가운데 있는 조

5) 이 그림은 ISO 26000 최종본에서도 그대로 사용되고 있다.
6) 이 점은 이 책 제 4 장 '3대 기본의 이해'에서 강조한 지속가능발전의 3대 영역인 환경, 경제, 사회 사이의 상호연관성과도 관련이 있다.

직의 원과 조직 외부에 있는 6개의 사회책임 핵심 주제 원을 잇는 중간 원으로 표현되어 있다.[7)]

그러나 ISO 26000의 7대 사회책임 핵심 주제는 표준 사용자들의 사회책임 내용 이해를 오히려 혼란스럽게 만들 가능성도 있다. 자세히 보면, 7대 핵심 주제 사이에는 일정한 규칙이나 연관성을 찾기 힘든 면이 있기 때문이다. 예를 들어, 노동관행, 소비자 이슈, 지역사회의 경우는 그런대로 이 핵심 주제를 통해 가장 큰 영향을 받게 될, 조직의 이해관계자가 누구인지가 드러나는 반면, 거버넌스, 인권, 환경, 공정운영관행의 경우는 핵심 주제만 가지고는 이 주제로 인해 영향을 받게 될, 조직의 이해관계자가 명확히 드러나지 않는다.

더군다나 핵심 주제의 하위 이슈들도 〈표 13〉에 정리한 것과 같이 어떤 이슈는 해당 핵심 주제의 이해관계자 범위에 관한 것을 설명하고, 어떤 이슈는 그 핵심 주제의 내용을 규정하고, 어떤 이슈는 ISO 26000 7절을 중심으로 한 사회책임 실천과정을 언급하며, 어떤 이슈는 다른 주체의 사회책임 실천 촉진에 기여할 것을 요구하고 있다.

이 책 제4장에서 'ISO에서 지속가능발전'을 검토하면서 지적한 것이나 [그림 25]에 표현된 것과 같이 사회책임의 내용은 서로 연결되어 명확한 구분이 어렵다는 점을 감안하더라도, 이렇게 여러 특성이 혼재되어 있는 ISO 26000의 사회책임 핵심 주제와 하위 이슈 구분은 앞으로 표준 사용자들이 사회책임을 보다 명확하게 이해하고 실천할 수 있는 방향으로 보다 일관된

---

7) 이 특성은 이 책 제4장 '사회책임 원칙의 의미'에서 이미 살펴보았으며, 이 장 뒷부분 '핵심 주제(1): 조직 거버넌스'를 검토하면서 다시 논의한다.

기준을 가지고 재정리될 필요가 있다.

이제 7개 핵심 주제를 하나하나 살펴보면서, 각각의 핵심 주제에 속하는 이슈와 관련 행동과 기대를 검토하자.

표 13 ISO 26000 핵심 주제 이슈의 특성 분석

핵심 주제	절	이슈	적용 범위	SR 내용	SR 과정	SR 촉진
거버넌스	6.2.3	의사결정 과정과 구조			○	
인권	6.3.3	상세검토			○	
	6.3.4	인권 위험상황		○		
	6.3.5	연루 회피	○		○	
	6.3.6	불만 해결			○	
	6.3.7	차별과 취약그룹		○		
	6.3.8	시민 · 정치권		○		
	6.3.9	경제 · 사회 · 문화권		○		
	6.3.10	근로에서의 근본원칙과 권리		○		
노동 관행	6.4.3	고용과 고용관계	○			
	6.4.4	근로조건 및 사회보호		○		
	6.4.5	사회적 대화			○	
	6.4.6	근로에서의 보건과 안전		○		
	6.4.7	근무지에서의 인간개발과 훈련		○		
환경	6.5.3	오염 예방		○		
	6.5.4	지속가능한 자원 사용		○		
	6.5.5	기후변화 완화와 적응		○		
	6.5.6	환경보호, 생물다양성, 자연서식지 복구		○		

핵심 주제	절	이슈	적용 범위	SR 내용	SR 과정	SR 촉진
공정 운영 관행	6.6.3	반부패		○		
	6.6.4	책임 있는 정치참여		○		
	6.6.5	공정경쟁		○		
	6.6.6	가치사슬에서의 사회책임 촉진				○
	6.6.7	재산권 존중		○		
소비자 이슈	6.7.3	공정 마케팅, 공정계약 관행		○		
	6.7.4	소비자의 보건과 안전 보호		○		
	6.7.5	지속가능소비				○
	6.7.6	소비자 서비스, 지원, 불만과 분쟁 해결		○	○	
	6.7.7	소비자 데이터 보호와 프라이버시		○		
	6.7.8	필수 서비스에 대한 접근		○		
	6.7.9	교육과 인식		○	○	
지역 사회 참여 발전	6.8.3	지역사회 참여			○	
	6.8.4	교육과 문화		○		
	6.8.5	고용 창출과 기능개발		○		
	6.8.6	기술개발과 접근성		○		
	6.8.7	부와 소득 창출		○		
	6.8.8	보건		○		
	6.8.9	사회투자			○	

핵심 주제(1): 조직 거버넌스

ISO 26000은 조직 거버넌스를 "조직이 목표 추구를 위한 결정을 내리고 이를 실행하는 시스템system by which an organization makes and implements decisions in pursuit of its objectives"으로 정의했다(26000 2.13

절, 6.2.1.1절). 이런 정의는 1997년 외환위기를 전후해서 우리 사회에서 '기업 지배구조'라는 이름으로 널리 알려진, 거버넌스에 대한 기존 접근방식과 같은 점과 다른 점을 동시에 가지고 있기에 이를 명확히 할 필요가 있다.

형식논리로는 조직 거버넌스를 기업이란 조직에 적용하면 '기업 거버넌스corporate governance'가 되는 것이고, 따라서 ISO 26000이 규정한 사회책임 핵심 주제의 하나인 조직 거버넌스를 기업이 고려하게 된다면, 그것이 바로 우리 사회가 그동안 '기업 지배구조'라고 부르던 이슈를 다루는 것과 같다고 생각할 수 있다.

그러나 〈표 14〉에 요약한 것과 같이, 거버넌스에 대한 ISO 26000의 접근방식은 기존 접근방식과 달리 주주를 가장 중요하게 고려해야 할, 일차 이해관계자primary stakeholder로 보지 않고, 많은 이해관계자 중 하나로 보며, 따라서 이해관계자로서 주주의 중요성도 다른 이해관계자에 항상 우선한다기보다는, 사안에 따라 달라질 수 있다고 생각한다.[8)]

ISO 26000은 조직 거버넌스와 관련해서 2개의 국제 문서를 인용하고 있다. 하나는 OECD가 1999년 처음 발표하고, 2004년 개정한 'OECD 기업 지배구조 원칙OECD Principles of Corporate Governance'이며, 다른 하나는 UNCTAD가 2006년 발표한 '기업 지배구조 공시에서 우수관행에 관한 지침Guidance on Good Practices in Corporate Governance Disclosure'이다. 그러나 이들 2개 국제 문서는 거버넌스에 대해 기본적으로 주주 일차성shareholder primacy을 전제로

8) 이 부분에 관한 이론배경은 이 책 제 1 장에서 '사회책임의 논의 역사'를 다룰 때 소개한 '벌-도드 논쟁'을 참조하기 바란다.

표 14 기업 거버넌스 접근방식 비교

		ISO 26000의 접근방식	기존 접근방식
차이점	기업관	• 이해관계자 중심 접근방식 • 이해관계자 모형 • 기업의 사회개체관	• 주주 중심 접근방식 • 주주 모형 • 기업의 사유재산관
	주주의 지위	• 여러 이해관계자 중 하나 (one of stakeholders)	• 일차 이해관계자 (the primary stakeholder)
	주주의 중요성	• 사안에 따라 변화	• 다른 이해관계자에 우선
공통점		• 거버넌스는 기업 목표와 목표 달성 수단을 결정하는 시스템	

하는, 기존의 접근방식을 취하고 있기 때문에, ISO 26000의 접근방식과는 완전히 같지는 않다.

예를 들어, 이 두 국제 문서는 거버넌스에 관한 정의를 명확하게 제시하지 않고 있지만, 거버넌스가 회사 목표를 세우고, 이들 목표를 달성하고, 성과를 관측하는 수단을 결정하는 구조를 제공한다고 보는 점에서는 ISO 26000과 같은 입장을 취하고 있다(예: OECD, 2004, p.11). 그러나 이 두 국제 문서는 모두 거버넌스의 구성을 경영진, 이사회, 주주와 '다른' 이해관계자와의 관계로 보는 점에서는 기본적으로 주주 일차성의 입장을 취하고 있다(OECD, 2004, p.11; UNCTAD, 2006, p.1).[9)]

9) 이에 비해 UN 글로벌콤팩트가 글로벌 기업 거버넌스 포럼(Global Corporate Governance Forum), 국제금융공사(International Finance Corporation: IFC)와 함께 만든 기업 거버넌스 자료에서는 주주와 기타 이해관계자라는 거버넌스의 기존 접근방식을 유지하면서도, "기업 거버넌스는 경제 목적과 사회 목적 사이, 그리고 개인 목적과 공동 목적 사이 균형 유지에 관한 것"이라는 아드리안 캐드버리 경(Sir Adrian Cadbury)의 설명을 인용함으로써 기존 접근방식보다 조금 더 이해관계자 모형에 가까워졌다고 할 수 있다

따라서 이 책에서는 두 접근방식의 차이점을 확실히 하기 위해, 기존의 주주 중심 접근방식에 의한 거버넌스를 우리 사회에서 부르던 관행대로 '기업 지배구조'라고 하고, ISO 26000의 이해관계자 접근방식에 의한 거버넌스를 '조직(또는 기업) 거버넌스'라고 구분해 부르기로 한다.

◈ 거버넌스 이슈

ISO 26000에서는 거버넌스와 관련해서 세부 이슈 구분 없이, '의사결정 과정과 구조decision-making processes and structures'라는 제목 아래 12개의 관련 행동과 기대를 열거했다.

그러나 거버넌스 관련 행동과 기대의 내용을 자세히 살펴보면, 거버넌스에 한정된 독자내용은 찾아보기 힘들며, 대부분 ISO 26000 7절 사회책임 통합이나 4절 사회책임 원칙과 중복됨을 알 수 있다. 앞서 [그림 25]나 〈표 13〉을 통해 설명한 것과 같이 조직 거버넌스는 사회책임의 내용을 중심으로 한 사회책임의 다른 핵심 주제와는 다른 과정의 성격을 갖기 때문에 ISO 26000에서 사회책임 실천의 과정을 다룬 7절이나 4절과 상당 부분 중복되는 것이다.[10)]

〈표 15〉에 정리한 것과 같이 12개 거버넌스 관련 행동 중 7개는 ISO 26000 7절 사회책임 통합과 직접 중복되는 내용이며,

---

(UNGC, Global Corporate Governance Forum & IFC, 2009). UNGC의 거버넌스 정의를 이 책 제1장 '사회책임의 논의 역사'에서 소개한 보웬의 사회책임 정의나, 같은 장 '한국에서의 사회책임 논의'에서 소개한 김성두(1973)의 사회책임 정의와 비교해 보면 쉽게 알 수 있다.

10) 이 책 제4장의 [그림 23]에서도 다른 사회책임 핵심 주제는 인권 존중의 영역을 다루는 그림 왼쪽에 위치시킨 반면, 조직 거버넌스만 인권 존중의 방식을 다루는 그림 오른쪽에 표시했다.

표 15 사회책임 통합과 관련된 거버넌스 관련 행동

거버넌스 관련 행동 및 기대	관련 부분
• 임원진의 헌신과 설명책임을 입증	7.4.1절
• 4절 사회책임 원칙이 실행되는 환경과 문화의 조성과 육성	7.4.1절
• 전 직급의 피고용인이 조직의 사회책임 활동에 효과적으로 참여할 것을 격려	7.4.1절
• 사회책임에 대한 조직의 헌신을 반영하는, 전략, 목표 및 달성목표를 개발	7.4.2절
• 사회책임 성과와 관련된 경제적 그리고 비경제적 유인 시스템 조성	7.7.5절 (7.4.2절)
• 의견 일치와 불일치의 영역을 식별하며 발생 가능한 갈등을 해결하기 위한 협상을 하는, 조직의 이해관계자와의 양방향 의사소통 과정을 수립	7.5절 7.6.3절
• 조직의 거버넌스 과정을 정기적으로 검토하고 평가. 검토 결과에 따라 과정을 조정하고 조직 전반에 걸친 변화를 의사소통	7.5절 7.7절
• 사회적으로 책임 있는 방법으로 결정이 이루어진다는 것을 보장하고, 긍정적이든 부정적이든, 조직의 결정과 활동의 결과에 대한 설명책임을 정하기 위한, 결정의 실행을 추적	7.7.2절

7절에는 명확하게 표현되지는 않았으나 거버넌스 관련 행동에서 제시한 "사회책임 성과와 관련된 경제적 그리고 비경제적 유인 시스템의 조성"도 7절, 특히 7.4절 사회책임 통합 관행과 관련된 행동이라고 볼 수 있다. 따라서 8개의 거버넌스 관련 행동은 사회책임 통합과 맥을 같이 한다.

그리고 〈표 16〉과 같이 거버넌스와 관련된 2개 행동은 4절 사회책임 원칙과 관련된 행동이라고 할 수 있다.

이렇게 되면 조직 거버넌스 관련 행동으로 남는 것은 "과소대표 그룹(여성, 인종 및 종족 그룹 포함)이 조직의 고위직을 차지

표 16 사회책임 원칙과 관련된 거버넌스 관련 행동

거버넌스 관련 행동 및 기대	관련 부분
• 조직을 대신해 의사결정을 하는 사람들의 권한, 책임 및 능력 수준 간 균형	4.2절
• 즉각적인 욕구와 미래 세대의 욕구를 포함하여, 조직과 조직의 이해관계자 간의 욕구 간 균형	4.5절

할 공정한 기회를 촉진"하는 것과, "금융, 자연 및 인적 자원의 효율적 사용"이라는 2개만 남게 된다. 그런데 앞의 내용은 다른 사회책임 핵심 주제인 인권의 하위 이슈로 제시된 '차별과 취약그룹'(26000 6.3.7절)과 '근로에서의 근본원칙과 권리'(26000 6.3.10절)를 조직에 적용해 구체화한 것에 불과하며,[11] 뒤의 내용은 조직 운영에 있어 너무도 당연한 내용이기 때문에 "조직이 목표 추구를 위한 결정을 내리고 이를 실행하는 시스템"으로서의 거버넌스에 한정된 독자행동으로 차별화하기엔 너무 약하다.

조직 거버넌스의 이런 특성은 ISO 26000에 대한 GRI 분석에서도 나타난다. GRI는 G3 가이드라인과 ISO 26000의 핵심 주제 사이의 관련성을 분석하면서, 다른 사회책임 핵심 주제와 달리 조직 거버넌스는 G3 가이드라인의 특정 성과지표와 연결시키지 않고, 〈표 17〉과 같이 단지 조직 프로필 보고 중 거버넌스[12],

11) 이 장 뒷부분에서 '근로에서의 근본원칙과 권리'와 관련해 소개한 내용을 보더라도 여성이 좀 더 양성의 균형을 맞춰 고위직에 진출하도록 보장하는 것이 관련 행동의 하나로 포함되어 있다.

12) 다만 GRI G3 가이드라인의 거버넌스는 이사회 중심 참여를 강조하고 있어 경영진–이사회–주주의 틀 속에서 거버넌스 문제를 접근하는 주주 중심의 기존 접근방식의 특성을 일부 보이고 있다. 이 접근방식에서 지속가능경영이나 사회책임에 대한 직원의 참여는 이해관계자 참여의 한 요소로

표 17 조직 거버넌스와 관련 있는 GRI G3 내용

	대분류	중분류	번호	내용
1.	전략 및 분석		1.1	최고 의사결정권자 선언
			1.2	주요 영향, 위험요인, 기회에 대한 기술
2.	조직 프로필		2.3	주요 사업부서, 운영 회사, 자회사, 합작 회사를 비롯한 보고 조직의 조직 구조
3.	보고매개 변수			〈관련 없음〉
4.	거버넌스, 헌신, 참여	거버넌스	4.1	조직의 거버넌스－전략 수립, 전사적 감독 등을 책임지는 이사회 산하 위원회 포함
			4.2	이사회 의장의 임원 겸직 여부
			4.3	이사회에서 독립적 또는 비임원 구성원의 수 (이사회가 일원화된 조직의 경우)
			4.4	주주와 직원이 이사회에 조언하거나 방향을 제시하는 체계
			4.5	이사회 구성원, 고위 관리자, 임원 등에 대한 보상 (부서별 구성 포함)과 조직의 성과(사회/환경 성과 포함) 간의 관계
			4.6	이사회 내의 이해충돌 방지를 위한 과정
			4.7	경제/환경/사회 전략을 보조하기 위한 이사회 구성원의 자격 및 전문성 기준 결정과정
			4.8	경제/환경/사회 성과 및 활동과 관련 내부에서 마련한 미션/핵심가치 선언, 행동 강령 및 원칙
			4.9	이사회가 경제/환경/사회 성과 파악 및 관리를 관장하는 절차
			4.10	이사회 자체의 성과, 특히 경제/환경/사회 관련 성과를 평가하는 과정

볼 수도 있으나, 이해관계자로서의 직원 참여와 조직을 대신한 실행자로서의 직원 참여는 엄연히 구분되어야 하며, 이런 입장에서는 이해관계자로서의 직원의 참여도 강조한 ISO 26000의 거버넌스 접근방식이 보다 넓다고 할 수 있다.

	대분류	중분류	번호	내용
		외부활동	4.11	사전주의 원칙과 접근방법 채택 여부, 채택방식에 대한 설명
			4.12	가입하거나 지지하고 있는 외부 이니셔티브
			4.13	협회 및 국가별/국제적 정책기구 가입 현황
		이해관계자 참여	4.14	참여한 이해관계자 그룹 목록
			4.15	참여할 이해관계자 식별 및 선정 기준
			4.16	이해관계자 참여 방식 현황
			4.17	이해관계자 참여를 통해 제기된 핵심 주제와 관심사, 이에 대한 대처 방식

헌신, 이해관계자 참여, 전략 및 분석과 연결시키고 있다(GRI, 2010).[13)]

따라서 조직 거버넌스는 사회책임 실천의 내용 또는 인권 존중의 영역으로서보다는 사회책임 실천의 과정 또는 인권 존중의 방식으로 ISO 26000의 4절 사회책임 원칙과 7절 사회책임 통합과 함께 다뤄지는 게 옳다. 이 책 제6장에서 다뤄지는 사회책임 실천의 과정은 모두 조직 거버넌스의 내용이라고 할 수 있다.

이렇게 서로 다른 특성을 가짐에도 불구하고 ISO 26000이

13) GRI G3 가이드라인에 대해서는 이 책 제4장의 '지속가능발전의 구체화 (2): 조직 차원'을 참고할 수 있다. 여기를 살펴보면 ISO 26000의 다른 사회책임 핵심 주제는 G3 보고서 표준틀의 성과지표와 관련되어 있는 반면, 거버넌스는 G3 보고서 표준틀의 다른 부분인 프로필과 관련이 있음을 확인할 수 있다. ISO 26000의 사회책임 핵심 주제와 G3 가이드라인의 성과지표 사이 관련성에 관한 GRI 분석 결과는 이 책의 부록(6)으로 정리했다. 본문에 지적한 것과 같이 부록(6)에는 거버넌스 관련 성과지표가 하나도 없으므로, 이 장의 〈표 17〉과 부록(6)을 함께 보면 ISO 26000의 사회책임 핵심 주제와 G3 사이 관계를 모두 볼 수 있다.

사회책임 핵심 주제로 조직 거버넌스를 포함한 취지를 굳이 찾아보자면, 이 책 제4장의 [그림 23]에서 인권 존중 방식에 해당하는 설명책임, 투명성, 이해관계자 이해 존중을 사회책임 원칙으로 따로 강조한 것과 같이, 사회책임 실천에 있어 과정 측면도 중요함을 강조하기 위한 것으로 해석하는 게 좋겠다.

핵심 주제(2): 인권

ISO 26000에서 인권이란 "모든 인간이 부여 받은 기본권 basic rights to which all human beings are entitled"으로, 세계인권선언의 분류와 같이 시민·정치권Civil and Political Rights과 경제·사회·문화권 Economic, Social and Cultural Rights으로 크게 구분했다(26000 6.3.1.1절).[14]

ISO 26000은 인권을 존중하고, 보호하며, 충족할 의무와 책임은 기본적으로 국가에 있지만, 조직도 자신의 영향권을 포함한 조직 내부에서 인권을 존중할 책임이 있다고 밝혔다(26000 4.8절, 6.3.1.1절, 6.3.1.2절, 6.3.2.2절). 이런 ISO 26000의 접근은 [사례 6]에 소개한 UN 인권위원회의 '기업과 인권 틀'과 같다.

사례 6 | UN 인권위원회의 '기업과 인권 틀'

UN 인권위원회(Human Rights Council: HRC)는 그동안 인권문제가 국가 중심으로 다루어져, 기업이 이해하고 다루기 쉽지 않다고 판단, 2005년 존 러기(John Ruggie) 하버드대 교수를 '인권과 다국적 및 다

14) 두 범주 인권은 ISO 26000에서 인권이라는 사회책임 핵심 주제의 하위 이슈로 각각 제시되었기 때문에, 뒤에서 이슈를 논의할 때 각 범주의 인권 내용을 소개한다.

른 기업 이슈에 관한 UN 사무총장 특별대표(이하 '기업·인권 특별대표'라 한다)'로 임명해서 기업이 보다 쉽게 지킬 수 있는 틀을 만들도록 했다.

이에 러기 교수는 2008년 '보호, 존중, 치유(Protect, Respect and Remedy)'라는 '기업과 인권의 틀'을 만들어 보고했으며, 2009년에는 이 틀의 실천방안을 조금 더 구체화시켜 보고했다.

이 틀에 따르면 국가는 기업을 포함한 제3자가 인권을 침해하는 것으로부터 당사자를 보호할 의무가 있으며, 기업은 인권을 존중할 의무가 있으며, 침해받은 사람은 사법과 비사법의 방법으로 치유를 구할 수 있어야 한다고 요약하고 있다. ISO 26000이 제시한 조직의 인권 존중 의무도 이런 틀에 기초한 것으로 보인다.

이 틀에서 기업이 인권을 존중하는 핵심은 다른 사람의 권리 침해를 피하기 위한 상세검토를 실시하는 데 있다.[15]

출처: UN(2008b) Protect, respect and remedy: a framework for business and human rights(A/HRC/8/5), April 7, New York: UN. / UN(2009) Business and human rights: towards operationalizing the "protect, respect and remedy" framework(A/HRC/11/13), April 22, New York: UN.

인권 존중은 ISO 26000이 제시한 사회책임 원칙 중 하나이며(26000 4.8절), 이 책이 제4장 [그림 23]을 통해 재구성한 사회책임의 구성 속에서도 사회책임의 궁극적인 목적으로 표현되어 있다. 인권이 사회책임 전반에서 걸쳐서 가지고 있는 보편성은 [사례 7]을 통해서도 확인할 수 있다. [사례 7]에 소개된 분석 결과를 보면, 결국 기업을 통한 인권 침해의 대부분은 근로자, 지역사회, 소비자의 문제로 나타나고 있으며, 이것은 ISO 26000이 제시한 사회책임의 7대 핵심 주제 중 사회책임 실천 과정과 더 관련이 있는 거버넌스와 인권 자체를 제외한 5개 핵

15) 상세검토에 대해서는 이 책 제6장에서 다시 논의한다.

심 주제 중 4개에 해당하는 것이다.[16)]

사례 7 | 기업의 인권 침해사례 분석

[사례 6]에서 소개한 기업·인권 특별대표의 보고서 중 하나는 기업의 인권침해 사례를 분석한 것이다. 이 보고서는 2005년 2월부터 2007년 12월까지 약 3년간 기업과 인권 자료 센터(Business and Human Rights Resource Center)에 게시된 320건의 인권침해(우려)사례를 분석했다.

이 사례분석을 통해 보면 기업으로부터 인권을 침해받았다고 생각되는 그룹은 근로자와 지역사회가 각각 45%였으며, 나머지 10%는 기업 제품/서비스의 최종사용자로 나타났다. 결국 기업과 관련된 인권 이슈는 노동, 지역사회, 소비자 문제와 깊이 연결되어 있다는 것이다.

또한 기업이 인권을 직접 침해했다고 주장된 사례는 59%였으며, 41%의 간접 침해 사례 중에서 공급사슬[17)]을 통한 간접 침해가 18%, 개인, 국가, 공급사슬 이외의 다른 기업을 통한 간접 침해가 23%를 차지했다.

	근로자	지역사회	최종사용자	합계
직접 침해	20.06%	29.50%	9.44%	59.0%
간접 침해	24.60%	16.40%	–	41.0%
합계*	44.66%	45.90%	9.44%	

주: 직접 침해, 간접 침해 비중은 보고서 내용을 가지고 역산한 것이기 때문에 보고서 본문에 소개된 비중을 다시 인용한 위 본문 비중과 차이를 보임.

16) [사례 7]에 나타난 기업의 인권침해 사례는 이 책 제4장 [그림 23]의 왼쪽에 표현된 인권 존중 영역 중 공정운영관행을 제외한 모든 영역이다. 환경은 근로자, 지역사회, 소비자의 인권에 모두 영향을 주는 사안이며, [사례 7]에 소개한 보고서에서도 환경문제는 특히 지역사회 인권과 관련이 깊었다고 보고했다(UN, 2008c).

17) 공급사슬에 대해서는 이 책 제6장 '사회책임의 범위 확인'에서 살펴본다.

끝으로 기업이 침해했다고 주장된 인권의 종류는 노동과 관련된 인권과 그렇지 않은 인권 모두에서 다양했으며, 침해 지역별로도 다양했지만 특히 아시아·태평양(28%)과 아프리카(22%), 남미지역(18%)의 침해(우려)사례가 많았다.

출처: UN(2008c) Corporations and human rights: a survey of the scope and patterns of alleged corporate-related human rights abuse(A/HRC/8/5/Add.2), May 23, New York: UN.

❖ 인권의 특성

ISO 26000에 따르면 인권은 다음과 같은 다섯 가지 특성을 가진다(26000 6.3.2.1절).

- 고유한inherent 권리: 인권은 모든 사람이 단지 인간이라는 이유 하나만으로 향유하게 되는 권리다.
- 양도할 수 없는inalienable 권리: 설령 개인이 인권 포기에 동의하더라도, 정부나 다른 어떤 기관도 인권을 임의로 박탈할 수 없다.
- 보편적universal 권리: 인권은 지위에 상관없이 모든 사람에게 적용된다.
- 나눌 수 없는indivisible 권리: 어떤 인권도 선택적으로 무시될 수 없다.
- 상호의존적interdependent 권리: 한 인권의 실현은 다른 인권의 실현에 기여한다.

❖ 인권 관련 주요 규범

ISO 26000은 인권에 관한 기본 문서로서 1948년 UN 총회에서 채택된 세계인권선언과 함께 이른바 '국제인권장전International Bill of Human Rights'[18]이라고 불리는 문서들을 들었다.

ISO 26000은 또한 〈표 18〉과 같이 인종, 여성, 고문 등, 어린이, 강제실종, 장애인, 이주노동자 등 7개 분야에 관한 12개 문서를 국제인권법의 핵심문서로 소개했다(26000 상자 6).

표 18 7개 인권 분야와 관련 문서

분야	문서
인종	• United Nations(UN) (1965) International Convention on the Elimination of All Forms of Racial Discrimination(모든 형태의 인종차별 철폐에 관한 국제협약, 1979).
여성	• United Nations(UN) (1979) Convention on the Elimination of All Forms of Discrimination against Women(여성에 대한 모든 형태의 차별 철폐에 관한 협약, 1985).
고문 등	• United Nations(UN) (1984) Convention against Torture and Other Cruel, Inhuman or Degrading Treatment or Punishment (고문 및 그 밖의 잔혹한, 비인도적인 또는 굴욕적인 대우나 처벌의 방지에 관한 협약, 1995).

18) '국제인권장전'이란 UN 총회 결의문 형식으로 1948년 채택된 세계인권선언, 1966년에 채택된 '경제적, 사회적 및 문화적 권리에 관한 국제규약(International Covenant on Economic, Social and Cultural Rights, 일반적으로 'A규약'이라 불림)'과 '시민적 및 정치적 권리에 관한 국제규약(International Covenant on Civil and Political Rights, 일반적으로 'B규약'이라 불림)'의 2개 국제규약, 그리고 1966년에 채택된 '시민적 및 정치적 권리에 관한 국제규약 선택의정서(Optional Protocol to the International Covenant on Civil and Political Rights)'와 1989년에 채택된 '사형 폐지를 목적으로 하는, 시민적 및 정치적 권리에 관한 국제규약 2차 선택의정서(Second Optional Protocol to the International Covenant on Civil and Political Rights, Aiming at the Abolition of Death Penalty)'의 다섯 가지로 구성된 인권 관련 국제규범의 체계를 모아서 비공식적으로 일컫는 이름이다.

분야	문서
어린이	• United Nations(UN) (1989) Convention on the Rights of the Child(아동의 권리에 관한 규약, 1991).[19] • United Nations(UN) (2000) Optional Protocol to the Convention on the Rights of Child on the Sales of Children, Child Prostitution and Child Pornography(아동의 매매 · 아동 성매매 및 아동 음란물에 관한 아동권리협약 선택의정서, 2004). • United Nations(UN) (2000) Optional Protocol to the Convention on the Rights of Child on the Involvement of Children in Armed Conflict(아동의 무력충돌 참여에 관한 아동권리협약 선택의정서, 2004).
강제실종	• United Nations(UN) (2006) International Convention for the Protection of all Persons from Enforced Disappearance.
장애인	• United Nations(UN) (2006) Convention on the Rights of Persons with Disabilities(장애인의 권리에 관한 규약, 2009).
이주 노동자	• International Labour Organization(ILO) (1949) Migration for Employment Convention(Revised) (No. 97). • International Labour Organization(ILO) (1975) Migrant Workers (Supplementary Provisions) Convention (No. 143). • International Labour Organization(ILO) (1975) Migrant Workers Recommendation(No. 151). • United Nations(UN) (1990) International Convention on the Protection of the Rights of All Migrant Workers and Members of Their Families.

주: 문서의 영문이름 뒤 ( ) 안 번역과 연도는 외교통상부 공식번역 명칭과 비준연도임.

❖ 인권의 8개 이슈

ISO 26000은 인권의 이슈로 (1) 상세검토, (2) 인권 위험상황, (3) 연루 회피, (4) 불만 해결, (5) 차별과 취약그룹, (6) 시민 · 정치권, (7) 경제 · 사회 · 문화권, (8) 근로에서의 근본원칙과 권리를 들었으며, 이를 ISO 26000 전체 구조 속에 표시하면

19) 이 책에서는 가능한 '아동' 대신 '어린이'라는 말을 사용하려 했으나, 정부가 공식 번역한 국제조약의 명칭에 '아동'으로 표기된 경우는 이를 받아들였다. 이하 같다.

그림 26 인권의 8개 이슈

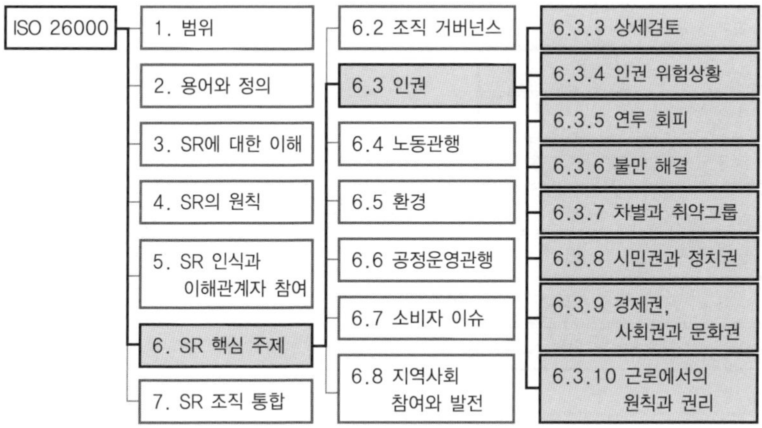

[그림 26]과 같다.

ISO 26000은 인권 이슈 8개를 특별한 원칙 없이 평면적으로 나열해, 이를 읽는 사람은 이 이슈들을 체계적으로 이해하기 어려울 수 있다. 따라서 이 책에서는 8개 인권의 이슈를 특성에 따라 [그림 27]과 같이 재분류해서 논의하려 한다.

8개 인권 관련 이슈 중 존중해야 할 인권 일반을 나타내는 이슈는 '시민 · 정치권'과 '경제 · 사회 · 문화권'이다. 그리고 이런 일반적 인권이 근로영역에 적용된 것이 '근로에서의 근본원칙과 권리'[20]이며, 인권 침해에 특히 취약할 수 있는 영역을 설

20) 이런 이유로 이 책에서는 '근로에서의 근본원칙과 권리'를 ISO 26000의 세 번째 사회책임 핵심 주제인 노동관행에서 다루었다. 그러나 '근로에서의 근본원칙과 권리' 중 일부는 기본인권에 가깝고, 다른 일부는 노동관행에 가깝다는 점을 이 장 뒷부분 '근로에서의 근본원칙과 권리'를 다루면서 소개한다.

그림 27 인권 8개 이슈의 재분류

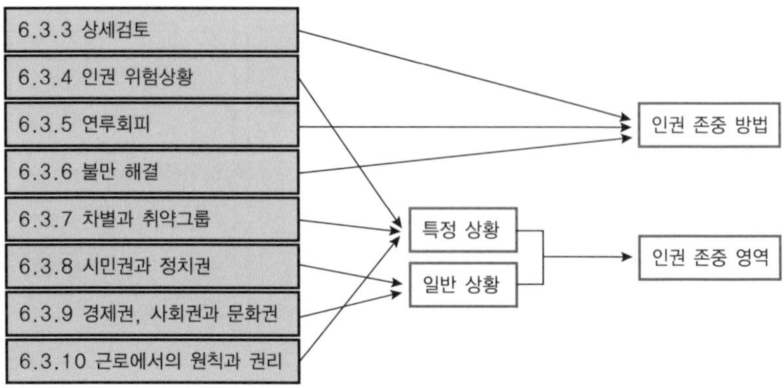

정한 것이 '인권 위험상황'과 '취약그룹'[21]의 문제라 할 수 있다. 나머지 '상세검토,' '연루 회피,' '불만 해결'은 인권을 존중하고 실현하기 위해 조직이 따라야 할 방법 중 중요한 요소를 강조한 것이라 할 수 있다.

우선 인권 존중의 일반 상황으로서 시민 · 정치권과 경제 · 사회 · 문화권에 대해 살펴보도록 하자.

❖ 인권 존중의 일반 상황

앞서 소개한 대로 ISO 26000은 세계인권선언 분류와 같이 인권을 크게 시민 · 정치권과 경제 · 사회 · 문화권으로 분류했다. 이런 분류는 〈표 19〉와 같은 인권분류이론에 기초한 것이다. 즉

21) ISO 26000에서는 차별과 취약그룹을 같은 이슈로 다루고 있지만, 세계인권선언에서 비차별(non-discrimination)은 인권의 일반원칙이므로, 이 책의 재분류 중 인권 존중의 영역으로 특정 상황은 차별을 제외한 취약그룹만 다루는 게 옳다고 본다.

표 19 인권분류이론과 인권 예

인권 3세대론	소극 · 적극 인권론	인권 예
1세대 인권 (자유)	소극적 인권	시민 · 정치권
2세대 인권 (평등)	적극적 인권	경제 · 사회 · 문화권
3세대 인권 (연대)		집단권

시민 · 정치권은 자유를 표방하는 1세대 인권으로서, 공권력이나 타인으로부터 부당한 침해를 받지 않을 소극적 권리를 중심으로 이루어져 있다. 반면, 경제 · 사회 · 문화권은 개인 간 평등을 표방하는 2세대 인권으로, 특정 상태를 추구할 적극적 권리를 중심으로 이루어져 있다.[22)]

시민 · 정치권과 경제 · 사회 · 문화권의 구체 내용에 대해서는 다양한 해석이 있을 수 있지만, 〈표 20〉은 인권에 관한 기본 문서로서 국제인권장전을 구성하는 세계인권선언과 시민 · 정치권 국제규약, 경제 · 사회 · 문화권 국제규약에 나타난 인권의 내용을 정리한 것이다.

표 20 국제인권장전의 인권

권 리	세계 인권선언	시민 · 정치권 국제규약	경제 · 사회 · 문화권 국제규약
자결권		제1조	제1조
생명권	제3조	제6조	
신체 자유와 안전권	제3조	제9조	

22) 〈표 19〉로부터 우리는 ISO 26000이 개인과 그룹 간 연대를 추구하는 3세대 인권에 대해서는 아직 명확하게 언급하지 않고 있음을 알 수 있다.

권 리	세계 인권선언	시민 · 정치권 국제규약	경제 · 사회 · 문화권 국제규약
노예 · 강제노동 받지 않을 권리	제4조	제8조	
고문 받지 않을 권리	제5조	제7조	
법 앞 인격 인정권	제6조	제16조	
법 앞의 평등 · 보호권	제7조	제26조	
자의적 체포 금지	제9조		
자유박탈시 인도적 취급받을 권리		제10조	
계약 의무 불이행 구금 금지		제11조	
외국인 추방시 적정과정 권리		제13조	
공정재판 권리	제10조	제14조	
형벌불소급 권리		제15조	
무죄추정권	제11조		
프라이버시권	제12조	제17조	
거주 · 이전 자유권	제13조	제12조	
망명권	제14조		
국적권	제15조		
가정 · 혼인권	제16조	제23조	제10조
재산권	제17조		
사상 · 양심 · 종교 자유권	제18조	제18조	
표현 자유권	제19조	제19조	
평화집회권	제20조	제21조	
결사 자유권	제20조	제22조	제8조
참정권	제21조	제25조	
전쟁 선전 · 증오 고취 금지		제20조	
어린이 권리		제24조	
소수민족권		제27조	

권 리	세계 인권선언	시민 · 정치권 국제규약	경제 · 사회 · 문화권 국제규약
사회보장권	제22조		제9조
근로권	제23조		제6조
공정 · 유리 근로조건 향유권	제23조		제7조
직업선택권	제23조		
실업보호권	제23조		
동일노동 동일보수권	제23조		제7조
휴식 · 여가권	제24조		제7조
적당한 생활수준 향유권	제25조		제11조
건강권			제12조
교육권	제26조		제13 · 14조
문화생활 참여 · 과학진보 향유 · 지재권 향유권	제27조		제15조

고문으로부터 자유로울 권리, 안전할 권리, 재산소유권, 형사상 기소에 처했을 때 정당한 법절차와 공정한 공판을 받을 권리, 언론과 표현의 자유, 평화로운 집회와 결사의 자유, 종교 선택과 종교생활의 자유, 신앙의 자유, 프라이버시, 가족 · 집 · 사신(私信)에 대한 임의개입으로부터 자유로울 권리, 명예나 명성에 대한 공격으로부터 자유로울 권리, 공공서비스 접근권, 선거참여권 등을 열거했다(26000 6.3.8.1절).

또한 경제 · 사회 · 문화권으로는 교육의 권리, 공정하고 호의적인 조건에서 일할 권리, 결사의 자유, 적절한 건강수준에 대한 권리, 본인과 가족의 신체적 · 정신적 보건과 행복에 적절한 생활수준을 영위할 권리, 의식주 · 의료 · 사회보호에 대한 권

리, 종교생활과 문화에 대한 권리 등을 들었다(26000 6.3.9.1절).[23)]

그러나 인권은 아무리 간단하게 요약해서 표현하더라도 기업에서 일하는 사람들이 이해하기 쉽지는 않다(UN, 2009). 이런 어려움을 줄이기 위해 기업에서의 인권문제를 지원하는 '인권에 관한 비즈니스 리더 이니셔티브Business Leaders Initiative on Human Rights(BLIHR)'와 같은 조직은 [사례 8]과 같은 인권 매트릭스를 개발해 기업의 인권 존중 노력을 돕고 있다.

사례 8 | BLIHR 인권 매트릭스

인권에 관한 비즈니스 리더 이니셔티브(Business Leaders Initiative on Human Rights: BLIHR)는 기업이 인권 관련 활동을 한 눈에 볼 수 있도록 2003년에 인권 매트릭스(Human Rights Matrix)를 개발했다.[24)] 또한 2009년에는 그동안의 운영경험을 살려 이용자 편의성을 더 높인 인권 매트릭스 웹버전(http://www.humanrights-matrix.net)을 개발하여, '인권에 관한 글로벌 비즈니스 이니셔티브(Global Business Initiative on Human Rights)'라는 이름으로 운영하고 있다.

가입 후 무료로 사용할 수 있는 이 분석도구는 기업의 사업영역(business area)을 고용, 근무지, 제품/서비스, 공급사슬, 보안, 지역사회, 사업행동의 7개로 나누고, 각 영역은 다시 하위 영역(sub-area)으

---

23) 두 범주의 인권에 대한 ISO 26000의 예시는 세계인권선언 같은 국제인권규범과 어느 정도 일치하지만, 결사의 자유와 종교생활이 양쪽에 모두 포함되는 등 앞으로 보다 엄밀한 분류작업이 필요하다. 그러나 〈표 20〉에서도 가정·혼인권이나 결사 자유권이 두 범주의 인권에서 같이 언급된 것을 볼 때, 엄밀한 분류작업보다 더 중요한 것은 인권을 이렇게 두 범주로 분류하는 것이 인권 존중 실천에 있어 어떤 차이를 갖는지를 검토하는 것일 것이다.

24) 이 인권 매트릭스는 [사례 5]에서 소개한 오스트리아의 석유·가스회사인 OMV의 인권 매트릭스와는 다른 것이다.

로 나누었다. 예를 들어 고용의 경우는 채용과 해고, 근무시간/휴가, 보수와 복지, 징계, 파업/노조/단체협상, 불만의 6개의 하위 영역으로 다시 나뉜다.

기업 담당자가 관심 영역을 선정한 후 자기 회사의 관련 사항을 입력하면 이 웹사이트는 해당 영역에 관련된 인권 존중을 위해 기업이 실천해야 할 필수사항(essential)과 추가사항(beyond essential)을 제시해준다.

필수사항의 예로는 다음과 같은 것이 있다.

- 차별받지 않을 권리: 승진은 경험이나 역량 같은 정당하고 차별하지 않는 사업 이유에 기초해서 이뤄지도록 하라.
- 주거 권리: 개인이 도움, 대변, 법률과정에 접근하지 못한 상태에서 자신의 거주지로부터 강제로 쫓겨나는 일을 만들지 마라.

또한 추가사항 예로는 다양성 프로그램, 구매팀에 대한 인권 훈련 등을 들었다.

출처: Human Rights Matrix(n.d.) The Human Rights Matrix, (http://www.humanrights-matrix.net/page1/assets/FLYER%20beta-1.pdf, 2011.2.5 검색).

이외에도 UN(2009)는 기업이 인권을 이해하는 데 도움을 받을 수 있는 자료로 UN 글로벌콤팩트, UN 인권 고등판무관실Office of the UN High Commissioner for Human Rights(OHCHR), 카스탄 인권법센터Castan Centre for Human Rights Law와 국제 비즈니스 리더스 포럼International Business Leaders Forum(IBLF)이 함께 펴낸 '번역된 인권: 기업 참고 가이드Human Rights Translated: A Business Reference Guide' (UNGC 외, 2008)를 권한다. 이 가이드는 약 150쪽 분량의 자료로, BLIHR 인권 매트릭스처럼 기업 담당자가 바로 이용할 수 있는 자료는 아니지만, 국제인권장전의 중요한 부분을 구성하는 시민 · 정치권 국제규약과 경제 · 사회 · 문화권 국제규약을 중심으로 개별 인권마다 3~4쪽의 분량으로 인권 내용을 설명하고, 기업사례와 행동지침을 제시하고 있기 때문에 인권 매트릭스와 함께 개별 인권을 기업경영의 맥락에서 보다 자세히 이해하는 데 도움이 된다.

❖ 인권 존중의 특정 상황

ISO 26000에서 제시한 인권의 하위 이슈 중 인권 존중의 특정 상황으로는 취약그룹과 인권 위험상황, 그리고 근로에서의 근본원칙과 권리를 들 수 있다.

(1) 취약그룹

ISO 26000에서 취약그룹vulnerable group은 "차별을 받거나 불리한 사회, 경제, 문화, 정치나 보건환경의 근거가 되고, 자신들의 권리를 달성하거나 그렇지 않으면 평등한 기회를 누릴 수단을 갖지 못하도록 하는, 하나 또는 몇 개의 특징을 공유하는 개인들의 그룹"으로 정의된다(26000 2.26절). ISO 26000은 취약그룹의 대표 사례로 여성과 여자 어린이, 장애인, 어린이, 선주민, 이주자, 혈통에 기초해서 차별받는 사람들, 인종에 기초해서 차별받는 사람들, 기타(고령층, 난민, 빈곤층, 문맹, HIV/AIDS 환자, 소수집단, 종교그룹 포함)를 제시하고, 각각의 그룹에 대해 조직이 취할 수 있는 행동과 기대를 간략하게 제시했다(26000 6.3.7.2절).[25]

또한 ISO 26000은 차별discrimination을 "(구분, 배제, 선호의) 고

25) 각 취약그룹에 대한 관련 행동과 기대는 생략한다.

려가 정당한 근거보다는 편견에 기반하고 있을 때, 대우나 기회의 평등을 효력 없게 만드는 모든 구분, 배제, 선호"로 정의했다(26000 6.3.7.1절). 결국 앞서 살펴본 인권의 특성과 비차별 원칙에 비추어, 차별은 인권 침해의 근본원인 중 하나이며, 사회 구성원 대부분이 그것을 차별로 인식하지 못할 정도로 차별이 뿌리 깊게 어떤 사회에 자리 잡은 결과가 취약그룹의 형태로 나타난다고 볼 수 있다.

따라서 위에 언급된 취약그룹에 대해서는 조직이 운영하면서 인식하지 못한 차별을 범할 수 있으므로 특히 주의를 기울여야 하며, 새로운 형태의 차별 논의에 대해서도 관심을 가져야 한다.[26)]

(2) 인권 위험상황

ISO 26000은 인권 위험상황human rights risk situation을 "인권 관련 도전과 딜레마에 직면하기 쉽고, 인권 침해의 위험이 악화될 수 있는, 특정 상황과 환경"으로 보고, 다음과 같은 상황을 예시했다(26000 6.3.4.1절).

- 충돌 또는 극단의 정치 불안, 민주 · 사법 시스템의 실패, 정치 · 시민권의 부재
- 빈곤, 가뭄, 극단의 건강 위험이나 자연재해
- 물, 산림, 대기 같은 자연자원에 중대한 영향을 미칠 수 있거나 지역사회를 혼란시킬, 채굴 또는 기타 활동에의 참여

26) 특히 노동관행과 관련된 전통적 차별 기준과 새롭게 등장하는 차별 기준에 대해서는 이 장 뒷부분 '근로에서의 근본원칙과 권리'에서 소개했다.

• 선주민 지역사회와 거리가 가까운 조직 운영
• 어린이에게 영향을 미치거나 어린이를 끌어들인 조직의 활동
• 부패 문화
• 법적 보호 없이, 비공식 근거에 의해 수행되는 근로를 포함하는, 복잡한 가치사슬
• 조직의 부지나 기타 자산의 안전을 보장하기 위해 필요한 포괄조치

ISO 26000이 예시한 인권 위험상황은 민주 · 사법 시스템의 실패나 부패 문화와 같이 오랫동안 유지되어 온 구조적 위험상황도 있고, 자연재해처럼 예상치 못하게 급히 일어나는 우발적 위험상황도 있다. 또한 채굴, 가치사슬, 안전 보장조치와 같이 조직이 어느 정도의 결정권을 행사할 수 있는 상황도 있고, 부패 문화나 자연재해와 같이 조직의 결정권 범위를 넘어선 상황도 있다.[27]

오랫동안 유지되어 온 구조적 인권 위험상황에 대해서 조직은 가능한 한 이런 상황에서 활동하지 않는 것이 좋다. 조직이 이런 상황에서 활동할 수밖에 없는 경우, 가능한 한 인권 침해에 연루되지 않도록 하고, 이미 발생한 인권 침해를 줄이는 데 기여할 수 있는 방법을 고려해야 할 것이다.[28] 자연재해와 같이

27) 이 책 제 6 장 '사회책임 범위의 확인'에서 인권 위험상황을 포함한 전반적 위험상황이 어떻게 조직의 사회책임 범위에 영향을 주는가를 살펴볼 것이다.

28) 그럼에도 불구하고 인권 침해 국가에서의 영업과 같이, 조직이 오랫동안 유지된 인권 위험상황에서 활동하기로 결정한 경우는 인권 침해 연루의 도전을 받을 가능성은 크다.

예상치 못하게 진행되는 인권 위험상황은 상세검토의 여유가 없기 때문에 유사 사례를 통한 대비절차를 미리 마련해 두고 대처할 필요가 있다.

인권 위험상황이 취약그룹과 결합되면 더욱 어려운 상황이 된다. 앞서 예시 중 어린이나 선주민의 예가 그런 사례인데, 이 경우는 더욱 세심한 주의가 필요하다.

(3) 근로에서의 근본원칙과 권리

이외에 인권 존중의 특정 상황으로 ISO 26000은 근로에서의 근본원칙과 권리가 제시했다. 근로에서의 근본원칙과 권리가 기본 인권으로서 국제사회에서 채택되었기 때문에, 그 중요성을 감안해서 인권 부분에서 다룬다고 ISO 26000은 설명했다(26000 6.3.10.1절). 그러나 이 책에서는 이 이슈를 ISO 26000의 사회책임 세 번째 핵심 주제인 노동관행에 함께 이 장 뒷부분에서 소개하려 한다.

❖ 인권 존중의 방법

인권 존중의 방법과 관련된 이슈인 상세검토(26000 6.3.3절), 연루회피(26000 6.3.5절), 불만해결(26000 6.3.6절)은 인권에만 한정된 내용이 아니며, 사회책임 전반의 실천과정과 관련된 내용이기 때문에 이 책 제6장에서 함께 살펴보기로 한다.

핵심 주제(3): 노동관행

ISO 26000이 말하는 조직의 노동관행이란 “하청근로를 포함해, 조직 내에서, 조직에 의해, 또는 조직을 대신해 수행되는 근로와 관련된 모든 정책과 관행all policies and practices relating to work performed within, by or on behalf of the organization, including subcontracted work"을 말한다(26000 6.4.1.1절). 이런 의미에서 ISO 26000은 피고용인employee과 근로자worker를 구분해서 사용한다. ISO 26000에서 피고용인이란 "국내법이나 관행상 '고용관계'로 인식되는 관계 속에 있는 개인individual in a relationship recognized as an 'employment relationship' in national law or practice"이며(26000 2.5절), 근로자란 "피고용인이거

그림 28 근로, 노동, 피고용 개념 구분

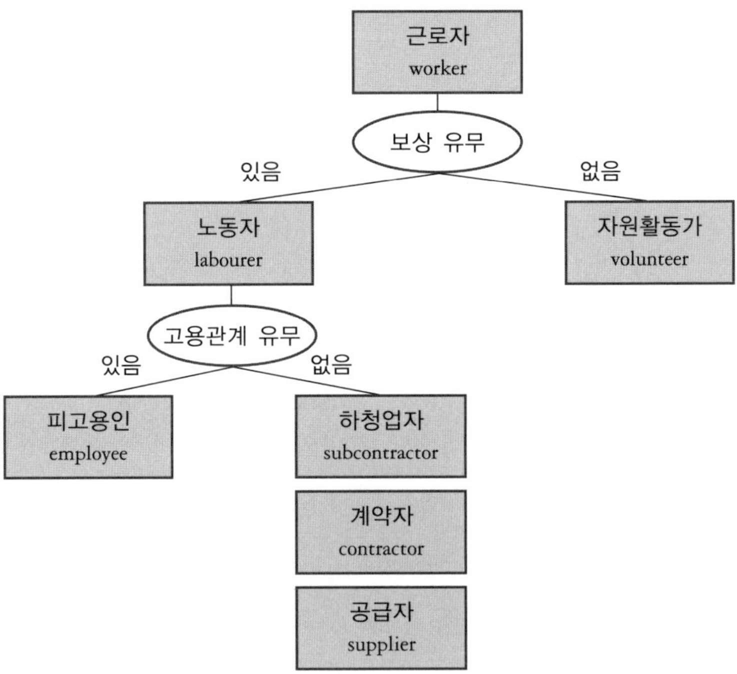

나 자영업자이거나 관계없이, 근로를 하는 사람person who performs work, whether an employee or someone who is self-employed"(26000 2.27절)이다. 이렇듯 ISO 26000의 정의 속에서 근로자는 피고용인보다 넓은 의미를 가진다(26000 2.5절).

여기에 더해 ISO 26000에서 노동labour은 "보상을 위해 수행된 근로work performed for compensation"로 이해되어, 진정한 자원활동가volunteer의 활동을 포함하지 않기 때문에(26000 6.4.3.1절), ISO 26000이 생각하는 근로, 노동, 피고용 개념 간 구분을 그림으로 정리해보면 [그림 28]과 같다.

ISO 26000의 노동관행은 우리가 보통 노동관행의 사회책임을 적용하던 조직의 피고용인뿐 아니라, 조직과 고용관계가 없지만 근로를 제공하고 있는 하청업자, 계약자 등을 포함한 모든 근로자를 대상으로 한다는 점에 주의해야 한다.[29] 근로가 조직과 고용계약에 의해 수행되든, 상업계약에 의해 수행되든, 모든 계약 당사자들은 근로와 관련된 그들의 권리와 책임을 이해할 자격이 있으며, 계약 조건이 지켜지지 않는 경우 적절한 청구권을 행사할 자격이 있다(26000 6.4.3.1절). 더욱이 자원활동가의 경우도 조직이 부담해야 할, 법률에 의한 의무는 다해야 한다고 명시했기 때문에(26000 6.4.3.1절), ISO 26000의 고용관행은 사실상 모든 형태의 근로자에게 적용된다고 할 수 있다.

그러나 실제로는 우리 조직에 서비스를 판매한 다른 조직의 피고용인이 직접 우리 조직에 와서 서비스를 제공하는 경우라든가 판매한 제품을 배달해 주기 위해 우리 조직을 수시로 방문하

29) 뒤에 살펴볼 노동관행 관련 이슈에서 ISO 26000은 노동관행 이슈의 적용 대상으로 '피고용인(employees)'이란 말 대신 '근로자(worker)'란 말을 일관되게 사용하고 있음을 확인할 수 있다.

는 납품업체 직원이 있는 경우 고용관행과 관련된 우리 조직의 사회책임의 대상을 결정하는 것이 쉽지는 않다. ISO 26000의 해석에 따르면 이런 직원들도 근로자의 범주에 포함되기 때문에, 실제로는 이들을 우리 조직이 부담해야 할 노동관행 관련 사회책임의 직접대상으로 삼아야 하지만, 실제로는 서비스나 제품을 공급하는 조직을 통해 바람직한 노동관행이 유지되도록 하는 가치사슬 관리 방식을 취하는 것이 현실적일 것이다.[30] 다만 이런 경우 가치사슬 내 다른 조직에 사회책임을 제대로 수행하도록 요구했다는 것만으로 우리 조직이 취해야 할 노동관행 관련 사회책임을 다했다고 보기 어렵다는 것이 ISO 26000의 취지가 아닐까 생각한다.

그림 29 노동관행의 5개 이슈

30) 이 부분에 관해서는 이 장 뒷부분 '가치사슬에서 사회책임 촉진'과 관련해서 논의한다.

❖ 노동관행의 5개 이슈

ISO 26000은 노동관행 이슈를 [그림 29]와 같이 (1) 고용과 고용관계, (2) 근로조건 및 사회보호, (3) 사회적 대화, (4) 근로에서의 보건과 안전, (5) 근무지 인간개발과 훈련의 5가지로 제시했다. 여기서는 이 5개 이슈에 더해 앞서 인권의 하위 이슈로 노동관행과 관련해서 다루기로 한 '근로에서의 근본원칙과 권리'를 살펴본다.

인권의 하위 이슈에서와 마찬가지로 노동관행의 하위 이슈에서도 ISO 26000은 5개 이슈를 별다른 논리나 연관 없이 나열하고 있다. 그러나 이들 하위 이슈를 자세히 살펴보면, 조직의 고용관행 범위에 들어오는 것을 대상으로 하는 '고용과 고용관계', 그리고 고용관행 범위에 들어온 이후 내용에 관한 '근로에서의 근본원칙과 권리,'[31] '근로조건과 사회보호,' '근로에서의 보건과 안전,' '근무지에서의 인간개발과 훈련,'[32] 그리고 노동관행 전반에 관한 의사소통 제도로서 '사회적 대화'의 세 범주로 나눌 수 있다.

❖ 고용과 고용관계

ISO 26000은 고용이 인간개발human development을 위해 중요하

---

31) '근로에서의 근본원칙과 권리'는 노동관행 범위에 들어온 이후의 내용뿐 아니라, 노동관행의 범위에 들어오는 과정까지도 포함하고 있음을 이 장 '인권 존중의 특정 상황'에서도 언급했으며, 뒷부분에서 '근로에서의 근본원칙과 권리'를 다루면서 다시 살펴본다.

32) '근로조건과 사회보호,' '근무지에서의 인간개발과 훈련'은 넓게는 노동관행의 범위에 들어온 이후의 내용이지만, 조금 더 나눠본다면 퇴직 등 해당 조직의 노동관행의 범위를 벗어나는 과정까지도 함께 담고 있다.

다고 했다(26000 6.4.3.1절). ISO 26000이 바라보는 인간개발이란 "사람들의 역량과 기능을 늘려 선택을 확장하는 과정the process of enlarging people's choices by expanding human capabilities and functioning"과 "정치·경제·사회적 기회에의 접근access to political, economic, and social opportunities"을 포함한다(26000 6.4.7.1절).[33]

ISO 26000은 고용과 관련해서 몇 가지 관련 행동과 기대를 제안했지만, 이 속에는 여러 가지 내용이 함께 들어 있어 이를 구분해서 살펴볼 필요가 있다.

첫째, ISO 26000은 조직이 고용자로서 사회에서 가장 널리 받아들여지는 목표 중 하나인, 완전하고 보장된 고용과 제대로 된 근로를 통한 생활수준 개선에 기여할 것을 제안한다(26000 6.4.3.1절). 이 제안 속에서만 3개의 성격이 다른 고용 관련 내용을 담고 있다. 일반적으로 완전한 고용이라고 하면 조직이 고용 자체를 늘려 경제 전체로 볼 때 일할 수 있는 사람들이 모두 고

33) 인간개발 개념은 이 책 제4장 '사회정의와 인권 존중'에서 소개한 역량이론과 관련이 깊다. 개개인이 자신의 삶을 스스로 만들어가는 능력을 키우기 위해서 고용이 중요하다는 것이다.

그러나 ISO 26000은 앞서 [그림 28]로 애써 구분했던 근로, 노동, 고용의 개념을 인간개발이나 역량이론 논의에 명확하게 연결시키지 못하고 있다. 인간 역량을 키워 인간개발을 달성하기 위해서 필요한 것은 고용보다 넓은 의미의 근로다. 인간은 근로를 통해서 자신을 실현하고 사회관계 속에서 자신의 가치를 찾는 능력을 얻게 되며, 여기에는 [그림 28]과 같이 보상을 받고 하는 노동뿐 아니라, 보상 없이도 하는 자원활동이 포함된다.

다만 인간개발의 한 필요조건으로 소득도 필요하기 때문에 보상을 목적으로 하는 근로의 한 부분인 노동은 또 다른 이유에서 중요하다. 그리고 그 노동 중 해당 조직과 고용관계를 형성한 것이 고용인 것이다. 다시 말해 인간개발에 중요한 것은 근로이며, 근로는 자기실현을 위해 그 자체로 중요하기도 하고, 인간개발의 한 필요조건으로서 소득을 얻기 위한 노동의 보상으로도 중요한 것이다. 따라서 ISO 26000이 보상에만 초점을 맞춘, 그 중에서도 고용관계 형성을 전제로 한 고용만을 인간개발과 연결시킨 것은 옳지만 전체를 파악한 것은 아니라고 할 수 있다.

용되도록 하는 것을 의미한다. 반면 고용의 보장은 앞의 완전고용과 관련이 있기는 하지만 이미 이루어진 고용관계를 가능한 한 안정적으로 유지하는 것을 말한다. 끝으로 근로를 통한 생활수준 개선은 노동관행의 다른 이슈인 '근로조건과 사회보호,' '근로에서의 보건과 안전,' '근무지에서의 인간개발과 훈련' 모두와 관련된다.

둘째, 고용에 영향을 주는 직장폐쇄와 같은, 조직 운영상의 변동을 조직이 고려할 경우, 근로자 대표가 있는 경우 이들에게 합리적으로 적시정보를 제공하며, 이로 인해 야기될 해로운 영향을 가능한 최소화하는 방안을, 이들과 함께 고려하는 게 좋다(26000 6.4.3.2절).

셋째, ISO 26000은 조직이 필요로 하는 모든 근로가 법적으로 피고용인으로 인정되거나 법적으로 자영업자로 인정되는 남성과 여성에 의해 수행됨을 확실히 할 필요가 있다고 했다. 법률이 고용자인 조직에게 부과하는 피고용인에 대한 의무를 회피하려고, 그냥 두었으면 법률에 따른 고용관계로 인정받을 관계를 고용관계가 아닌 것으로 위장해서는 안 된다고도 했다(26000 6.4.3.2절).

이렇게 정리한 세 가지 내용은 모두 고용과 관련된 내용이지만, 각각의 성격이 다른 내용을 '고용과 고용관계'라는 이슈에 모두 담을 경우 이슈 자체의 의미가 불분명해지고 혼란스러울 수 있다.

위 세 내용 중에서 마지막 내용, 즉 고용관계로 인해 부과되는 의무를 회피하기 위해 이를 위장하는 것만 '고용과 고용관계'에서 따로 다루고 나머지 두 내용은 ISO 26000의 다른 관련

부분에서 함께 다루면 된다.

첫째, 고용 창출과 유지는 ISO 26000의 다른 사회책임 핵심 주제인 '지역사회 참여와 발전'의 하위 이슈인 '고용 창출'과 연결되기 때문에 이 이슈와 함께 다루면 된다.[34] 적극적인 인력 계획을 실행하여, 근로의 본질이 진정으로 단기적이거나 계절적인 경우를 제외하고는, 시시때때로의 필요에 따라 수행되는 근로나 임시변통의 근거로 수행된 근로를 지나치게 사용하지 않는 게 좋다고 한 ISO 26000의 '고용과 고용관계' 권고도(26000 6.4.3.2절) 고용 창출에서 다룰 수 있으리라 본다.

둘째, 앞서 살펴 본 것과 같이 근로를 통한 생활수준 개선은 노동관행의 다른 이슈인 '근로조건과 사회보호,' '근로에서의 보건과 안전,' '근무지에서의 인간개발과 훈련' 모두와 관련되어 있어서 '고용과 고용관계'라는 별도 이슈로 취급할 필요는 없다.[35]

셋째, 고용에 영향을 주는 결정에 대한 정보 제공과 부정영향 최소화 노력도 근로자는 물론 어떤 이해관계자와도 사회책임 실천 과정에서 다뤄져야 할 문제이므로, 사안의 중대성은 인정하더라도 따로 고려하기보다 '의사소통' 등 사회책임 실천과정

34) 다만 앞서 인간개발에 있어 고용의 의미를 다루었기 때문에 이 내용은 고용을 넘어서 확대되는 것이 더 바람직하다. 예를 들어 고용 창출보다는 [그림 28]에서 보상은 받지만 고용관계 이외의 근로를 제공하는 하청, 계약 등의 관계까지 포함한 소득 창출이 인간개발과 관련해서 더 큰 의미를 가지며, 이보다 더 큰 의미는 기능개발, 교육, 문화 등과 연결되는 근로 자체에 있다.

35) 여기서 노동이나 고용이 아닌 근로를 통한 생활수준 개선으로 한 것이 ISO 26000이 따로 의도한 것인지는 확실하지 않으나, 앞에서 계속 제기한 대로 생활수준이나 인간개발의 대상은 근로 자체로 넓게 보아야 하는데, 이렇게 되면 생활수준 개선은 물질보상의 지급을 넘어서 생각해야 한다.

에 포함시키는 것이 옳다고 생각한다.

❖ 근로에서의 근본원칙과 권리

ILO는 ILO협약 중 가장 기본적인 근로자 권리를 다루는 4개 분야 8개 협약을 근본협약Fundamental Convention으로 지정하고 있는데, 이를 요약하면 〈표 21〉과 같다.

ISO 26000도 ILO 근본협약에 기초해서 다음과 같은 네 가지를 '근로에서의 근본원칙과 권리'로 제시했다(26000 6.3.10.2절).

- 결사의 자유와 단체협상권의 효과적인 인식
- 모든 형태의 강제노동 또는 의무노동의 제거
- 어린이노동의 효과적인 폐지
- 고용과 직업 관련 차별 제거

표 21 ILO 근본협약

분야	협약번호	협약명(채택연도)
결사의 자유	제87호	결사의 자유 및 단결권 보호에 관한 협약(1948)
	제98호	단결권 및 단체교섭권 원칙의 적용에 관한 협약(1949)
강제 노동	제29호	강제노동에 관한 협약(1930)
	제105호	강제노동의 폐지에 관한 협약(1957)
어린이 노동	제138호	취업의 최저연령에 관한 협약(1973)
	제182호	가혹한 형태의 아동노동 철폐에 관한 협약(1999)
차별 금지	제100호	동일가치 노동에 대한 남녀근로자의 동일보수에 관한 협약(1951)
	제111호	고용 및 직업에 있어서 차별대우에 관한 협약(1958)

출처: 노한균(2007a), p. 87.

ISO 26000은 이 내용이 노동이슈이지만, 국제사회가 채택한 기본인권이기 때문에 인권 부분에서 다룬다고 설명했다(26000 6.3.10.1절). 하지만 이들 권리는 조직에 대한 근로 제공이라는 관계가 전제가 되기 때문에 이 책에서는 노동관행과 함께 다룬다.[36)]

(1) 결사 자유와 단체협상권

결사 자유와 단체협상에 관한 내용은 다음 세 가지로 구분할 수 있다(26000 6.3.10.3절).

첫째, 근로자는, 관련 조직의 규칙만을 조건으로 해서, 어떠한 사전 승인 없이 스스로 선택에 따른 조직을 설립하고 그에 가입할 권리가 있다.

둘째, 조직은 단체협상의 목적을 위해 근로자가 구성하거나 참여한 대표 조직을 인정하는 게 좋다. 근로자가 그렇게 선택한 경우, 고용 조건은 자발적 단체협상을 통해 정해질 수 있다. 단체협약에는 분쟁 해결을 위한 조항이 포함되는 게 좋다.

셋째, 조직은 근로자 대표가 자신의 업무를 효과적으로 실행할 수 있고 간섭 없이 역할을 수행할 수 있도록 이들에게 적

---

36) 보다 엄밀히 살펴보면 근로에서의 근본원칙과 권리는 조직에 대한 근로 제공의 관계를 가지게 되는 단계에서 적용되는 권리와 근로 제공의 관계 형성 이후 적용되는 권리로도 구분될 수 있다. 강제노동과 어린이노동은 근로 제공 관계 형성 자체에 관한 것인 반면, 결사와 단체협상은 근로 제공 관계 형성 이후에 적용되는 권리다. 반면 차별은 두 과정에서 모두 적용된다. 예를 들어, 채용 차별은 관계 형성 자체에 관한 것이고, 승진이나 보수 차별은 관계 형성 이후에 적용되는 것이다. 이런 취지에서 관계 형성 자체에 관한 권리는 기본인권으로 볼 수 있어 ISO 26000의 사회책임 핵심 주제 중 인권에 더 가까우며, 관계 형성 이후의 권리는 노동관행에 더 가깝다고도 볼 수 있다.

절한 시설을 제공하는 게 좋다. 근로자 대표는 의미 있는 협상에 필요한 정보를 제공받는 게 좋다.

(2) 강제 · 의무노동 제거

조직은 강제노동 또는 의무노동에 관여하거나 그로 인해 이득을 누리려고 해서는 안 된다. 불이익 위협이 있거나 근로가 자발적으로 이뤄지지 않는 때에는, 조직은 어떤 사람에게서도 근로나 서비스를 받아서는 안 된다. 수감자가 아직 법정에서 유죄를 선고받지 않았거나, 수감자의 노동이 공권력의 감독과 통제 아래 있지 않을 경우, 조직은 수감노동에 관여하거나 이로부터 이익을 얻어서는 안 된다. 나아가, 무엇보다도 공정하고 제대로 된 고용조건으로 입증될 수 있듯이 자발성에 기초하여 수행되지 않았을 경우, 민간 조직은 수감노동을 이용해서는 안 된다(26000 6.3.10.3절).

(3) 어린이노동 폐지

조직이 고용할 수 있는 최저연령은 〈표 22〉와 같으며, 보다 상세한 내용은 〈표 21〉에 정리된 어린이노동 관련 ILO협약을

표 22 고용 최저연령

	선진국	개도국
일상 근로	최소 15세	최소 14세
위험 근로	18세	18세
가벼운 근로	13세	12세

출처: ISO(2010), p. 33, 저작 번역.

참조할 수 있다.

조직은 어떤 형태의 어린이노동 사용에 관여하거나 이를 통해 이익을 얻어서는 안 된다. 조직의 운영 또는 영향권 내에서 어린이노동을 행하고 있다면, 가능한 한 해당 어린이가 근로를 하지 않도록 할 뿐만 아니라, 어린이들에게 적절한 대안, 특히 교육을 제공하는 게 좋다(26000 6.3.10.3절).

그러나 ISO 26000은 어린이에게 해를 주지 않거나, 학교 참석이나 (휴양 활동 같은) 아동의 충분한 발달에 필요한 다른 활동을 방해하지 않는 가벼운 근로는 어린이노동으로 간주되지 않는다고 했다(26000 6.3.10.3절).

(4) 차별 제거

조직의 고용 정책과 관행, 수입, 고용 조건, 훈련과 승진 접근, 고용 종결에 관한 결정은 해당 근로 수행에 필요한 사항에만 기초하는 게 좋다. 피해야 할 차별 기준으로는 인종, 피부색, 성별, 종교, 출신국가, 사회출신, 정치견해, 나이, 장애와 같은 전통적 기준뿐 아니라, 결혼상황, 가족상황, 개인관계, HIV/AIDS 상황 같은 새롭게 등장하고 있는 기준도 있다(26000 6.3.10.3절).

조직은 기회 평등과 비차별을 촉진하기 위한, 자신의 정책과 활동의 영향을 정기적으로 평가하는 게 좋다. 또한 취약그룹의 보호와 발전을 가능하게 하는, 긍정적인 조치를 취하는 게 좋다. 예를 들어 장애인이 적합한 조건으로 생계를 유지하는 것을 돕기 위해 근무지를 세운다거나, 청·장년 근로자 고용, 여성의 평등한 고용기회를 보장하고, 여성이 고위직에 좀 더 균형을 맞춰 진출하도록 하는 것이 포함될 수 있다(26000 6.3.10.3절).

❖ 근로조건과 사회보호

(1) 근로조건

ISO 26000에 따르면 근로조건conditions of work은 임금과 그 외의 보상, 근로시간, 휴식기간, 휴가, 징계와 해고 관행, 모성보호와 안전한 식수, 위생 시설, 식당, 의료 서비스 접근과 같은 복지 사안을 포함한다(26000 6.4.4.1절).

ISO 26000은 조직의 근로조건이 국내법과 규정을 준수하고, 적용할 수 있는 국제 노동기준을 지키고 있음을 보장하도록 권장한다(26000 6.4.4.2절). 특히 해당 법률이 아직 채택되지 않은 국가의 경우, 적어도 ILO가 정한 국제 노동기준에 정의된, 임금, 근로시간, 주별 휴식, 휴가, 보건과 안전, 모성 보호, 근로와 가족에 대한 책임의 결합능력 관련 최소조항을 준수하는 게 좋다.

조직은 국내법, 규정, 단체협약에 따른 임금과 그 외의 보수를 제공하되, 근로자와 그 가족의 욕구에 최소한 적절한 임금을 지불하는 게 좋다(26000 6.4.4.2절). 이때 조직은 국가의 일반 임금 수준, 생계비, 사회 보장 급부와 다른 사회그룹의 상대적 생활수준을 고려하는 게 좋다. 또한 경제 발전의 요구조건, 생산성 수준과 높은 수준의 고용을 얻고 유지하는 것의 바람직함 등과 같은 경제요인도 고려하는 게 좋다.

임금 및 근로조건을 결정하는 데 있어, 조직은 단체협상을 위한 국가 시스템에 따라, 근로자들과, 또는 근로자들이 희망하는 경우, 그들의 대표자들, 특히 노동조합과 단체협상을 하는 게 좋다(26000 6.4.4.2절).

같은 가치의 근로에 대해 같은 보수를 제공하고, 법, 규정 또는 단체협약이 허용하는 어떤 제한이나 공제만을 조건으로 해서, 임금은 해당 근로자에게 직접 지불하는 게 좋다(26000 6.4.4.2절).

조직은 법, 규정 또는 단체협약을 통해 정해진 정상적 또는 합의된 근로 시간을 따르는 근로자의 권리를 존중하는 게 좋다. 또한 피고용인에게 주별 휴식과 유급연차휴가를 제공하는 게 좋다(26000 6.4.4.2절).

근로자가 제대로 된 근로와 삶의 균형을 달성하는 것을 도울 수 있는, 합리적 근로시간, 부모휴가, 그리고, 가능한 경우, 보육시설과 기타시설을 제공함으로써, 가족에 대한 근로자의 책임을 존중하는 게 좋다. 또한 가능하다면 근로자가 자신의 국가나 종교의 전통과 관습을 지키는 것을 허락하는 게 좋다(26000 6.4.4.2절).

법, 규정 및 단체협약에 따라 근로자의 초과근로를 보상하는 게 좋다. 근로자에게 초과근로를 요청할 경우, 조직은 관련 근로자의 이해, 안전과 행복, 그리고 근로에 내재된 어떠한 위험도 고려하는 게 좋다. 조직은 의무적이거나 보상하지 않는 초과근로를 금지하는 법과 규정을 준수하며, 강제노동에 관한 근로자의 기본인권을 존중하는 게 좋다(26000 6.4.4.2절).

(2) 사회보호

사회보호social protection란 “고용상해, 질병, 모성, 부모 역할, 노령, 실업, 장애나 기타 금융상 어려움의 경우, 소득 감소나 손실을 완화하기 위한, 그리고 의료나 가족 급부를 제공하기 위한 모든 법적 보증과, 조직의 정책과 관행"을 의미한다(26000 6.4.4.1절).

ISO 26000은 조직이 운영되는 국가에서 근로자의 사회보호 제공에 관한 어떤 의무도 준수할 것을 권장한다(26000 6.4.4.2절).

❖ 근로에서의 보건과 안전

근로에서의 보건과 안전은 근로자의 최상 수준의 신체적, 정신적, 사회적 행복의 촉진과 유지, 그리고 근로조건으로 인해 야기될 수 있는 건강 피해를 예방하는 것을 다룬다(26000 6.4.6.1절).

조직은 직업 관련 보건과 안전 정책을 개발, 실행 및 유지하는 게 좋다. 제거, 대체, 공학통제engineering controls, 행정통제administrative controls, 근로절차 및 개인보호 장비 등 통제계층hierarchy of controls을 포함한, 보건 및 안전 관리의 원칙을 이해하고 적용하는 게 좋다. 또한 조직 활동과 관련된 보건과 안전 위험을 분석하고 통제하는 게 좋다. 모든 보건과 안전사고와 문제를 줄이거나 제거하기 위해, 이를 기록하고 조사하는 게 좋다. 직업안전 및 보건 위험이 여성(임산부, 근래 아기를 낳았거나 모유를 먹이는 여성), 혹은 남성, 또는 장애가 있거나 숙련되지 않고 어린 노동자에게 다르게 영향을 끼칠 수 있는 구체적 방식을 다루는 게 좋다. 또한 스트레스와 질병을 유발하거나 일으키는 근무지에서의 심리사회적 위험을 제거하기 위해 노력하는 게 좋다(26000 6.4.6.2절).

조직은 근로자가 항상 모든 안전관행을 따르도록 하는 요구조건을 알려주고, 근로자가 적절한 절차를 따르고 있음을 확실히 하는 게 좋다. 또한 모든 직원들에게 모든 관련 사안들에 대한 적절한 훈련을 제공하고, 긴급상황 대처는 물론 직업상해, 질병과 사고 예방에 필요한, 개인 보호장비를 포함한, 안전장비를 제공하는 게 좋다(26000 6.4.6.2절).

근무지의 보건 및 안전 조치가 근로자의 금전지출을 포함해서는 안 된다는 원칙을 존중하고, 하청계약 근로자뿐만 아니라 비상근과 임시 근로자들도 평등한 보건 및 안전 보호를 제공하는 게 좋다(26000 6.4.6.2절).

조직의 보건, 안전 및 환경 조치는 노사공동 보건·안전위원회와 같이 관련 근로자 참여에 기초하고, 다음과 같은 근로자의 권리를 인정하고 존중하는 게 좋다(26000 6.4.6.2절).

- 보건 및 안전의 위험과 이들 위험을 다루는 데 사용된 최적관행에 대해 적시의, 충분하며 정확한 정보를 얻을 권리
- 근로자 근로와 관련된 보건 및 안전의 모든 측면을 자유롭게 조사하고 의견을 제시할 권리
- 근로자의 삶이나 건강, 또는 타인의 삶과 건강에 곧 닥치거나 심각한 위험을 줄 것으로 합리적으로 여겨지는 근로를 거절할 권리
- 근로자 조직과 고용주 조직, 그리고 전문지식을 보유한 다른 사람으로부터 외부조언을 구할 권리
- 관련 당국에 보건 및 안전 사안을 보고할 권리
- 사건과 사고의 수사를 포함한, 보건 및 안전 결정과 활동에 참여할 권리
- 위의 모든 사항들을 실행함에 있어 보복의 위협으로부터

자유로울 권리

❖ 근무지에서의 인간개발과 훈련

조직은 근로 경험의 모든 단계에 있는, 다시 말해 미숙련부터 숙련에 이르는 모든 근로자에게, 평등하고 비차별적인 기초 위에서, 기능개발, 훈련, 견습직 및 경력발전의 기회에 접근할 수 있도록 제공하는 게 좋다. 또한 필요한 경우에는 정리해고된 근로자가 새로운 고용을 찾는 데 대한 지원, 훈련 및 상담에 접근하는 것을 돕도록 보장하는 게 좋다. 또한 보건과 행복을 증진하는 노사 공동 프로그램을 만드는 게 좋다(26000 6.4.7.2절).

❖ 사회적 대화

사회적 대화social dialogue는 경제적, 사회적 관심사와 관련된 공통이해사안에 대한 정부, 고용자, 근로자 대표 사이에 이뤄지는, 모든 형태의 협상, 협의, 정보 교환을 포함한다(26000 6.4.5.1절).

ISO 26000은 조직이 국제기준을 포함해서, 사회적 대화 제도의 조직들과 적용 가능한 단체협상 구조의 중요성을 인식할 것을 권장한다.

가능한 한, 그리고 합리적이고 방해되지 않는 정도에서, 적법한 절차에 따라 지명된 근로자 대표가 권한 있는 결정자, 근무지, 또한 그들이 대표하는 근로자, 그들의 역할 수행에 필요한 시설에 접근할 수 있도록 하고, 조직의 재정 및 활동에 대한 사실적이고 공정한 파악에 필요한 정보에 접근할 수 있도록 하는 게 좋다(26000 6.4.5.2절).

또한 국제적으로 인정되는 결사와 단체협상의 자유 행사를 제한하도록 정부를 부추기는 행위를 하지 않는 게 좋다(26000 6.4.5.2절).

핵심 주제(4): 환경

ISO 26000이 정의하는 환경environment이란 "조직이 운영되고 있는, 자연 주변환경natural surroundings in which an organization operates"을 의미하며, 대기, 물, 토지, 자연자원, 식물, 동물, 사람, 우주 공간 및 그들의 상호관계를 포함한다. 또한 주변환경이란 개념은 조직 내부에서부터 지구시스템까지 연결되는 개념이라고 한다(26000 2.6절).

ISO 26000은 조직이 환경 이슈를 다룰 때, 다음 환경원칙들을 존중하고 촉진할 것을 권장한다(26000 6.5.2.1절).

- 환경책임environmental responsibility
- 사전주의(注意) 접근방식precautionary approach[37)]
- 환경위험관리environmental risk management
- 오염자 부담polluter pays

❖ 환경의 4개 이슈

ISO 26000은 환경 관련 이슈로 [그림 30]과 같이 (1) 오염 예방, (2) 지속가능한 자원 이용, (3) 기후변화 완화와 적응,

37) 사전주의 접근방식이란 환경이나 인간 보건에 심각하거나 돌이키기 어려운 피해의 위협이 있을 경우, 환경 침해나 인간 보건에 대한 피해를 방지하는, 비용효과적인 조치들을 연기하는 이유로 충분한 과학적 확실성이 없음을 활용해서는 안 된다는 뜻이다.

그림 30 환경의 4개 이슈

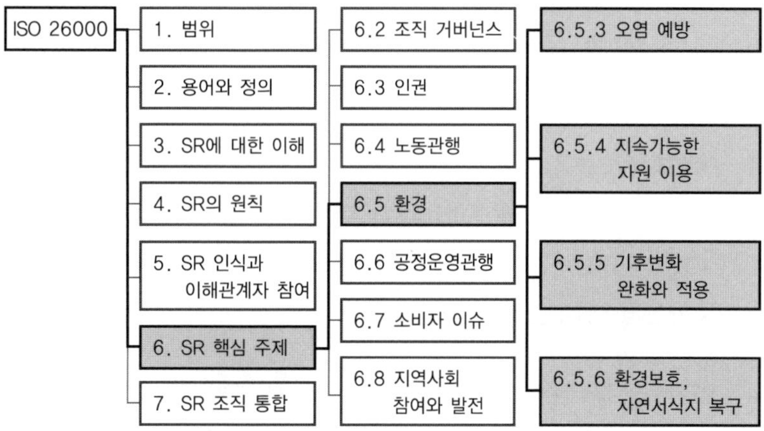

(4) 환경 보호, 생물다양성, 자연 서식지 보호의 4개를 들었다. 환경의 4개 이슈도 자연자원의 활용을 다루는 지속가능한 자원 이용에서 시작해서, 폐기물을 다루는 오염 예방과 그에 따른 특정현상으로서의 기후변화 문제, 그리고 조직의 운영과 직접 관련이 없는 자연환경의 보전까지 고려하는 환경보호의 순서로 이슈를 살펴보는 것이 보다 체계적이라고 생각한다.

❖ 지속가능한 자원 이용

재생가능 자원을 지속가능하게 이용한다는 것은 자연히 다시 보충되는 속도보다 느리거나 같은 속도로 이들 자원을 이용되는 것을 말한다. 화석연료, 금속, 미네랄과 같은 재생 불가능한 자원의 경우는 장기적 지속가능성을 위해 이들 자원의 이용률이 재생가능한 자원이 이들을 대체할 수 있는 속도보다 낮을 필요가 있다(26000 6.5.4.1절).

ISO 26000은 조직이 지속가능한 자원 이용의 효율 개선을 위해 노력할 네 가지 핵심 영역은 다음과 같이 제시했다(26000 6.5.4.1절).

- 에너지 효율
- 물 보존, 사용과 물에 대한 접근
- 재료 이용상의 효율성
- 제품의 최소화된 자원 요구

이를 위해 조직은 자신의 모든 활동과 관련해서 에너지, 물 및 기타 이용된 자원의 출처를 식별하는 게 좋고, 이들 자원의 중대한 이용을 측정, 기록, 보고하는 게 좋다(26000 6.5.4.2절).

또한 최적관행지표와 다른 벤치마크를 고려하여, 조직의 에너지, 물 및 기타 자원의 이용을 줄일 수 있는 자원 효율성 조치를 실행하는 게 좋다. 가능한 경우, 재생 불가능 자원을, 대체할 수 있는 지속가능하고 재생가능한 자원과 환경에 대한 영향이 작은 출처로 보완하거나 교체하는 게 좋다. 가능한 많이 재활용 재료를 이용하고 물을 재사용하는 게 좋다(26000 6.5.4.2절).

분수계 내 모든 이용자들에게 공정한 접근을 보장할 수 있도록 수자원을 관리하는 게 좋다. 지속가능조달, 확장된 생산자 책임, 지속가능소비를 고려하고 촉진하는 게 좋다(26000 6.5.4.2절).

❖ 오염 예방

조직은 다음을 포함한 오염 예방을 통해 조직의 환경성과를 개선할 수 있다(26000 6.5.3.1절).

- 대기로의 배출: 납, 수은, 휘발성 유기 화합물volatile organic compounds(VOCs), 산화황sulphure oxide(SOx), 산화질소nitrogen oxide(NOx), 미세분진 및 오존 파괴물질 같은 오염물질
- 물로의 배출: 해양환경을 포함한, 지표수로 직접, 의도적 또는 우발적 배출, 지표수로 의도하지 않은 유출 또는 지하수로의 침투
- 폐기물 관리: 부적절하게 관리될 경우, 대기, 물, 토지 및 토양 및 대기권 밖의 오염을 야기할 수 있는, 액체 또는 고체 폐기물
- 독성 그리고 위험 화학물질의 사용과 폐기
- 기타 식별할 수 있는 형태의 오염: 소음, 악취, 시각 잔상, 빛 공해, 진동, 전자기 배출, 방사, 감염원(예를 들어 바이러스성이나 박테리아성), 확산되거나 흩어져 있는 출처로부터의 배출과 생물학적 위험(예를 들어 외래종) 등 포함

오염 예방을 위해 조직은 주변 환경에 끼치는 조직의 결정과 행동의 측면과 영향, 조직의 활동과 관련된 오염과 폐기물의 출처를 식별하는 게 좋다. 조직이 가지는, 오염의 중대한 출처와 오염 감소, 물 소비, 폐기물 발생 및 에너지 사용에 대해 측정, 기록 및 보고하는 게 좋다(26000 6.5.3.2절).

조직은 자신의 폐기물 관리계층구조를 활용하여, 오염과 폐기물 예방과 피할 수 없는 오염과 폐기물의 제대로 된 관리를 보장을 목적으로 하는 조치를 실행하는 게 좋다. 특히 보다 친환경적인 제품과 서비스의 개발과 빠른 흡수 촉진을 통해, 조직의 영향력 통제 안에 있는 직접적이고 간접적인 오염을 점진적

으로 줄이고 최소화시키는 조치를 실행하는 게 좋다(26000 6.5.3.2절).

다음 사항을 체계적으로 식별하고 그 사용을 피하는 게 좋으며, 영향권 내의 조직이 그런 화학물질을 이용하는 것을 예방하는 노력을 하는 게 좋다(26000 6.5.3.2절).

- 국내법에서 정의한 금지 화학물질과 국제 협약에서 열거된, 바람직하지 못한 화학물질
- 가능한 경우, 합리적이고 입증할 수 있는 근거로, 과학기구나 다른 이해관계자가 우려스럽다고 식별된 화학물질[38)]

실제 그리고 잠재적인 오염 배출과 폐기물, 관련된 보건 위험, 그리고 실제 제안된 완화조치에 관해 지역사회와 소통하는 게 좋다. 우발적 방출뿐 아니라, 정상운영에서, 관련되고 중요한 독성 위험 물질이 가지는, 알려진 인간 보건과 환경 위험을 포함하여, 이들 물질이 사용되고 방출된 양과 종류를 공개적으로 밝히는 게 좋다. 이는 조직의 운영현장이나 운영현장 이외 장소 모두에서의 사고와 사건을 포괄하며, 근로자, 파트너, 당국, 지역사회 및 기타 관련 이해관계자를 포함하는, 환경 사고 예방과 대비 프로그램을 실행하고 긴급상황 계획을 마련하는 게

38) 피해야 할 화학물질은 다음을 포함하지만, 여기에 한정되는 것은 아니다. 오존 파괴 물질, 잔류성 유기 오염물질(persistent organic pollutants, POPs), 로테르담 협약에서 다룬 화학물질, (세계보건기구가 정의한) 위험 화학물질과 살충제, 발암성이 있거나(담배제품에서 나온 연기 노출 포함) 돌연변이 유발성이 있다고 정의된 화학물질, 생식에 영향을 끼치며, 내분비선을 방해하거나 잔류성이 있고, 생체에 축적되며 독성이 있거나(persistent, bio-accumulative and toxic substances: PBTs), 고잔류성이고 고생체축적성이 있는(very persistant and very bio-accumulative substances, vPvBs) 화학물질 등이 그것이다.

좋다. 이러한 프로그램은, 다른 사안보다도, 공공 교육과 정보뿐만 아니라 위험 식별과 위험 평가, 통보절차와 회수절차, 그리고 의사소통 시스템을 포함하는 게 좋다(26000 6.5.3.2절).

❖ 기후변화 완화와 적응

모든 조직은 (직접 또는 간접적인)일부 온실가스 배출에 책임이 있으며, 조직의 온실가스 배출 최소화(완화)와 변화하는 기후에 대한 기획(적응)의 두 측면에서 어떠한 방식으로든 기후변화의 영향을 받게 될 것이다(26000 6.5.5.1절).

(1) 기후변화 완화

기후변화 완화를 위해 조직은 직·간접적으로 누적된 온실가스 배출의 출처를 식별하고, 조직의 책임 경계(범위)를 정의하는 게 좋다(26000 6.5.5.2.1절). 국제적으로 합의된 표준에 잘 정의된 방법을 되도록이면 활용해서, 조직의 중대한 온실가스 배출을 측정, 기록 및 보고하는 게 좋다. 조직의 통제 내에서 일어나는 직·간접적 온실가스 배출을 점진적으로 줄이고 최소화시키기 위한 조치를 시행하고, 조직의 영향권 내에서 유사한 행동을 독려하는 게 좋다. 조직 내에서의 중대한 연료 사용의 양과 유형을 검토하고, 효율성과 효과성을 증진시킬 프로그램을 시행하는 게 좋다. 방출이 적은 기술과 재생가능 에너지가 고려될 때도, 온실가스 배출의 순감소를 보장하기 위해, 수명주기 접근방식을 시행하는 게 좋다.

또한 토지이용, 토지이용 변화, (난방, 환기 및 공기조절기기를 포함하나 그에만 제한되지 않는)과정이나 장비로부터의 온실가스(특히 또한 오존층 파괴도 초래하는 가스) 배출을 예방하거나 줄이는 게 좋다. 에너지 효율 재화 구매와 에너지 효율 제품과 서비스 개발을 포함해서, 조직 내에서, 가능한 경우는 언제나, 에너지 절약을 실현하는 게 좋다. 예를 들어, 탄소 포집과 저장 또는 탄소 분리를 투명한 방법으로 운영하는 신뢰할 만한 배출 감소 프로그램의 지원을 통해, 남아있는 온실가스 배출을 상쇄할 수 있는 조치를 시행함으로써 탄소 중립성을 목표로 할 것을 고려하는 게 좋다(26000 6.5.5.2.1절).

(2) 기후변화 적응

기후변화에 적응한다는 것은 보건, 번영 및 인권에 대한 영향의 형태로 사회적 시사점이 있다(26000 6.5.5.1절). 기후변화에 대한 취약성을 줄이기 위해, 조직은 위험을 식별하고, 기후변화 적응을 조직의 의사결정 안에 통합하기 위해, 미래의 국제적·국지적 기후변화 예측을 고려하는 게 좋다(26000 6.5.5.2.2절). 기후변화와 관련된 피해를 피하거나 최소화할 수 있는 기회를 식별하고, 가능한 경우 변화하는 조건에 적응할 수 있는 기회를 이용하는 게 좋다. 기존의 또는 미래에 예상되는 영향에 대응하는 조치를 시행하고, 조직 영향권 내에서 이해관계자의 적응능력을 기르는 데에 기여하는 게 좋다.

❖ 환경 보호, 생물다양성, 자연 서식지 보호

조직은 환경을 보호하고, 자연서식지와 (식량과 물, 기후조절, 토양형성, 그리고 휴양기회와 같은)생태계가 제공하는 다양한 기능과 서비스를 복원하기 위한 행동을 함으로써 사회적으로 조금 더 책임 있게 될 수 있다. 이 이슈의 주요 측면은 다음 사항을 포함한다(26000 6.5.6.1절).

- 생물다양성의 가치 확인과 보호
- 생태계 서비스의 가치 확인, 보호 및 복원
- 토지와 자연 자원의 지속가능한 이용
- 환경적으로 건전한 도시와 농촌 개발 촉진

조직은 생물다양성과 생태계 서비스에 대한 잠재적인 부정적 영향을 식별하고, 이 영향을 제거하거나 최소화할 수 있는 조치를 취하는 게 좋다(26000 6.5.6.2절). 실행가능하고 적절한 경우, 조직의 환경 영향에 대한 비용 내부화를 위한 시장 메커니즘에 참여하며, 생태계 서비스를 보호하면서 경제적 가치를 창출하는 게 좋다.

자연생태계 손실을 피하는 데 최고의 우선순위를 두며, 생태계 복구에 그 다음 우선순위를 두며, 마지막으로, 앞의 두 가지 행동이 불가능하거나 또는 완전히 효과적이지 않은 경우, 시간에 걸쳐 생태계 서비스에서의 순이익에 이를 행동을 통해 손실을 보상하는 데 우선순위를 두는 게 좋다. 사회적으로 공평한 방식으로 보존과 지속가능한 이용을 촉진하는, 토지, 물 및 생태계 관리를 위한 통합 전략을 수립하고 실행하는 게 좋다(26000 6.5.6.2절).

고유종 또는 멸종위협종, 멸종위기종이나 부정적 영향을 입을 수 있는 서식지를 보존하는 조치를 취하는 게 좋다. 농촌과 도시 개발과 관련된 결정을 포함하여, 조직의 토지 이용에 대한 결정으로 야기될 수 있는 가능한 환경영향을 최소화하는 방법으로서 기획, 디자인 및 운영 관행을 실행하는 게 좋다. 자연서식지, 습지, 산림, 야생 생물 통로, 보호 구역 및 농지의 보호를 건물과 건축 작업 개발에 포함하는 게 좋다. 예를 들어 선도적 표준과 인증제도에서 정의된 것처럼, 동물 복지와 관련된 지속가능한 농업, 어업 및 임업 관행을 채택하는 게 좋다(26000 6.5.6.2절).

끝으로 조금 더 지속가능한 기술과 과정을 사용하는 공급자의 제품의 이용 비중을 점진적으로 늘리는 게 좋다. 야생동물과 이들의 서식지가 우리 자연생태계의 일부임을 고려하고 따라서 이들의 복지를 소중하게 생각하고 보호하는 게 좋다. 생존을 위협하거나 국제적·지역적 또는 국지적인 종의 멸종, 또는 외래종의 분포나 증식을 허용하는 접근방식을 피하는 게 좋다(26000 6.5.6.2절).

핵심 주제(5): 공정운영관행

ISO 26000은 공정운영관행을 "조직이 조직의 파트너, 공급자, 계약자, 고객, 경쟁자, 조직이 속한 협회, 정부기관 등 다른 조직을 다룰 때 윤리적 행동을 하는 것"으로 보고 있다(26000 6.6.1.1절).

ISO 26000의 이런 정의에 대해 몇 가지 질문이 제기될 수 있다.

첫째, 공정운영관행의 적용 범위에 관한 질문이다. 공정운영관행을 "다른 조직을 다룰 때"로 한정하는 것이 적절한가? 1인 조직이나 개인을 다룰 때는 공정운영관행이 적용되지 않는가? ISO 26000이 다루는 공정운영관행의 이슈를 통해 유추하건대 조직을 다룰 때에 한정할 필요는 없다고 본다.[39)]

둘째, ISO 26000이 공정운영관행의 내용으로 제시한 "윤리적 행동"에 관해서도 많은 질문이 제기될 수 있다. 이 책 제 4 장에서 '책임의 의미'를 살펴볼 때, ISO 26000이 윤리적 행동을 가리는 기준으로 언급한 "받아들여지는 원칙"이 구체적으로 무엇인지를 제시하지 않고 있으며, 윤리원칙을 구체적으로 제시하기 어렵더라도 조직이 그런 윤리원칙을 찾아내고, 이를 조직의 결정과 활동에 적용하는 방법이라도 설명했어야 했다고 지적했다. 이와 함께 다음과 같은 질문이 윤리적 행동과 관련해서 제기될 수 있다.

- 옳거나 좋은 행동의 원칙이란 무엇인가?
- 어떤 규범이 국제행동규범인지 여부는 어떻게 판단할 것인가?
- 윤리적 행동은 윤리원칙과 국제행동규범을 둘 다 만족시켜야 하는가? 둘 중 하나만 만족하는 행동의 경우, 특히 옳거나 좋은 행동의 원칙과 국제행동규범이 서로 충돌하는 경우, 그 행동을 윤리적 행동이라고 할 수 있는가?
- 어떤 행동에 적용할 윤리원칙도 국제행동규범도 없는 경우는 그 행동은 윤리적 행동이 되는가, 아니면 전혀 윤리적 행동이 될 수 없는가?

ISO 26000이 말하는 국제행동규범international norms of behavior이

---

39) 예를 들어 조직의 재산권만 존중할 이유는 없으며, 가치사슬에 조직만 들어있으리란 보장도 없다.

란 "국제관습법, 일반적으로 수용되는 국제법의 원칙 또는 보편적이거나 거의 보편적으로 인식된 정부가 협정에서 나온, 사회적으로 책임 있는 조직의 행동에 대한 기대"를 의미한다(26000 2.11절).

이 정의에 의하면 국제행동규범이라고 할 만한 기대의 원천은 (1) 국제관습법, (2) 일반적으로 수용되는 국제법 원칙, (3) 보편적이거나 거의 보편적으로 인식된 정부간 협정에서 나온다. 즉 모두 공공 부문에서 나온다는 의미다.

일반적으로 국제관습법으로 인정받기 위해서는 국가관행state practice이 계속 행해져야 하며, 그렇게 행동하는 데 대한 의무감이 있어야 하며, 많은 나라가 그렇게 행하고 상당한 나라가 이를 반대해서는 안 된다고 한다. 따라서 어떤 관행이 국제관습법으로 인정받는 것보다는 국제관습법으로 인정받지 못하는 것이 더 쉬울 수 있다.

이렇게 국제행동규범이 확실히 결정되지 않으면, 그에 근거해 판단되는 윤리적 행동도 확실하지 않고, 이에 기초한 공정운영관행도 확실하지 않게 된다. 윤리적 행동에 기초한 ISO 26000의 공정운영관행 정의는 판단 과정을 명확하게 하지 않은 채 공정운영관행을 판단해서 제시하고 있다는 문제도 있지만, 과연 공정운영관행의 본질을 윤리적 행동에 둘 것인가라는 의문도 든다. 이 책에서는 공정운영관행의 특성에 관한, 위와 같은 문제점을 염두에 두고, 공정운영관행의 하위 이슈에 대해서 개별적으로 살펴보기로 한다.

그림 31 공정운영관행의 5개 이슈

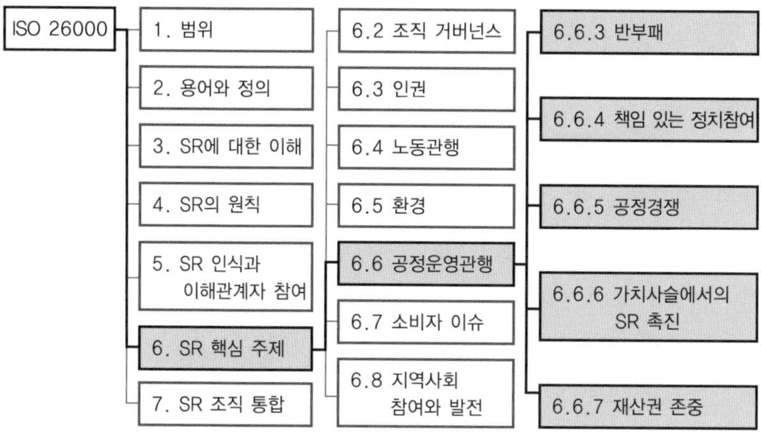

❖ 공정운영관행의 5개 이슈

ISO 26000이 제시하는 공정운영관행의 이슈는 [그림 31]과 같이 (1) 반부패, (2) 책임 있는 정치참여, (3) 공정경쟁, (4) 가치사슬에서 사회책임 촉진, (5) 재산권 존중의 5개다.

❖ 반부패

ISO 26000이 정의하는 부패corruption는 "사적인 이득을 위해 위임 받은 권력을 남용하는 것"이다. 부패는 다양한 형태를 취할 수 있으며, 공직자 또는 민간부문 사람이 개입된 증·수뢰(금전적 혹은 현물의 뇌물을 청하거나, 제공하거나 받는 것), 이해상충, 사기, 돈세탁, 횡령, 은폐와 법집행 방해, 영향력 거래가 부패의 사례에 포함된다(26000 6.6.3.1절).

부패를 예방하기 위하여, 조직은 부패의 위험을 식별하고,

부패와 갈취extortion에 대처하는 정책과 관행을 실행하고 유지하는 게 좋다(26000 6.6.3.2절).

우선 조직의 임원진이 반부패에 대한 모범을 보이도록 보장하고, 반부패 정책의 실행을 위한 헌신, 독려 및 감독을 제공하는 게 좋다(26000 6.6.3.2절). 증·수뢰와 부패를 근절하려는 조직의 피고용인과 대표가 노력할 때, 이들을 지원하고 훈련하며, 진전에 대한 유인을 제공하는 게 좋다. 조직의 피고용인과 대표에 대한 보수가 적절하고, 정당한 서비스에 한한 것임을 보장하는 게 좋다(26000 6.6.3.2절).

보복의 두려움이 없이 보고와 후속행동이 가능한 체계를 채택함으로써 조직의 피고용인, 파트너, 대표, 그리고 공급자가 조직의 정책 위반과 비윤리적이고 불공정한 대우를 보고하도록 장려하는 게 좋다. 형사법 위반을 적절한 법 집행 당국에 알리는 게 좋다(26000 6.6.3.2절).

끝으로 조직의 피고용인과 대표, 계약자, 그리고 공급자에게 부패와 부패에 맞서는 방법에 대한 인식을 제고하는 게 좋다. 조직이 운영관계를 맺고 있는 다른 조직이 유사한 반부패 관행을 채택하도록 독려함으로써 부패에 반대하도록 일하는 게 좋다(26000 6.6.3.2절).

❖ 책임 있는 정치참여

조직은 공공정치과정을 지지하고, 사회 전반에 이익이 되는 공공 정책의 개발을 독려할 수 있다. 그러나 조직은 부당한 영향력의 이용을 금지하고, 조작, 협박, 강압과 같은, 공공정치과정을 훼손할 수 있는 행위를 피하는 게 좋다(26000 6.6.4.1절).

조직은 책임 있는 정치적 참여와 기부 및 이해상충 처리방법에 관해 조직의 피고용인과 대표를 교육하고, 이들의 인식을 제고하는 게 좋다. 로비, 정치기부 및 정치 참여와 관련된 조직의 정책과 활동은 투명한 게 좋다(26000 6.6.4.2절).

조직을 대신하여 주장하기 위해 유지하고 있는 사람들의 활동을 관리하는 정책과 지침을 수립하고 실행하는 게 좋다. 구체적 명분을 지지하여 정치가나 정책결정자를 통제하기 위한 시도가 되는 것이거나 이들에게 부당한 영향력을 행사하는 것으로 인식될 수 있는 정치기부를 피하는 게 좋다. 허위정보, 허위표시, 위협 및 강요를 포함하는 활동을 금지하는 게 좋다(26000 6.6.4.2절).

❖ 공정경쟁

공정운영관행의 세 번째 이슈는 공정경쟁fair competition이다. 공정경쟁과 관련해서 ISO 26000이 제시한 관련 행동과 기대 중 ISO 26000 4절에서 언급한 사회책임 원칙과 중복되는 당국 협력과 연루회피, 7절에서 언급한 사회책임 통합과 중복되는 피고용인 인식 촉진을 제외하면, 반독점, 반덤핑 관행을 지지하고, 불공정 경쟁우위를 얻기 위해 빈곤 같은 사회조건 이용하지 않는다는 2가지 행동만 남는다(26000 6.6.5.2절).

ISO 26000의 공정경쟁 관련 첫 번째 행동은 반독점, 반덤핑에 한정되어 있으나, 더 넓게 해석해야 할 것으로 본다. 우리나라에서는 공정경쟁이란 말이 널리 쓰이지만, 시장에서 공정경쟁이 무엇인지를 곰곰이 따져보면 그 의미가 명확하지는 않다.

실제로는 공정경쟁을 규정하기보다 반경쟁행위anti-competitive

behavior의 다양한 형태를 제시하고 있기 때문에, 이런 반경쟁행위를 하지 않는 것을 공정경쟁으로 해석하는 것이 쉽다. ISO 26000은 반경쟁행위로 같은 가격에 같은 제품이나 서비스를 팔기로 공모하는 가격고정price fixing, 경쟁입찰을 조작하기 위해 공모하는 입찰담합bid rigging, 시장에서 경쟁자를 퇴출시킬 목적으로 매우 낮은 가격으로 제품이나 서비스를 판매하는 약탈가격predatory pricing을 들었다(26000 6.6.5.1절).

그러나 이외에도 독점화monopolization, 카르텔cartel 구성과 같은 다른 형태의 담합collusion, 제품묶음과 연계product bundling and tying, 거래 거절refusal to deal, 배타거래exclusive dealing, 영역 분할dividing territories, 의식적 동조conscious parallelism[40], 특허권과 저작권 남용misuse of patents and copyrights 등도 상황과 적용 법에 따라서는 반경쟁행위로 해석될 수 있다.

ISO 26000의 공정경쟁 관련 두 번째 행동은 기업의 반경쟁행위가 특히 개도국을 중심으로 한 빈곤과 발전문제에 나쁜 영향을 줄 수 있다는 점과 관련이 있는데, 이에 대한 최근 검토로는 UNCTAD가 발간한 Qaqaya & Lipimile(2008) 같은 자료가 있다.[41]

반경쟁행위로 인해 영향을 받는 주요 이해관계자로는 경쟁자와 소비자가 있으며, 경쟁당국은 주장 이해관계자에 해당한다고 하겠다(이 책 제 4 장 [그림 11] 참조). [사례 9]는 국가별 경쟁

40) 의식적 동조는 가격고정과 달리 명확한 합의에 의해 같은 가격을 매기는 것이 아니라 시장에서 활동하는 소수의 경쟁자가 서로를 의식해서 같은 가격을 매기게 되는 것을 말하며, 과거에는 반경쟁행위로 보지 않다 최근 들어 점차 반경쟁행위로 보는 경향이 나타나고 있다.

41) 이 자료 발간의 배경이 된 UNCTAD의 경쟁법 관련 활동은 [사례 9]에 간단히 소개되어 있다.

법 집행과 함께 국제사회에서 경쟁법 관련 움직임의 일부를 보여준다.

사례 9 | 경쟁당국의 국제공조

한 국가 안에서의 경쟁정책은 그 나라의 경쟁정책을 담당하는 경쟁당국이 담당한다. 그러나 국경을 넘어선 경쟁정책에 대해서는 아직 공통규범이 마련되어 있지는 않고, 국가 경쟁당국 간 의견교환과 최적관행 소개가 주활동을 이루고 있다.

지금까지 국가 간 경쟁정책 교류를 적극 다뤄온 국제기구로는 OECD와 UNCTAD가 있다. OECD 경쟁위원회(Competition Committee)는 매년 3회 정기회의(2월, 6월, 10월)를 개최하여, 사무국이 작성한 특정 이슈 분석 보고서에 대해 회원국들이 발표하고 토론하는 라운드테이블 논의와 OECD 권고(Recommendation)를 내고 있다.

UNCTAD도 매년 경쟁법과 정책 정부간 전문가 그룹(Intergovernmental Group of Experts on Competition Law and Policy) 회의를 개최해 경험을 교환하고, 자발적 동료검토(Voluntary Peer Review of Competition Law and Policy)를 내고 있다.

반면 자유무역을 표방하는 세계무역기구(World Trade Organization: WTO)는 지난 도하 라운드(Doha Round)에서 세계 규모의 경쟁법 집행 전망을 토의했으나, 아직 국제경쟁정책을 포함하지는 못하고 있다.

국제 경쟁정책을 논의하는 대표적 비공식 기구로는 국제경쟁네트워크(International Competition Network: ICN)가 있다. ICN은 2001년 미국 포담대학 경쟁법연구소(Fordham Corporate Law Institute)에서 미국, EU, 한국 등 14개 경쟁당국이 출범시킨 후, 매년 1회 연차총회를 개최하고 있으며, 현재 92개국 102개 경쟁법 집행기관이 참여하고 있다.

출처: ICN(2009) ICN Factsheet and Key Messages(http://www.international-competitionnetwork.org/uploads/library/doc608.pdf, 2011.2.8. 검색) / OECD(2011) Competition(http://www.oecd.org/topic/0,3699,en_2649_37463_1_1_1_1_37463,00.html, 2011.2.8. 검색) / UNCTAD(2011) Competition Law and Policy(http://www.unctad.org/Templates/StartPage.asp?intItemID=2239&lang=1, 2011.2.8. 검색)

❖ 가치사슬에서 사회책임 촉진[42]

가치사슬에서의 모든 조직은 적용가능한 법과 규정을 준수할 책임이 있으며, 사회와 환경에 미치는 자신의 영향에 책임이 있다. 조직은 조달과 구매 결정을 통해 다른 조직에 영향을 미칠 수 있다. 가치사슬을 따른 리더십과 멘토링을 통해, 조직은 사회책임의 원칙과 관행의 채택과 지지를 촉진할 수 있다(26000 6.6.6.1절).

ISO 26000은 조직이 자신의 조달과 구매결정으로 인해 다른 조직에 미치는 잠재적 영향이나 의도되지 않은 결과를 고려하고, 부정적인 영향을 피하거나 최소화하기 위해 적정한 주의를 기울이는 게 좋다고 했다(26000 6.6.6.1절). 조직은 또한 사회적으로 책임 있는 제품과 서비스의 수요를 자극할 수 있다(26000 6.6.6.1절).[43]

가치사슬에서 사회책임을 촉진하기 위해, 조직은 사회책임 목표와의 일관성을 개선하기 위해 조직의 구매, 유통과 계약 정책 및 관행에, 윤리, 사회, 환경 및 양성평등 기준과 보건 및 안전을 통합하는 게 좋다. 그 과정에서 반경쟁적 행위에 빠지지 않으면서, 다른 조직들이 이와 유사한 정책을 채택할 것을 독려하는 게 좋다(26000 6.6.6.2절).

조직의 사회책임에 대한 헌신이 줄어드는 것을 예방할 목적

---

42) '가치사슬에서 사회책임 촉진'은 이 책 제6장에서 다루는 '사회책임 범위의 확인'과 관련이 있다.

43) 그러나 ISO 26000은 가치사슬 안에서의 사회책임을 촉진하는 조직의 활동이 법과 규정을 실행하고 집행하는 당국의 역할을 교체하는 것으로 보여서는 안 된다고도 했다.

으로, 조직과 관계를 맺고 있는 다른 조직에 대해 적절한 상세 검토와 모니터링을 실시하는 게 좋다(26000 6.6.6.2절).

중소규모 조직이 사회책임 목표를 달성할 수 있도록, 사회책임의 이슈에 대한 인식 제고, 최적관행 및 추가 지원(예를 들어 기술적, 능력배양 또는 다른 자원)을 포함한, 지원의 제공을 고려하는 게 좋다(26000 6.6.6.2절). 사회책임의 원칙과 쟁점에 대한, 조직과 관계가 있는 조직의 인식 제고에 적극적으로 참여하는 게 좋다.

가능하다면, 사회적으로 책임 있는 목표를 달성하도록 가치사슬 내에서 조직의 역량을 높이는 것을 포함해서, 가치사슬 전반을 통해 사회적으로 책임 있는 관행을 실행하는 비용과 이득이 공정하고 실용적으로 처리되도록 촉진하는 게 좋다. 이는 공정 가격 지불 보장과 적절한 전달 횟수 및 안정적 계약 보장 같은, 적절한 구매 관행을 포함한다(26000 6.6.6.2절).

❖ 재산권 존중

재산권은 세계인권선언이 인정한 인권이다. 재산권은 물적 재산과 지식재산 모두를 포괄하며, 토지 및 기타 물적 자산, 저작권, 특허권, 지리표시권, 펀드, 저작인격권 및 기타 권리에 대한 이해를 포함한다. 또한 선주민과 같은, 구체적인 집단의 전통지식이나 피고용인이나 다른 사람의 지식재산 같은 광범위한 재산권리에 대한 고려를 포함할 수도 있다(26000 6.6.7.1절).

조직은 재산권과 전통지식에 대한 존중을 촉진하는 정책과 관행을 시행하는 게 좋다. 조직이 재산을 이용 또는 처분할 수 있는 합법적 자격을 가지고 있는지 확신하기 위한 제대로 된 조사를 수행하는 게 좋다(26000 6.6.7.2절).

조직은 지배적 지위의 오용, 위조, 지식재산권 침해를 포함한, 재산권 침해 활동에 관여해서는 안 된다. 조직이 취득하거나 사용하는 재산에 대한 공정한 보상을 지불하는 게 좋으며, 조직의 지식재산권과 물적 재산권을 행사하고 보호할 때, 조직은 사회의 기대, 인권 및 개인의 기본욕구를 고려하는 게 좋다(26000 6.6.7.2절).

핵심 주제(6): 소비자 이슈

ISO 26000은 소비자와 고객을 구분해서 정의하고 있다. 소비자consumer란 "개인적 목적으로 재산, 제품이나 서비스를 구매하거나 사용하는 일반대중 개인individual member of the general public purchasing or using property, products or services for private purposes"(26000 2.2절)으로, 반면 고객customer은 "상업적, 개인적 또는 공적 목적으로 재산, 제품이나 서비스를 구매하는 조직과 일반대중 개인organization or individual member of the general public purchasing property, products or services for commercial, private or public purposes"(26000 2.3절)으로 정의했다.

이런 정의에 따르면 두 개념은 해당 조직의 제품이나 서비스(시설물 포함)를 가지고 하는 행동(구매, 사용), 목적(개인, 상업, 공공), 주체 형태(개인, 조직)에 의해서 서로 다른 특성을 가지는 것으로 보인다.

반면 우리나라 소비자기본법은 소비자를 "사업자가 제공하는 물품 또는 용역(시설물을 포함)을 소비생활을 위하여 사용(이용을 포함)하는 자 또는 생산활동을 위하여 사용하는 자"로 정의하고 있다. 여기서 사업자란 "물품을 제조(가공 또는 포장을 포함)·수입·판매하거나 용역을 제공하는 자"로 되어 있어 대가를 받고 물품이나 서비스를 제공하는 개체에 한정된다.

ISO 26000은 상업 목적으로 구매하는 고객에 주로 적용될 이슈는 6.6절, 즉 공정운영관행에서 다뤄진다고 했다(26000 6.7.1.1절). 그러나 (1) 반부패, (2) 책임 있는 정치참여, (3) 공정경쟁, (4) 가치사슬에서 사회책임 촉진, (5) 재산권 존중이라는 공정운영관행의 5개 이슈를 살펴보면, 상업 목적으로 재산, 제품, 서비스를 구매하는 고객에 적용될 이슈는 없다. 따라서 목적이 무엇인가 여부를 가지고 소비자 이슈 적용 여부를 판단하는 것은 제한된 해석이라고 생각한다.

❖ 소비자의 7개 이슈

ISO 26000은 소비자 이슈를 [그림 32]와 같이 (1) 공정 마케팅, (2) 소비자 보건과 안전 보호, (3) 지속가능소비, (4) 소비자 서비스, 지원, 불만 해결, (5) 소비자 데이터 보호, (6) 필수서비스에 대한 접근, (7) 교육과 인식의 7개로 정리했다.

❖ 공정 마케팅

ISO 26000이 말하는 공정 마케팅fair marketing이란 "소비자가 이해할 수 있는 방식으로 제품과 서비스에 관한 정보를 제공하는 것"을 말한다(26000 6.7.3.1절). 조직은 소비자와 의사소통을 할 때 조직은 결정적 정보 누락을 포함하여 상대를 속이거나, 잘못 이끌거나, 사기 또는 불공정하거나, 불명료하며 애매한 어떤 관행에도 개입하지 않는 게 좋다(26000 6.7.3.2절).

그림 32 소비자의 7개 이슈

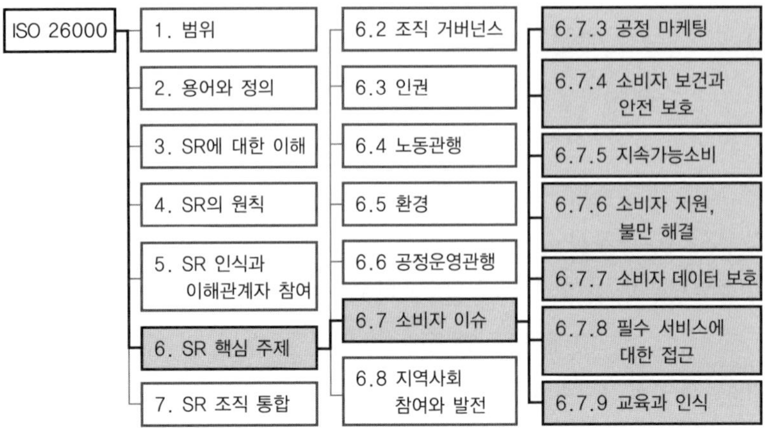

투명한 방식으로 소비자의 정보를 제공받은 선택의 근거로서 용이한 접근과 비교를 가능하게 하는, 관련 정보를 공유하는 것에 동의하는 게 좋다. 또한 광고와 마케팅임을 명료하게 밝히는 게 좋다(26000 6.7.3.2절).

제품과 서비스의(사용 부대 비용뿐 아니라) 가격 총액, 세금, 조건과 전달 비용을 솔직하게 공개하는 게 좋다. 소비자신용을 제공할 때, 관련된 모든 비용, 지불해야 할 금액, 할부 개월 및 불입기한을 포함한, 평균이자율annual percetage rate(APR)뿐만 아니라 실질 연이율에 대한 세부 정보까지 제공하는 게 좋다. 요구가 있을 때 기본이 된 사실과 정보를 제공함으로써 주장이나 단언을 실증하는 게 좋다(26000 6.7.3.2절).

성별, 종교, 인종, 장애, 또는 개인적 관계 등과 관련해 고정관념을 고착화하는, 글, 음향 또는 이미지를 이용하지 않는 게 좋다. 어린이를 포함해서, 취약그룹의 최상 이해에 맞도록 광고와 마케팅에서 일차적 고려하고, 그들의 이해에 해가 되는 활동에는 관여하지 않는 게 좋다(26000 6.7.3.2절).

판매 시점에서 공식언어 또는 공통사용언어와 비교할 수 있고, 다음 사항에 관한 적용가능한 규정에 따르는, 완전하고, 정확하고, 이해 가능한 정보를 제공하는 게 좋다(26000 6.7.3.2절).

- 이상적으로는 전체 수명주기를 고려하면서, 금융과 투자 제품을 포함한, 제품과 서비스의 모든 중요한 측면
- 표준화된 시험 절차를 이용하여 결정된, 그리고 가능하다면 평균성능이나 최적관행과 비교된, 제품과 서비스의 주요 품질 측면
- 제품에 포함되어 있거나 제품의 수명주기 동안 유출될 수 있는, 잠재적으로 위험한 사용, 위험한 재료 및 유해한 화학물질과 같은, 제품과 서비스의 보건 및 안전에 관한 측면
- 제품과 서비스의 접근성에 관한 정보
- 인터넷, 전자상거래 또는 우편 주문을 포함하여, 국내 또는 해외 원거리 판매를 할 때, 조직의 소재지, 우편주소, 전화번호와 이메일 주소

또한 조직은 다음 사항을 갖춘 계약을 사용하는 게 좋다(26000 6.7.3.2절).

- 명료하고 읽을 수 있으며 이해 가능한 언어로 쓰여진 계약
- 투명한 계약기간과 취소기간
- 채무의 불공정한 배제, 가격과 조건의 일방적인 변경권,

지급불능 위험을 소비자에게 전가, 또는 부당하게 긴 계약 기간과 같은, 불공정한 계약 조건을 포함하지 않으며, 비합리적인 여신 이율을 포함한, 약탈적 대출 관행을 피하는 계약

- 가격, 특성, 조건, 비용, 계약기간과 철회기간에 관해 명료하고 충분한 정보를 제공한 계약

❖ 소비자 보건과 안전 보호

제품과 서비스는 법적 안전 요구사항의 존재와는 상관없이 안전한 게 좋다. ISO 26000에서 안전이란 피해나 위험을 피할 수 있도록 잠재적인 위험을 예견하는 것을 포함한다. 그러나 모든 위험을 완전히 예측하거나 제거할 수는 없으므로, 안전 보호 조치는 제품 철수와 회수체계를 포함하는 게 좋다(26000 6.7.4.1절).

소비자의 보건과 안전을 보호하기 위해, 조직은 아래와 같은 행동들을 취하고, 잠재적인 위험을 인지하거나 평가할 능력이 없는 취약그룹(어린이에 대해서는 특별한 관심)에 특별한 주의를 기울이는 게 좋다(26000 6.7.4.2절).

조직은 정상적으로나 합리적으로 예측할 수 있는 이용 조건에서, 이용자와 다른 사람, 이들의 재산 및 환경에 안전한 제품과 서비스를 제공하는 게 좋다. 모든 보건과 안전 측면을 다루기 위해, 보건과 안전 법, 규정, 표준 및 다른 규격명세서의 적절성을 평가하는 게 좋다. 최소한의 요구사항에 부합되는 제품이나 서비스와 관련된 사건의 발생, 또는 사건의 빈도나 심각성을 줄일 수 있는 제품이나 제품 디자인의 이용가능성이 보여주는 바와 같이, 만일 더 높은 요구사항을 통해 상당히 나은 보호

를 달성한다는 증거가 있다면, 조직은 최소한의 안전 요구사항 이상을 실행하는 게 좋다(26000 6.7.4.2절).

제품이 시장에 나온 후 예상하지 못한 위험이 있거나, 심각한 결함이 있거나, 잘못 이끌거나 잘못된 정보를 가진 경우에, 서비스를 중단하거나 아직 유통사슬에 있는 모든 제품을 철수하는 게 좋다. 조직은 제품을 구입했거나, 서비스를 사용한 사람들에게 연락하기 위해 적절한 조치와 언론을 사용하여 제품을 회수하는 게 좋으며, 소비자가 당한 손실을 보상하는 게 좋다. 조직의 가치사슬에서 추적을 가능하게 하는 조치들이 적절하고 유용할 수도 있다(26000 6.7.4.2절).

다음을 통해 제품 디자인에서의 위험을 최소화하는 게 좋다(26000 6.7.4.2절).

- 예상 이용자 그룹, 의도된 사용과 제품이나 서비스 사용의 모든 단계와 조건에서 일어나는 위험은 물론 합리적으로 예상할 수 있는 과정, 제품 및 서비스의 잘못 사용을 식별하고, 어떤 경우, 취약그룹을 위해 특별히 맞춤 제작된 제품과 서비스를 제공한다.
- 식별한 위험으로부터 일어나는, 임산부를 포함한 이용자나 접촉그룹에 대한 위험을 추정하고 평가한다.
- 내재적으로 안전 디자인, 이용자를 위한 보호 장치와 정보 등의 순서에 따라 우선순위를 두어 위험을 감소시킨다.

다른 소비자 욕구를 고려하고, 특히 정보과정에 할당된 시간적인 면에서, 소비자의 다르거나 제한된 능력을 존중함으로써, 제품과 서비스에 대한 정보의 적절한 설계를 보장한다

(26000 6.7.4.2절).

제품 개발의 경우, 발암성, 돌연변이 유발성, 생식에 대한 독성, 잔류성, 그리고 생체 누적성 화학물질을 포함하나 여기에만 한정되지 않는, 유해 화학물질의 이용을 피하는 게 좋다. 만약 그런 화학물질을 포함한 제품을 판매할 때는, 명료하게 표시하는 게 좋다. 적절한 경우 신재료, 신기술 또는 신생산방법을 도입하기 전에, 제품 및 서비스가 인간보건위험평가를 실시하는 게 좋으며, 적절한 경우, 문서화된 정보를 소비자가 이용 가능하도록 하는 게 좋다(26000 6.7.4.2절).

글로 된 정보에 더해서, 가능한 경우 상징, 특히 국제적으로 합의된 상징을 이용해서, 소비자에게 절대적으로 필요한 안전 정보를 전달하는 게 좋다. 소비자에게 제품의 제대로 된 이용방법을 알려주고, 의도된 사용 또는 정상적으로 예측할 수 있는 이용과 관련된 위험을 경고하는 게 좋다. 소비자가 관리하는 동안 제품을 부적절하게 다루거나 보관함으로써 제품이 안전하지 않게 되는 것을 예방할 수 있는 조치를 채택하는 게 좋다(26000 6.7.4.2절).

❖ 지속가능소비

ISO 26000은 지속가능소비sustainable consumption가 “지속가능발전과 일치하는 속도로 제품 및 자원을 소비하는 것”을 의미한다고 했다. 이 개념은 ‘환경과 개발에 관한 리오 선언Rio Declaration on Environment and Development’[44] 제 8 원칙에 의해서 촉진된 것으로,

44) ‘지구정상회의(Earth Summit)’이라고 불리는 1992년 UN 환경 · 개발회의(United Nations Conference on Environment and Development: UNCED)에

제 8 원칙은 모든 사람의 지속가능발전과 더 높은 삶의 질을 달성하기 위해, 국가는 지속가능하지 않은 생산 및 소비방식을 줄이고 제거해야 한다고 규정한다. 지속가능소비 개념은 또한 동물의 신체적 온전함을 존중하고 학대를 피하면서, 동물복지에 관한 관심도 포함한다(26000 6.7.5.1절).

지속가능소비에서 조직의 역할은 조직이 제공하는 제품 및 서비스, 그 수명주기와 가치사슬, 그리고 조직이 소비자에게 제공하는 정보의 본질로부터 발생한다(26000 6.7.5.1절). 현재의 소비 속도는 분명히 지속가능하지 않으며, 환경피해와 자원고갈을 초래하고 있다. 소비자는 그들의 선택과 구매 결정에 있어서 정확한 정보를 토대로 윤리적, 사회적, 경제적, 환경적 요인을 고려함으로써, 지속가능발전에서 중요한 역할을 한다.

조직은 적절하다면 다음과 같은 조치를 취하는 게 좋다. 제품과 서비스의 선택이 소비자 행복과 환경에 같은 영향을 소비자가 이해하도록 하는 효과적인 교육을 촉진하는 게 좋다. 소비방식을 바꾸는 방법과 필요한 변화를 일으키는 방법에 관한 실용적 조언을 제공할 수 있다(26000 6.7.5.2절).

다음 방법을 통해서 제품 및 서비스의 전체 수명주기를 고려하여 사회적으로나 환경적으로 유익한 제품 및 서비스를 소비자에게 제공하고, 사회와 환경에 입히는 부정적 영향을 줄이는 게 좋다(26000 6.7.5.2절).

- 가능한 제품이나 서비스가 보건이나 환경에 대한 부정적인 영향을 제거하거나 최소화하고, 덜 해로우며 더 효율

서 채택된 선언으로, 27개 원칙을 제시했다. 여기에 기초해 마련된 구체 행동계획이 '의제 21(Agenda 21)'이다.

적인 대안이 있을 시에는, 사회와 환경에 악영향이 덜 미치는 제품과 서비스의 선택을 제공하는 게 좋다.

- 제품과 포장이 쉽게 이용되거나, 재이용되거나, 수선되거나 재활용될 수 있도록, 제품과 포장을 디자인하고, 가능한 경우 재활용 및 폐기 서비스를 제공하거나 제안하는 게 좋다.
- 지속가능발전에 기여할 수 있는 공급품을 선호하는 게 좋다.
- 감당할 수 있는 가격에 수명이 더 오랜 좋은 품질의 제품을 제공하는 게 좋다.
- 조직의 제품 및 서비스의 생산 및 전달과 관련해서, 과학적으로 믿을 수 있고, 일관되고, 진실되고, 정확하고, 비교가능하며 입증가능한 정보를 소비자에게 제공하는 게 좋은데, 이 정보는, 적절한 경우, 가치 사슬을 고려한, 자원 효율성의 정보를 포함한다.
- 소비자에게 제품 및 서비스에 관한 정보를 제공하는 게 좋다. 여기에는 보건에 미치는 영향, 원산지, (해당되는 경우)에너지 효율성, (적절한 경우, 유전자 변형 유기체와 나노입자의 이용을 포함한)내용물 또는 재료, (적절한 경우, 동물실험 사용을 포함한)동물 복지 관련 측면, 제품 및 제품 포장의 안전한 이용, 유지, 보관 및 폐기 등이 포함된다.
- 긍정적인 환경적 측면, 에너지 효율성, 그리고 제품 및 서비스의 다른 사회적이고 환경적인 혜택특성을 의사소통하기 위해, 믿을 수 있고, 효과적이며, 독립적으로 입증된 표시제도 혹은, 환경표시나 감사 활동과 같은, 다른

입증 제도를 사용하는 게 좋다.

❖ 소비자 서비스, 지원, 불만 해결

소비자 서비스와 지원, 불만, 분쟁 해결은 제품 및 서비스를 구매하거나 제공받은 후 발생하는 소비자의 욕구를 다루기 위해 조직이 이용하는 체계다. 이런 체계는 환불, 수리와 유지 관련 조항뿐만 아니라 제대로 된 설치, 품질 보증, 이용 관련 기술적 지원 등이 포함된다(26000 6.7.6.1절).

조직은 원격판매로 제품을 구매한 소비자를 포함해서, 모든 소비자들에게 규정된 기한 내에 제품을 반환하거나 다른 적절한 구제방안을 받는 선택을 제공함으로써 소비자의 불만을 예방할 수 있는 조치를 취하는 게 좋다. 소비자의 불만을 검토하고 이에 대응해서 관행을 개선하는 게 좋다. 적절한 경우, 법률이 보장한 기간을 초과하고 제품 기대수명에 따라 적합한 보증을 제공하는 게 좋다(26000 6.7.6.2절).

분쟁 해결과 구제 체계는 물론, 판매 후 서비스와 지원에 소비자가 접근할 수 있는 방법을 소비자에게 명료하게 알리는 게 좋다. 적절하고 효율적인 지원 및 조언 시스템을 제공하는 게 좋다. 감당할 수 있는 가격과 접근할 수 있는 위치에서 보수와 수선을 제공하고, 제품의 예비용 부품들에 대한 예상 입수가능성에 관한 정보를 쉽게 접근할 수 있도록 하는 게 좋다(26000 6.7.6.2절).

국내 및 국제표준을 기반으로 하고, 소비자에게 무료 또는 최소한의 비용을 부담시키며, 소비자의 법적 청구권 추구 권리 포기를 요구하지 않는, 대체 분쟁해결, 갈등해결, 구제절차를 사용하는 게 좋다(26000 6.7.6.2절).

❖ 소비자 데이터 보호

소비자의 데이터 보호와 프라이버시는, 수집되는 정보의 종류와 그런 정보들을 얻고 이용하며 확보하는 방법을 제한함으로써 소비자의 프라이버시 권리를 지키려는 의도다. 대규모 데이터베이스의 성장뿐 아니라(금융 거래에서의 전자 통신을 포함한) 전자 통신과 유전자 시험의 이용이 증가하면서, 소비자의 프라이버시 보호방법, 특히 개인을 식별할 수 있는 정보들의 보호 방법에 대한 우려가 제기되고 있다(26000 6.7.7.1절).

조직은 제품 및 서비스의 제공을 위한 필수적이거나, 소비자에게 미리 알리고 자발적인 동의를 받아 얻은 정보로 한정해서, 개인정보를 수집하는 게 좋다. 마케팅 목적으로 데이터를 (소비자가)원하지 않는데 사용할 때, 소비자의 동의를 조건으로, 서비스나 특별제공 청구권을 사용하는 것을 자제하고, 합법적이고 공정한 수단으로만 정보를 얻는 게 좋다(26000 6.7.7.2절).

정보 수집 이전과 수집 중에 개인 데이터의 수집 목적을 구체화하는 게 좋다. 소비자에게 미리 알리고 자발적으로 동의한 경우, 또는 법률이 요청한 경우를 제외하고, 마케팅을 포함해서, 구체적으로 명시된 목적 이외로 개인 데이터를 공개하거나, (타인이)이용할 수 있게 하거나, 기타 다른 방식으로 이용하지 않는 게 좋다. 법률이 규정한 바에 따라, 조직이 자신과 관련한 데이터를 가지고 있는지 확인하고, 그 정보에 이의를 제기할 권리를 소비자에게 제공하는 게 좋다. 만약 그 이의 제기가 받아들여진다면, 적절한 경우 그 정보는 삭제하거나, 바로 잡거나,

완전하게 만들거나, 고치는 게 좋다(26000 6.7.7.2절).

적절한 보안 보호수단을 통해 개인 데이터를 보호하는 게 좋다. 개인 데이터와 관련한 개발과 관행, 정책에 대해 개방되어 있는 게 좋으며, 개인 데이터의 존재, 본질과, 주된 이용처를 만드는, 쉽게 이용할 수 있는 체계를 제공하는 게 좋다. 조직에서 데이터 보호를 책임질 사람(종종 '데이터 관리자' 라고 함)의 신분과 통상적 소재지를 공개하는 게 좋고, 담당자는 위의 조치 및 적용될 수 있는 법률을 준수할 책임이 있는 사람을 갖는 게 좋다(26000 6.7.7.2절).

❖ 필수 서비스에 대한 접근

기본 욕구 충족권 존중을 보장하는 것이 국가의 책임이긴 하지만, 국가가 이 권리가 보호되고 있는지 보장하지 않는, 장소나 조건이 많이 있다. 보건관리와 같은, 일부 기본 욕구의 충족이 보호되고 있는 경우라 하더라도, 전기, 가스, 물, 폐수처리 서비스, 배수, 하수와 통신 같은, 필수 공공 서비스에 대한 권리가 충분히 달성되지 못할 수도 있다. 조직은 이런 권리들을 충족시키는 데 기여할 수 있다(26000 6.7.8.1절).

필수 서비스를 공급하는 조직은 소비자 혹은 소비자의 그룹이 지불할 수 있는 합리적 시간을 가질 기회를 주지 않고, 요금을 지불하지 않았다고 해서 필수 서비스를 중단해서는 안 된다. 이는 지불 여부와 관계 없이 모든 소비자에게 벌칙을 주는, 서비스의 집단적 차단에 의존해서는 안 된다(26000 6.7.8.2절).

가격과 요금을 정할 때, 상황이 허락된다면, 도움이 필요한 사람들에게 보조금을 지급하는 요금체제를 제공하는 게 좋다.

가격과 요금 책정에 관한 정보를 제공하고, 투명한 방식으로 운영하는 게 좋다(26000 6.7.8.2절).

공급 범위를 늘리는 게 좋고, 모든 소비자 그룹에게 차별없이 같은 질과 수준의 서비스를 제공하는 게 좋다. 공급의 단축 또는 중단은 공평한 방식으로 관리하며, 어떤 소비자 그룹에 대한 차별은 피하는 게 좋다. 서비스 중단 예방을 돕기 위한, 조직의 시스템을 유지하고 업그레이드하는 게 좋다(26000 6.7.8.2절).

❖ 교육과 인식

교육 및 인식 이니셔티브는 소비자가 잘 정보를 제공받도록 하고, 자신의 권리와 책임을 의식할 수 있게 하며, 적극적인 역할을 할 가능성을 크게 하고, 식견을 가진 구매 결정과 책임감 있는 소비를 할 수 있도록 한다. 저소득층 소비자와 글을 읽고 쓰는 수준이 낮은 사람들과 같이, 도시 및 농촌 지역 모두에서 불우한 소비자들은 교육과 제고된 인식에 대한 특별한 욕구가 있다(26000 6.7.9.1절).

소비자 교육의 목적은 지식을 전달하는 것뿐만 아니라, 소비자가 그런 지식에 따라 행동하도록 권한을 주는 것이다. 이는 제품과 서비스를 평가하고, 비교할 수 있는 기능을 개발하는 것을 포함한다. 또한 다른 사람들이나 지속가능발전에 소비 선택이 미치는 영향에 대한 인식을 높이는 의도도 있다. 만약 소비자가 제품이나 서비스를 이용할 때 해를 입었다면, 교육을 했다는 것이 조직의 책임을 면제하진 않는다(26000 6.7.9.2절).

소비자 교육을 시행할 때, 적절한 경우 조직은 다음 사항을 다루는 게 좋다(26000 6.7.9.2절).

- 제품의 유해성과 같은, 보건 및 안전
- 적절한 법과 규정, 구제를 받는 방법, 소비자 보호를 위한 기관 및 조직에 관한 정보
- 매뉴얼이나 설명서에 제공된, 제품 및 서비스의 표시와 정보
- 무게 및 크기, 가격, 품질, 신용 조건, 그리고 필수 서비스의 이용 가능성에 관한 정보
- 이용 관련 위험과 필요한 예방조치에 대한 정보
- 금융 및 투자 제품과 서비스
- 환경 보호
- 재료, 에너지 및 물의 효율적 이용
- 지속가능소비
- 포장, 폐기물 및 제품의 제대로 된 폐기

핵심 주제(7): 지역사회 참여와 발전

ISO 26000이 정의하는 지역사회community란 "조직의 현장과 물리적으로 근접하거나 조직의 영향영역 내에 있는 지리적 영역에 위치한 주거지 또는 다른 사회적 정주지residential or other social settlements located in a geographic area that is in physical proximity to an organization's sites or within an organization's areas of impact"를 말한다(26000 6.8.1절).

조직의 지역사회 참여는 조직의 영향과 관련된 이해관계자 참여에 더해 지역사회가 유지하고 있는 가치를 포함해서 지역사

회를 지지하고, 지역사회와 관계를 만들어 가는 일을 포함한다. 따라서 조직의 지역사회 참여는 조직이 그 지역사회와 공통의 이해를 함께 하는, 지역사회의 이해관계자라는 인식에서 비롯되어야 한다(26000 6.8.1절).

지역사회 발전에 관한 조직의 역할에 관해서는 몇 가지 주요 국제문서가 방향을 제시하고 있다.

첫째, '환경과 개발에 대한 리오 선언'은 구체적인 행동계획으로 의제 21Agenda 21을 도입했는데, 의제 21은 인간의 활동이 사회와 환경에 영향을 미치는 어느 곳에서나 조직이 지역에서 실행할 수 있는 포괄적인 행동계획을 담고 있다(26000 6.8.2.2절).

둘째, 엄청난 사회과제들, 특히 빈곤, 실업, 사회배제와 같은 문제를 다룰 긴급한 필요를 인정한 '사회발전에 관한 코펜하겐 선언Copenhagen Declaration on Social Development'[45]과 행동 프로그램은 국제 사회가 빈곤을 극복하고, 생산적이면서, 적절하게 보수를 받고, 자유롭게 선택할 수 있는 완전고용의 목적과 개발 목표를 넘어서는 사회통합을 촉진할 것을 약속하게 했다(26000 6.8.2.2절).

셋째, 'UN 새천년 선언United Nations Millennium Declaration'[46]은 달성된다면 세계의 주요 발전과제의 해결을 도울 수 있는 '새천년 개발 목표Millenium Development Goals(MDGs)'를 설정했다. UN 새천년

45) 1995년 코펜하겐에서 열린 사회발전에 관한 세계정상회의(World Summit for Social Development)에서 채택된 선언을 말한다.

46) 2000년 9월 UN본부에서 열린 '새천년 정상회의(Millenium Summit)'의 결과로 채택된 선언으로, 2015년까지 달성할 8개 목적, 즉 새천년 개발 목표(Millenium Development Goals: MDGs)를 담고 있다.

선언은 발전이 공공정책을 통해 이끌어지고, 일차적으로 주도된다 할지라도, 개발과정은 모든 조직의 기여에 달렸다는 것을 강조한다. 조직의 지역사회 참여는 지역 차원에서 이런 목적의 달성에 기여하는 것을 돕는다(26000 6.8.2.2절).

지역사회 참여와 발전에 관해서 우리는 다음과 같은 질문을 던질 수 있다. ISO 26000은 지역사회를 주거지나 정주지로 정의했지만, 주거지나 정주지를 대상으로 교육, 문화, 보건을 증진시킬 수는 없다. 결국 지역사회 발전은 주거지나 정주지와 관련된 사람과 연결되어야 한다. 그렇다면 지역사회는 사람으로 규정되어야 할 것인데, 이는 해당 지역사회의 거주자를 말하는지 근무자까지 포함하는지가 명확하게 설명되어야 할 것이다. 또한 ISO 26000이 정의한 지역사회의 범위를 결정하는 기준으로서의 물리적 근접과 영향영역이 어떻게 설정되는지에 대해서도 명확하게 설명될 필요가 있다.

❖ 지역사회 참여와 발전의 7개 이슈

ISO 26000은 지역사회 참여와 발전에 관한 이슈를 [그림 33]과 같이 (1) 지역사회 참여, (2) 교육과 문화, (3) 고용 창출과 기능개발, (4) 기술개발과 접근성, (5) 부와 소득 창출, (6) 보건, (7) 사회투자의 7개로 제시했다.

또한 ISO 26000의 지역사회 참여와 발전에 관한 이슈는 [그림 34]와 같이 그 특성에 따라 기여영역과 기여방법으로, 다시 기여영역은 경영 내적 영역과 외적 영역으로 재분류될 수 있다.[47]

---

47) 이 재분류는 상대적 구분에 불과하다. 지역사회 교육문화 창달이나 보건

그림 33 지역사회의 7개 이슈

그림 34 지역사회 이슈의 재분류

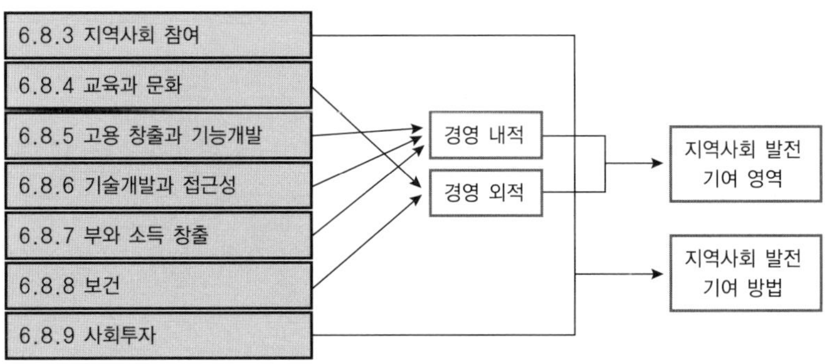

증진을 목적으로 조직에게 교육과 문화, 보건은 절대 경영 외적 요소일 수 없다. 여기서 경영 내·외적 요소란 대부분의 조직에서 경영 내적 요소이며, 대부분의 조직에서 경영 외적 요소라는 뜻임을 밝힌다.

❖ 지역사회 참여

지역사회 참여는 "지역사회의 문제를 예방·해결하고, 지역사회의 조직, 이해관계자와 파트너십을 육성하며, 지역사회의 좋은 조직시민good organizational citizen이 되려는 바람을 가지고, 조직이 지역사회에 대해 하는 능동적인 지원활동"이다(26000 6.8.3.1절).[48]

조직은 시민기관에 참여하고 지원함으로써, 또 시민사회를 구성하는 그룹과 개인의 네트워크에 참여함으로써 지역사회에 기여한다(26000 6.8.3.2절). 조직은 사회투자와 지역사회 발전 활동의 우선순위를 결정할 때 대표적인 지역사회 그룹과 협의하는 게 좋다. 취약하고, 차별받고, 주변으로 밀려나고, 대표되지 못하며, 과소하게 대표되는 그룹에 특별한 관심을 가지며, 그들이 자신의 선택을 확대하고 권리를 존중하도록 돕는 방식으로 그들을 참여시키는 게 좋다(26000 6.8.3.2절).

가능하고 적절하다면 공익과 지역사회 개발 목적에 기여하는 목표를 가진 지역 연합조직에 참여하는 게 좋다. 지방정부 공무원과 정치 대표자와 증·수뢰나 부적절한 영향력으로부터 자유로우면서, 투명한 관계를 유지하는 게 좋다. 사람들이 지역사회 서비스에 자원하도록 격려하고 지지하는 게 좋다(26000 6.8.3.2절).

조직은 정책 형성과 발전 프로그램의 수립, 실행, 관측과 평가에도 기여하는 게 좋다. 그렇게 할 때 조직은 다른 사람이

48) 그러나 지역사회 참여가 조직이 지역사회의 사회와 환경에 미치는 영향에 대해 부담해야 할 책임을 대체하는 것이 아님을 ISO 26000은 분명히 했다.

자신의 이해를 표현하고 방어하는 권리를 존중하고 이런 견해를 적정하게 고려하는 게 좋다(26000 6.8.3.2절).

조직은 선주민에게 영향을 주는 개발 조건에 대해, 선주민을 포함한, 지역사회와 협의하고 그 결과를 수용하는 게 좋다. 이 협의는 개발에 앞서 하는 게 좋으며, 완전하고 정확하며 접근 가능한 정보에 근거하는 게 좋다(26000 6.8.3.2절).

❖ 사회투자

사회투자social investment는 조직이 지역사회 삶의 사회적 측면을 개선시킬 목적으로, 자신의 자원을 이니셔티브와 프로그램에 투자할 때 일어난다. 사회투자의 유형은 교육, 훈련, 문화, 보건관리, 소득 창출, 기반시설 개발, 정보 접근성 개선 또는 경제·사회적 발전을 촉진할 가능성이 있는 다른 어떤 활동과 관련된 프로젝트를 포함할 수도 있다(26000 6.8.9.1절).

사회투자를 위한 기회 식별에 있어, 조직은 지역·국가의 정책결정자들이 세운 우선순위를 고려하면서, 조직이 운영되는 지역사회의 욕구와 우선순위에 조직의 기여를 맞추는 것이 좋다. 정보 공유, 협의, 협상은 사회투자를 식별하고 실행하기 위한, 참여적 접근방식을 위한 유용한 도구다. 사회투자는 자선(예를 들어, 보조금, 자원활동과 기부)을 배제하지 않는다(26000 6.8.9.1절).

조직은 또한 프로젝트의 디자인이나 실행에 지역사회 참여를 독려하는 게 좋은데, 이는 조직이 더 이상 참여하지 않을 때, 프로젝트가 계속 유지되고 번영할 수 있도록 도울 수 있기 때문이다. 사회투자는 장기적으로 스스로 유지될 수 있고 지속가능발전에 기여하는 프로젝트를 우선시하는 게 좋다(26000 6.8.9.1절).

조직은 사회투자 프로젝트를 기획함에 있어 지역사회 발전 촉진을 고려하는 게 좋다. 예를 들어 지역 발전을 지원하기 위해 지역조달이나 아웃소싱을 늘림으로써 시민에 대한 기회를 넓히는 게 좋다. 조직의 자선 활동, 조직의 계속되는 존재와 지원에 대한 지역사회 의존을 영속시키는 행동은 피하는 게 좋다(26000 6.8.9.2절).

기존의 지역사회 관련 이니셔티브들을 평가해서 지역사회와 조직 내의 사람들에게 보고하고, 개선이 이루어질 수 있는 곳을 확인하는 게 좋다(26000 6.8.9.2절).

시너지 효과를 최대화하고, 보완적인 자원, 지식과 기능을 이용하기 위해 정부, 기업, 혹은 NGO를 포함한, 다른 조직과 파트너 맺는 것을 고려하는 게 좋다. 조직의 늘어나는 능력, 자원, 기회에 대한 기여의 중요성을 감안하여, 취약그룹이나 차별받는 그룹 그리고 저소득층을 위한 식량과 다른 필수제품에 대한 접근성을 제공하는 프로그램에 기여하는 것을 고려하는 게 좋다(26000 6.8.9.2절).

❖ 고용 창출과 기능개발

고용은 경제 발전과 사회 발전에 관련된 세계적으로 인정된 목표다. 고용을 창출함으로써, 크고 작은 모든 조직은 빈곤 감소와 경제 발전과 사회 발전 촉진에 기여할 수 있다. 고용을 창출할 때 고용자는 ISO 26000 6.3절과 6.4절에서 제안한 관련된 지침을 준수하는 게 좋다(26000 6.8.5.1절).

기능개발은 고용 촉진의 필수 요소이며 사람들이 제대로 되고 생산적인 직업을 가지도록 지원하여 경제 발전과 사회 발전에 필수적이다(26000 6.8.5.1절).

조직은 조직의 투자 결정이 고용 창출에 미치는 영향을 분석하고, 경제적으로 독자유지가 가능하다면, 고용을 창출함으로써 빈곤을 완화하는 직접 투자를 하는 게 좋다. 기술 선택이 고용에 미치는 영향을 고려하고, 장기적인 관점에서 경제적으로 독자유지가 가능하다면, 고용기회를 극대화하는 기술을 선택하는 게 좋다(26000 6.8.5.2절).

아웃소싱 의사결정을 하는 조직 내부와 그런 결정에 영향을 받는 외부 조직 모두의 고용 창출에 대한 아웃소싱 결정의 영향을 고려하는 게 좋다. 임시 근로 방식을 이용하기보다 직접적 고용 창출로의 이익을 고려하는 게 좋다. 견습직 프로그램, 특정 불우그룹에 초점을 둔 프로그램, 평생학습 프로그램, 그리고 기능 인정 및 인증 제도를 포함한, 지역적 그리고 국가적 기능개발 프로그램 참여를 고려하는 게 좋다(26000 6.8.5.2절).

지역사회 내에 기능 개발 프로그램이 부적절한 경우, 가능하다면 지역사회 내 다른 조직들과의 파트너십을 통해, 기능 개발 프로그램 개발 또는 개선을 돕는 것을 고려하는 게 좋다. 고용과 능력배양에 대해 취약그룹에 특별한 주의를 기울이는 게 좋다. 고용 창출에 필요한 프레임워크 조건의 촉진을 돕는 것을 고려하는 게 좋다(26000 6.8.5.2절).

❖ 기술개발과 접근성

경제 발전과 사회 발전 추진을 돕기 위해, 지역사회와 그

구성원은 무엇보다도 현대기술에 대한 완전하고 안전한 접근이 필요하다. 조직은 인적자원 개발과 기술 확산을 촉진하는 방법으로 전문 지식, 기능과 기술을 적용함으로써 조직이 운영되는 지역사회의 발전에 기여할 수 있다(26000 6.8.6.1절).

정보와 통신 기술은 현대 생활의 많은 부분을 특징지으며, 수많은 경제 활동을 위한 가치 있는 기반이다. 정보접근성은 국가, 지역, 세대 및 성별 등에 존재하는 불균형을 극복하는 핵심이다. 조직은 훈련, 파트너십과 다른 행동을 통해 이런 기술에 대한 접근성을 향상하는 데 기여할 수 있다(26000 6.8.6.1절).

조직은 지역사회의 사회, 환경적 이슈 해결을 도울 수 있는, 혁신적인 기술 개발에 기여하는 것을 고려하는 게 좋다. 쉽게 복제할 수 있고 빈곤과 기아 퇴치에 매우 긍정적 영향을 가진, 저비용의 기술 개발에 기여하는 것을 고려하는 게 좋다(26000 6.8.6.2절).

경제적으로 실현 가능하다면, 해당 지식과 기술에 대한 지역사회의 권리를 보호하면서, 잠재적 · 지역적이고 전통적인 지식과 기술을 개발하는 것을 고려하는 게 좋다. 지역사회의 파트너들과 과학과 기술 개발을 제고하기 위해, 대학이나 연구 실험실 같은, 조직과 파트너십을 구축하는 것을 고려하고, 이런 일에 지역주민들을 고용하는 게 좋다(26000 6.8.6.2절).

경제적으로 실현가능하다면, 기술 이전과 확산이 가능하게 하는 관행을 채택하는 게 좋다. 해당되는 경우, 조직은 지역 발전에 공헌하도록 라이센스나 기술 이전에 관한 합리적인 조건을 설정하는 게 좋다. 기술을 관리하기 위한 지역사회의 능력을 고려하고 증대하는 게 좋다(26000 6.8.6.2절).

◈ 부와 소득 창출

경쟁적이며 다양한 기업이나 협동조합은 어느 지역사회에서나 부를 창출하는 데 있어서 아주 중요하다. 조직은 기업가정신이 번영하고 지역사회에 끊임없이 이익을 제공하는 환경이 조성되도록 도울 수 있다. 조직은 경제와 사회 복지를 촉진하고 지역사회의 이익을 창출하는, 경제적 자원과 사회적 관계를 강화하려는 광범위한 노력뿐만 아니라, 기업가정신 프로그램들, 지역 공급자의 발전, 그리고 지역사회 구성원 고용을 통해, 부와 소득 창출에 긍정적으로 기여할 수 있다(26000 6.8.7.1절).

나아가, 지역사회 수준에서 부와 소득 창출을 돕고, 지역사회 구성원 사이에서 경제적 이익의 균형잡힌 분배를 촉진함으로써, 조직은 빈곤 감소에 중대한 역할을 할 수 있다. 여성에 대한 권한 부여가 사회의 행복에 지대하게 기여한다는 것이 널리 인식됨에 따라, 여성을 대상으로 하는 기업가정신 프로그램이나 협동조합이 특히 중요하다(26000 6.8.7.1절).

또한 부와 소득 창출은 경제활동 이익의 공정한 분배에 달려있다. 정부는 아주 중요한 발전 이슈를 다루는 수입을 얻기 위해 세금 의무를 충족하는 조직에 의존한다(26000 6.8.7.1절).

많은 상황에서 지역사회의 물리, 사회 및 경제적 고립은 지역사회 발전을 저해할 수 있다. 조직은 그들의 활동이나 가치사슬에 지역 주민, 그룹, 그리고 조직을 통합함으로써 지역사회 발전에 긍정적 역할을 할 수 있다. 이런 방식으로 지역사회 발전에 대한 고려는 조직 핵심 활동의 필수 부분이 될 수 있다(26000 6.8.7.1절).

조직은 법과 규정을 준수함으로써 발전에 기여할 수 있다. 어떤 상황에서, 지역사회 그룹이, 의도한 법적 틀 내에서 운영되지 못하는 것은 빈곤이나 발전 조건의 결과이다. 이런 상황에서, 법적 틀 밖에서 운영하는 그룹과 관련된 조직은 빈곤 경감과 발전 촉진을 목적으로 하는 게 좋다. 또한 조직은 이런 그룹이, 특히 경제적 관계에 관련해서, 좀 더 크게, 궁극적으로는 완전히 법을 준수할 수 있도록 하는 기회를 만들려고 노력하는 게 좋다(26000 6.8.7.2절).

조직은 지역사회의 지속가능발전에 필요한 기본자원에 대한 영향을 포함하여, 지역사회에 들어가거나 떠나는 것의 경제적 그리고 사회적 영향을 고려하는 게 좋다. 지역사회의 기존 경제활동 다양성을 활발하게 하는 적절한 이니셔티브를 지지하는 것을 고려하는 게 좋다. 제품과 서비스의 지역 공급자를 선호하며, 가능하다면 지역 공급자의 발전에 기여할 것을 고려하는 게 좋다(26000 6.8.7.2절).

지역사회 내에서 불우한 그룹에 특별한 주의를 기울이는 한편, 가치사슬에 기여하기 위해 지역 공급자의 능력과 기회를 강화하기 위한 이니셔티브의 실행을 고려하는 게 좋다. 조직이 적절한 법적 틀 내에서 운영하도록 돕는 것을 고려하는 게 좋다(26000 6.8.7.2절).

그 목적이 빈곤을 다루는 것일 때, 그리고 이런 조직의 활동이 인권을 존중하며, 이런 조직이 적절한 법적 틀 안에서 자신의 활동을 하려고 일관되게 노력할 것이라는 합리적 기대가 있을 때에만, 발달 수준이 낮아서 법적인 요구사항을 충족시키는 데 어려움을 겪는 조직들과 함께 경제 활동에 참여하는 게 좋다(26000 6.8.7.2절).

생산성 향상, 기업가정신 고취에 있어, 지역사회 구성원, 특히 여성 또는 사회적으로 불우하거나 취약한 다른 그룹이, 사업과 협동조합을 설립하도록 돕는, 오래 유지되는 프로그램과 파트너십에 기여하는 것을 고려하는 게 좋다. 예를 들어, 그런 프로그램은 공급자, 관리와 기술 지원, 금융에 대한 접근과 합작사업 촉진에 필요한 사업 기획, 마케팅, 품질표준의 훈련을 제공할 수 있다(26000 6.8.7.2절).

가축 잘 돌보기를 포함해서 이용 가능한 자원의 효율적인 사용을 장려하는 게 좋다. 예를 들어 기술명세서에 맞추는 능력 배양을 포함한, 지역사회 조직에 보다 쉽게 접근 가능한 조달 기회를 만들기 위한 적절한 방법을 고려하는 게 좋고, 이용할 수 있는 조달 기회에 관한 정보를 만드는 것을 고려하는 게 좋다(26000 6.8.7.2절).

지역사회 복지에 이익이 되는, 지방, 지역 및 도시 시장과의 연결뿐 아니라, 지역사회에 필요한 제품과 서비스를 제공하여 지역 고용을 창출할 수 있는 조직과 개인을 지원하는 것을 고려하는 게 좋다. 지역사회에 기반한 기업가 단체의 발전에 도움이 되는 적절한 방법들을 고려하는 게 좋다(26000 6.8.7.2절).

조직의 세금 책임을 충족하는 게 좋고, 내야 할 세금을 올바르게 결정하기 위해 필요한 정보를 당국에 제공하는 게 좋다. 피고용인을 위한 퇴직연금과 노령연금에 대한 기여금 납부를 고려하는 게 좋다(26000 6.8.7.2절).

❖ 교육과 문화

교육과 문화는 모든 사회발전과 경제발전의 토대이며, 지역사회 정체성의 일부이다. 문화 보존 및 촉진, 그리고 인권 존중과 양립하는 교육 촉진은 사회화합과 발전에 긍정적인 영향을 미친다(26000 6.8.4.1절).

조직은 모든 수준의 교육을 촉진하고 지원하며, 교육의 질과 접근성을 높이고, 지역 지식을 촉진하고, 문맹 근절을 돕는 행동에 참여하는 게 좋다. 특히 취약그룹이나 차별받는 그룹의 학습 기회를 촉진하는 게 좋다. 어린이들이 공식적인 교육에 등록하도록 격려하고, (어린이노동과 같이)어린이가 교육을 받으려는 데 대한 장벽을 없애는 데 기여하는 게 좋다(26000 6.8.4.2절).

적절한 경우 문화 활동을 촉진하고, 인권 존중의 원칙에 부합되도록 지역 문화와 문화적 전통을 인정하고 가치 있게 여기는 게 좋다. 역사적으로 불우한 그룹에게 권한을 주는 문화적 활동들을 지원하는 행동은 차별 퇴치 수단으로서 특히 중요하다. 인권 교육과 인지 제고 촉진을 고려하는 게 좋다(26000 6.8.4.2절).

문화유산, 특히 조직 운영이 문화유산에 영향을 미치는 경우, 문화유산을 보존하고 보호하도록 돕는 게 좋다. 적절한 경우, 선주민 지역사회의 전통지식과 기술 이용을 촉진하는 게 좋다(26000 6.8.4.2절).

❖ 보건

보건은 사회에서 삶에 필수적인 요소이며 인정된 인권이다.

공공 보건에 위협이 되는 것들은 지역사회에 심각한 영향을 미칠 수 있고, 지역사회 발전을 방해할 수 있다. 따라서 규모가 크든 작든, 모든 조직은 보건에 대한 권리를 존중하며, 조직의 수단 내에서, 그리고 적절한 경우, 보건증진과, 보건위협 및 질병 예방, 그리고 지역사회에 대한 어떠한 피해의 완화에 기여하는 게 좋다.[49] 이는 공공보건 캠페인의 참여를 포함할 수도 있다(26000 6.8.8.1절).

조직은 또한 가능하고 적절한 경우에, 특히 공공 서비스를 보강하고 지원함으로써, 보건 서비스에 대한 접근 개선에 기여하는 게 좋다. 공공 보건 시스템을 제공하는 것은 국가의 역할인 나라에서조차, 모든 조직은 지역사회의 보건에 기여하는 것을 고려할 수 있다. 건강한 지역사회는 공공부문의 부담을 줄이고, 모든 조직들을 위한 좋은 경제 · 사회적 환경을 만드는 데 기여할 수 있다(26000 6.8.8.1절).

조직은 조직이 제공하는, 어떠한 제조과정, 제품 또는 서비스가 보건에 미치는 부정적 영향을 제거하는 데 노력하는 게 좋다. 예를 들어, 약품이나 백신에 대한 접근성에 기여하거나, 운동과 좋은 영양, 질병 조기검진, 피임법에 대한 인식 제고, 건강하지 않은 제품과 물질의 소비 억제를 포함한, 건강한 생활방식을 권장함으로써, 보건증진을 촉진하는 것을 고려하는 게 좋다. 어린이 영양에 특별한 주의를 기울이는 게 좋다(26000 6.8.8.2절).

HIV/AIDS, 암, 심장질환, 말라리아, 결핵과 비만 같은, 건

49) ISO 26000은 보건 이슈가 6.4.6절 '근로에서의 보건과 안전,' 6.5절 '환경,' 6.7.4절 '소비자의 보건과 안전 보호'와 관련되어 있다고 했다.

강 위협과 주요 질병 및 이들의 예방에 대한 인식 제고를 고려하는 게 좋다. 질병예방의 수단으로서 필수 의료서비스, 깨끗한 물, 적절한 위생에 대한, 오래 유지되고 보편적인 접근을 지원하는 것을 고려하는 게 좋다(26000 6.8.8.2절).

06 ISO 26000이 제안한 사회책임 실천: 과정 측면

ISO 26000은 사회책임 실천과정을 여러 측면에서 설명하고 있다. 또 어떤 경우는 비슷한 실천과정의 측면이 표준의 여러 부분에서 다뤄지기도 한다.[1] 그러나 이렇게 쉽게 이해할 수 없을 정도로 많은 측면을 표준 전체에 분산시켜 설명한 ISO 26000의 방식은 표준 사용자에게 이해보다는 부담과 혼란을 줄 우려가 있다. 따라서 이 책에서는 ISO 26000이 언급한 사회책임 실천과정의 여러 측면을 5개의 요소로 구성된, 보다 단순한 절차로 재분류해서 설명하려 한다.

이 책에서 제안하는 사회책임의 단순한 절차를 살펴보기 이전에 사회책임 관련 기존 표준들이 제시한, 몇 가지 실천절차모형을 살펴보고, 이들의 특징을 통해 이 책이 제시할 사회책임 실천절차모형을 구성하기로 한다.

---

1) 예를 들어 조직의 영향권 문제는 ISO 26000 5.2.3절과 7.3.3절에서, 이해관계자 참여는 5.3.3절과 7.5.4절에서 다뤄지는 식이다.

사회책임 실천절차모형

이 책 제 2 장에서 소개한, 사회책임의 다양한 국제흐름 중 일부는 이 책 제 5 장에서 다룬 것과 같은 사회책임의 실질내용을 규정하기도 했지만, 또 다른 일부는 사회책임 실천을 위한 절차모형을 제시하기도 했다. 사회책임 실천절차모형을 모두 살펴보는 것은 이 책의 범위를 벗어나는 일이지만, 최근 제시된 몇 가지 모형을 중심으로 사회책임 실천절차의 특성을 살펴보기

그림 35 SD 21000의 사회책임 실천절차

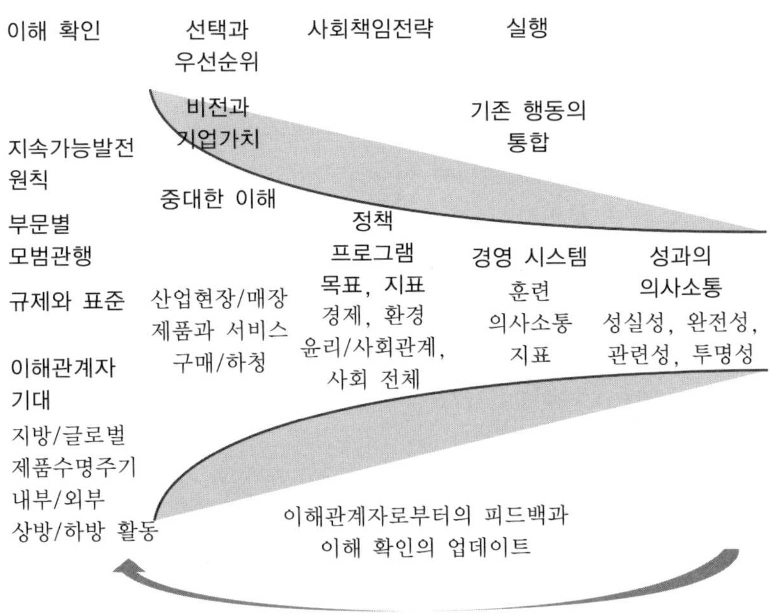

출처: 노한균(2007a), p. 55, 저자 번역.

로 하자.

사회책임 실천절차모형은 어느 측면을 강조하느냐에 따라 다소 차이가 있을 수 있지만, 대부분 비슷한 구성요소로 되어 있다. 예를 들어 프랑스 표준기구ANFOR가 2003년 개발한 SD 21000의 경우 [그림 35]와 같은, 사회책임의 실천절차를 제시하고 있다.

SD 21000의 실천절차모형은 사회책임 실천을 위한 중요한 절차요소를 포함하고 있어 모형의 완전성은 높다고 할 수 있으나, ISO 26000과 같이 많은 요소를 한 모형에 담다보니, 특히 처음 표준을 사용하는 경우 실천절차모형 자체가 매우 복잡하게 느껴질 수 있다.

반면, SD 21000보다 훨씬 단순한 실천절차모형을 제시해 사

그림 36 AA 1000의 사회책임 실천절차

출처: 노한균(2007a), p. 51, 저자 번역.

표 23 AA 1000의 사회책임 실천절차 구체화

<table>
<tr><th colspan="2">과정</th><th colspan="2">5대 과정 요소와의 관계</th></tr>
<tr><td>P1</td><td>약속과 거버넌스 절차 설립</td><td rowspan="3">기획
(planning)</td><td rowspan="12">이해관계자
참여
(stakeholder engagement)</td></tr>
<tr><td>P2</td><td>이해관계자 확인</td></tr>
<tr><td>P3</td><td>가치 정의/검토</td></tr>
<tr><td>P4</td><td>이슈 확인</td><td rowspan="5">회계
(accounting)</td></tr>
<tr><td>P5</td><td>절차 범위 결정</td></tr>
<tr><td>P6</td><td>지표 확인</td></tr>
<tr><td>P7</td><td>정보 수집</td></tr>
<tr><td>P8</td><td>정보 분석, 목표 설정, 개선계획 마련</td></tr>
<tr><td>P9</td><td>보고서 준비</td><td rowspan="3">감사와 보고
(auditing and reporting)</td></tr>
<tr><td>P10</td><td>보고서 감사</td></tr>
<tr><td>P11</td><td>보고서 발표 및 의견 접수</td></tr>
<tr><td>P12</td><td>시스템 구성 및 통합</td><td>통합
(embedding)</td></tr>
</table>

출처: 노한균(2007a), p. 51.

용자가 쉽게 이해할 수 있도록 한 사례로는 영국의 비영리단체인 어카운터빌리티AccountAbility가 개발한 AA 1000의 사회책임 실천절차모형을 들 수 있다.[2] AA 1000은 [그림 36]과 같은, 5개의 행동범주로 구성된 지속개선의 사회책임 실천절차모형을 제시하고 있어, SD 21000의 실천절차모형보다는 간단하게 보인다.

2) AA 1000시리즈는 핵심표준(core standards), 지침주석(guidance notes) 등 여러 가지 하위표준으로 구성되어 있는데, 이에 대한 보다 상세한 사항은 노한균(2007a)이나 어카운터빌리티 웹사이트(http://www.accountability.org)를 참조하기 바란다.

그림 37 UN 글로벌콤팩트의 사회책임 실천절차

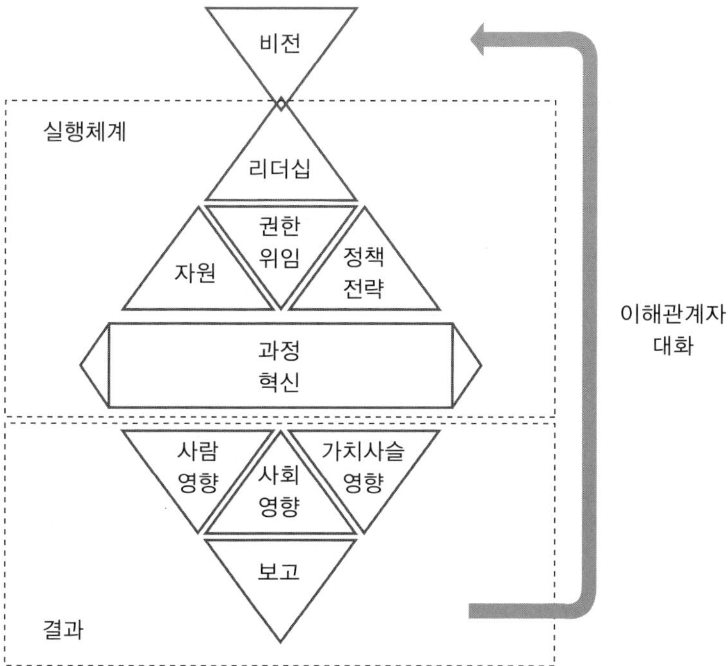

출처: UNGC(2007), p. 10을 저자가 번역하고 일부 수정.

그러나 AA 1000에서는 실제로 많은 활동이 필요한, 사회책임의 실천절차모형을 단순하게 만들다 보니, 이 모형에 미처 포함하지 못한 12개의 과정을 〈표 23〉과 같이 다시 5개의 행동범주와 연결시켜 설명하고 있다.

최근 들어 국제 수준의 사회책임 실천 촉진에 점차 영향력을 더해가는 UN 글로벌콤팩트의 사회책임 실천절차모형은 복잡성 측면에서 SD 21000과 AA 1000의 중간 정도 된다.

UN 글로벌콤팩트는 유럽품질경영재단European Foundation for Quality Management(EFQM)의 품질경영모형에 기초해서 [그림 37]과 같은 사회책임 실천절차모형을 만들었는데, 모형의 구성요소는 복잡하지만 이를 다시 비전, 실행체계, 결과, 이해관계자 대화의 형식으로 대분해서 모형의 포괄성과 단순성을 함께 얻는 효과를 내고 있다.

이상과 같이 기존에 제시된 몇 가지 사회책임 실천절차모형을 통해 이 책은 사회책임 실천절차모형의 필수 구성요소로서 (1) 사회책임에 대한 조직의 방향 정립, (2) 사회책임 확인, (3) 사회책임 실천, (4) 실천결과의 확인, (5) 의사소통이라는 5가지를 제안하고, 이들 5가지 구성요소 사이의 관계를 [그림 38]과 같이 정리했다.

[그림 38]은 앞서 간략히 소개한, 기존의 사회책임 실천절차모형들이 공통으로 제시하고 있으며, 중요하다고 판단되는 요소를 선정해서 모형에 포함시켰지만, 두 가지 측면에서 기존 모형과는 다른 점을 가지고 있다.

그림 38 이 책의 사회책임 실천절차

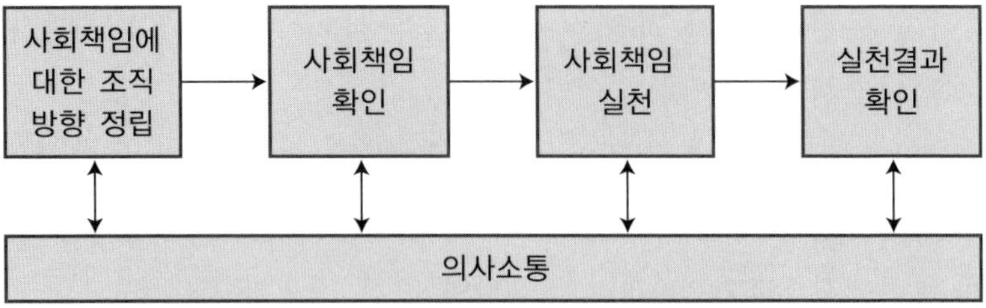

첫째, 대부분의 사회책임 실천절차모형은 사회책임을 확인한 후에 이에 대한 조직의 방향을 정립하는 순서를 취할 것을 제안하고 있으나, 이 모형에서는 조직의 사회책임 방향 정립이 사회책임 확인보다 먼저 있어야 함을 강조한다.[3)]

사회책임을 확인한 후 사회책임에 대한 조직의 방향을 정하게 되면 조직 내·외부에서 일어나고 있는, 사회책임 관련 요구를 조직이 확인한 후, 이런 요구를 조직이 받아들일까를 중심으로 결정이 이루어질 가능성이 크다. 이런 절차를 따른 사회책임의 실천은 조직이 스스로 자신의 사회책임을 찾아 결정하고 실천하는 주도성보다 주변 상황에 따라 자신의 사회책임을 결정하는 수동성으로 특징지어지게 된다. 이렇게 되면 이른바 대응하는 사회책임responsive social responsibility[4)]이 될 수밖에 없으며, 사회책임 실천으로는 일정 수준을 넘어서기가 어렵게 된다.

이 책이 제안하는 사회책임 실천절차모형의 두 번째 특징은 의사소통이 실천절차모형 전체에 걸쳐 이뤄져야 함을 강조한 것이다. 일부 사회책임 실천절차모형에서 이해관계자와의 대화는 사회책임 결과 보고 이후에 일어나는 것으로 표현되고 있다. 그러나 사회책임이 조직 운영의 근본으로 자리잡기 위해서는 의사소통의 대상이 조직 내·외부를 막론한 모든 이해관계자로 확대되어야 함은 물론 의사소통의 시점도 결과가 보고된 이후의 시

---

3) 〈표 24〉가 보여주듯, ISO 26000도 사회책임에 관한 조직의 방향 설정은 사회책임 인식보다 훨씬 뒤에, 확인된 사회책임 실천의 일부인 통합의 한 요소로 설명하고 있다.

4) 이 개념은 조직이 넘어서야 할 사회책임 접근방식이며(Porter와 Kramer, 2006), 이 책 제 4 장 〈표 12〉의 사회책임 실천단계에서도 5단계 중 2단계 수준에 불과하다. 일부 학자는 이를 진정한 의미의 사회책임이 아닌 사회대응(social responsiveness)이라고 구분해서 부르기도 했다(Frederick, 1978).

점뿐 아니라 조직의 사회책임 방향 설정과 사회책임 확인 및 실천을 포함한 전 과정에서 일어나야 한다.

위와 같은 사회책임 실천절차모형에 비추어 볼 때, ISO 26000은 이용자가 명확히 이해하고 따를 만한, 사회책임 실천절차모형을 제시하지 못하고 있다고 할 수 있다. 이 책 제3장 [그림 2]로 소개한 ISO 26000의 구성체계도가 사회책임 실천절차모형을 포함하고 있다고 말할 수도 있겠지만, 이 구성체계도는 ISO 26000 표준 전체의 구성을 체계화시킨 그림이며, 그 일부에 포함된 사회책임 실천절차는 위에 소개한 어떤 실천절차모형보다 복잡하고 체계가 잡혀있지 않다.

따라서 이 책에서는 사회책임 실천과 관련이 있다고 생각되는 ISO 26000의 부분을 〈표 24〉와 같이 열거한 후 이들이 [그림 37]로 제시한 이 책의 사회책임 실천절차모형의 5가지 구성요소와 어떻게 관련되고 있는지를 정리했다. 이렇게 정리된 내용을 바탕으로 이 책에서는 사회책임의 실천과정을 5가지 구성요소에 따라 설명하려 한다.

표 24 사회책임 실천 관련 ISO 26000 부분과 실천절차

ISO 26000 \ 실천과정		방향	확인	실천	결과	소통
5.2	사회책임 인식					
5.2.1	영향, 이해 및 기대		○			
5.2.2	사회책임 핵심 주제와 관련 이슈 인식		○			
5.2.3	사회책임과 조직의 영향권		○			
5.3	이해관계자 식별과 참여					

ISO 26000 \ 실천과정		방향	확인	실천	결과	소통
5.3.1	일반					
5.3.2	이해관계자 식별		○			○
5.3.3	이해관계자 참여		○			○
6.2	조직 거버넌스	○		○	○	○
7	조직 전반에 걸친 사회책임 통합 지침					
7.1	일반			○		
7.2	조직 특성과 사회책임 관계		○			
7.3	조직의 사회책임 이해		○			
7.3.1	상세검토		○			
7.3.2	조직에 대한 핵심 주제, 이슈의 관련성과 중대성 결정		○			
7.3.3	조직의 영향권		○			
7.3.4	이슈 우선순위 설정		○			
7.4	조직 전반에 걸친 사회책임 통합 관행			○		
7.4.1	사회책임 인식 제고, 역량 구축			○		
7.4.2	사회책임 위한 조직 방향 설정	○				
7.4.3	조직 거버넌스, 시스템, 절차 안에 사회책임 구축			○		
7.5	사회책임에 대한 의사소통					○
7.5.1	사회책임에서 의사소통의 역할					○
7.5.2	사회책임 관련 정보 특성					○
7.5.3	사회책임에 관한 의사소통 유형					○
7.5.4	사회책임 의사소통 관련 이해관계자 대화					○
7.6	사회책임에 대한 신뢰성 제고				○	○
7.6.1	신뢰성 제고방법				○	○
7.6.2	사회책임 보고서와 주장의 신뢰성 제고				○	○

ISO 26000 \ 실천과정		방향	확인	실천	결과	소통
7.6.3	조직과 이해관계자 간 갈등, 의견 불일치 해결				○	○
7.7	사회책임 관련 조직활동/관행의 검토/개선			○		
7.7.1	일반			○		
7.7.2	사회책임에 대한 관측활동				○	
7.7.3	사회책임에 대한 조직 진척과 성과 검토				○	
7.7.4	데이터 · 정보 수집 · 관리 · 관리 신뢰성 제고				○	
7.7.5	성과 개선			○		
7.8	사회책임을 위한 자발적 이니셔티브		○	○		

❖ 실천절차모형과 상세검토

위에 설명한 사회책임 실천절차모형과 관련 있는 개념이 상세검토due diligence다.[5)]

ISO 26000은 사회책임 인식 방법의 하나로 상세검토를 제안하고, 상세검토를 "부정영향을 회피하거나 완화할 목적으로, 프로젝트나 조직 활동의 전체 수명주기에 걸쳐, 조직의 결정과

5) 영어로 'due diligence'라고 표현된 것을 이 책에서는 '상세검토'라고 번역하고 있는데, 많은 이들이 이를 '실사'라고 번역하고 있다. 이런 번역은 주로 금융거래와 기업거래의 영향을 받은 것인데, '실사'라고 표현할 경우 현장을 직접 방문하여 조사한다는 느낌이 드나, 'due diligence'의 원래 취지는 직접방문 여부보다는 꼼꼼하고 상세하게 사안을 살펴본다는 점을 강조하는 데 있으므로, '상세검토'라는 번역을 택했다.

또한 1933년 미국 증권법(Securities Act of 1933)에서 'due diligence'란 용어가 처음 사용되었을 때는 결과가 불확실한 상황에서 거래나 조언으로 인해 일어날 수 있는 법률책임을 면제받는 조건으로서의 소극적 의미로 사용되었으나, 현재는 ISO 26000의 정의에도 나타난 것처럼 다양한 위험을 적극적으로 찾는 의미가 더해졌다.

활동이 가지는, 실제적이고 잠재적인, 사회, 환경 및 경제적 부정영향을 식별하려는, 포괄적이고 능동적인 과정"으로 정의했다 (26000 2.4절, 7.3.1절).

그러나 부정영향의 식별을 주로 강조한, ISO 26000의 상세검토 정의와 달리 ISO 26000은 상세검토 과정이 다음 요소를 포함하는 게 좋다고 권장하고 있기 때문에(26000 7.3.1절), 결국 ISO 26000이 생각하는 상세검토란 위에 소개한 사회책임의 확인뿐 아니라 그에 대한 실천과 결과 확인까지 포함하는 사회책임 실천절차모형과 크게 다르지 않게 된다.

- 조직의 정책
- 영향평가수단
- 통합수단
- 성과추적수단
- 적절한 행동

다만 상세검토가 사회책임 실천절차모형과 차이를 보이는 점은 상세검토는 주로 부정영향의 회피와 완화에 관심을 갖는 반면, 사회책임 실천절차모형은 부정영향은 물론 긍정영향의 촉진에도 관심을 갖고 있어 검토범위가 더 넓다는 점이다.

ISO 26000은 상세검토를 주로 인권과 관련해서 다룬 후(26000 6.3.3절), 다시 사회책임 실천과정의 하나로 다뤘는데(26000 7.3.1절), 실제로 적용되는 상세검토의 범위는 금융활동과 관련된 위험의 검토에서부터(예: U.S. Export-Import Bank, 2008; Christen과 Flaming, 2009), 인권위험(UN, 2008b; 2009; Taylor 외, 2009), 문화예술품의 거래에 따른 위험(예: DCMS, 2005), 공급사슬에서의 일어나는 위험(예: OECD, 2010), 명성관리(예: OGP, 2004)에 이르기까지 상당히 넓기 때문에, 이 책에서는 상세검토를 인권을 포함한 사회책임 전반에 적용하고, 긍정영향의 촉진까지 포함하는 사회책임 실천절차모형으로 바꿔 생각하기로 한다.

과정(1): 조직의 사회책임 방향 설정

ISO 26000에서 조직의 사회책임 방향 설정에 관한 논의는 6.2절 조직 거버넌스에서도 잠깐 언급되고 있지만,[6] 주로 7.4.2절에서 다뤄지고 있다. 7.4.2절은 조직의 사회책임 방향 설정 방법으로 5가지 예를 들었는데(26000 7.4.2절), 이 중 다음 2가지 방법이 사회책임 방향 설정과 직접 관련이 있다.[7]

- 조직의 바람aspiration이나 비전선언vision statement에 사회책임이 조직 활동에 영향을 미치도록 하는 방법 언급을 포함
- (사회책임 원칙, 이슈를 포함한)사회책임의 중요 측면에 대한, 구체적이고 명료하며 간결한 언급을 조직의 목적purpose이나 사명선언mission statement에 포함

위의 2가지 방법이 암시하듯이 조직의 사회책임 방향을 정

6) 조직 거버넌스에서 언급된 조직의 사회책임 방향 설정 관련 사항은 이 책 제 5 장 〈표 15〉의 7.4.2절 관련 부분으로 표시되어 있다.

7) 나머지 3가지 방법은 강령, 목표, 통합에 관한 내용으로 이 책의 사회책임 실천절차모형에 따르면 첫 번째 요소인 조직의 사회책임 방향 설정을 세 번째 요소인 사회책임 실천으로 연결시키는 연결고리역할을 한다. 따라서 이 책에서는 ISO 26000이 조직의 방향 설정 활동으로 제시한 강령, 목표, 통합의 3가지 내용을 사회책임 실천 관련 사항에 포함시켜 설명하고, 여기서는 나머지 2가지 내용만 설명한다.

그림 39 전략의 4요소

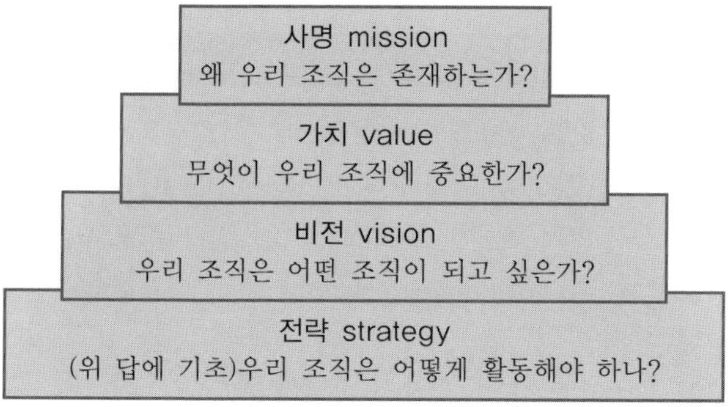

출처: Kaplan과 Norton(2004), p. 33의 일부를 저자가 변형.

하는 것은 조직의 전략 수립과정과 깊은 관계가 있다. 그러나 현실에서는 많은 조직이 전략 수립의 기초가 되는 네 요소인 사명, 가치, 비전, 전략을 정확히 구분하여 사용하지 못하고 있다. 1990년대부터 경영현장에서 관심을 끌어온 균형성과표balanced scorecard(BSC)를 개발한 캐플란Robert S. Kaplan과 노턴David P. Norton은 전략의 네 요소 사이 관계를 [그림 39]와 같이 정리해서 요약했는데, 이 그림은 경영현장에서 겪고 있는 이런 개념의 혼란을 줄이는 데 도움이 된다.

ISO 26000에서 일부 언급된 것과 같이 사회책임에 대한 조직의 방향은 전략의 4요소 각각에서 표현될 수 있다. 이들 각 요소와 사회책임 사이 관계에 대해 사례를 들어 살펴보기로 하자.

[사례 10]에서 보인 바와 같이 조직이 자신의 사명을 명확하게 밝힌 사례도 드물지만, 자신의 사명이 지속가능발전이나

사회책임과 어떤 연관성이 있는지를 명확히 한 경우는 더욱더 드물다.

사례 10 | 구글의 사명선언과 사회책임

우리 조직이 세상에 존재해야 하는 이유는 정확히 무엇인가? 이런 취지에서 자신의 사명을 명확히 제시한 조직은 생각보다 많지 않다. 자신의 사명을 명확히 표현한 조직이라도 이를 지속가능발전이나 사회책임과 연결시킨 조직은 더욱더 적다.

인터넷 검색 및 관련 서비스를 제공하는 미국 회사인 구글(Google)은 자신의 사명을 "전세계 정보를 조직하여 모두가 이 정보에 접근할 수 있고 도움이 되도록 하는 것(to organize the world's information and make it universally accessible and useful)"이라고 요약했다. 구글의 존재이유를 간결하고 명확하게 제시한 좋은 사명선언의 사례다.

구글이 선언한 사명은 사회책임이나 지속가능발전과도 관계가 깊다. 정보사회가 진전되면서 점차 많아지고 복잡해지는 정보에 접근하지 못하거나 이를 제대로 활용하지 못하는 사람들이 사회생활을 제대로 영위하지 못하는, 이른바 '정보격차(digital divide)'의 사회문제가 일어나고 있다. 구글은 사람들이 이용할 수 없었거나 이용하기 불편했던 정보를 이용할 수 있거나, 이용하기 편하게 만드는 '변화'를 통해 자신의 시장을 확보할 뿐 아니라 정보격차라는 사회문제 완화에도 기여하고 있는 것이다. 이는 이 책 제 4 장에서 지속가능발전의 중요요소로 살펴본 인권 존중, 특히 개인의 역량(capability)을 높이는 것과 관련이 있으며, 핵심사업이 정보격차 완화에 기여하는 '개입된 변화'로서의 긍정영향을 만들어 내고 있는 것이다.

만약 구글이 명확하고 간결하게 요약한 자신의 사명선언이 갖는 사회책임의 의미를 함께 포함했다면 조직의 사회책임 방향 설정 측면에서도 좋은 사명선언이 되지 않았을까 한다.

출처: Google(2011) Corporate Information (http://www.google.com/intl/en/corporate/, 2011.2.14. 검색)

조직의 가치에 사회책임을 반영한 대표사례는 [사례 11]에 요약한 존슨앤드존슨Johnson & Johnson의 '우리의 신조Our Credo'가 있다. 존슨앤드존슨의 '우리의 신조'가 더욱 의미를 갖는 이유는 내용보다 실천에 있다고 본다. '우리의 신조'와 비슷한 내용의 가치선언을 가진 조직은 많지만 이를 조직 구성원이 진정 믿고 실천하려는 조직의 가치선언만이 인정받게 됨을 기억할 필요가 있다.

조직의 비전 측면에서 사회책임을 포함한 사례로는 스위스의 종합식품 영양회사인 네슬레Nestlé 사례를 들 수 있다. 네슬레는 "회사 모든 이해관계자로부터 신뢰를 받으면서, 해당 산업에서 재무성과의 귀감이 되는, 영양, 보건, 웰니스 분야의 세계 리더로 인정받는 것"을 비전으로 삼고, 이런 기업의 바람을 "좋은 음식, 좋은 삶Good Food, Good Life"이란 문구로 요약해 사용하고 있다(Nestlé , 2011).

사례 11 | 존슨앤드존슨의 '우리의 신조'

미국 뉴저지에 본사를 둔 의약품 및 위생용품 제조회사인 존슨앤드존슨(Johnson & Johnson)의 '우리의 신조(Our Credo)'는 회사가 추구하는 가치를 이해관계자를 중심으로 정리한 대표사례로 자주 인용된다. 친숙한 독자에겐 진부할 수도 있으나, 한국존슨앤드존슨의 '우리의 신조' 우리말 전문을 소개한다.

우리의 신조

우리의 첫 번째 책임은 우리의 상품과 서비스의 수요자인 의사, 간호사, 환자와 자녀를 가진 아버지와 어머니를 비롯한 모든 사람에 대한 것이라고 믿는다.

- 그들의 요구에 부응하기 위해 우리의 상품은 항상 최고의 품질이 유지되어야 한다.
- 우리는 적절한 상품 가격을 유지하기 위하여 원가를 절감하는 노력을 끊임없이 경주하여야 한다.
- 우리는 고객의 주문을 신속하고 정확하게 처리하여야 한다.
- 우리의 제품을 취급하는 사업자도 정당한 이익을 올릴 수 있도록 하여야 한다.

우리의 두 번째 책임은 전세계 어디에서나 우리와 같이 근무하는 모든 남녀 직원에 대한 책임이다.

- 모든 직원은 각자가 한 인간으로서 대우받아야 한다.
- 우리는 그들의 인간적인 존엄성을 중시하고 각 개인의 가치를 인정하여야 한다.
- 우리는 모든 직원이 안심하고 직무를 수행할 수 있도록 하여야 한다.
- 대우는 정당하고 적절하여야 하며, 근무 환경은 청결하고 잘 정돈되고 또한 안전하여야 한다.
- 우리는 모든 직원이 그들의 가족에 대한 책임을 다 할 수 있도록 세심한 배려를 하여야 한다.
- 직원들은 각자의 의견을 개진하거나 고충을 토로하는 데 자유로워야 한다.
- 직원의 채용, 능력 개발 및 자질을 갖춘 직원의 승진에 있어서는 균등한 기회가 제공되어야 한다.
- 우리는 우수한 경영진과 관리자를 확보하여야 하며, 경영 관리는 공명정대하고 도덕적 바탕 위에 이루어져야 한다.

우리의 세 번째 책임은 우리가 생활하고 근무하고 있는 지역사회는 물론 세계 공동체에 대한 책임이다.

- 우리는 선량한 시민이 되어야 하며, 선행과 자선을 베풀고 적절한

세금을 부담하여야 한다.

- 우리는 사회의 발전, 건강과 교육의 증진을 위하여 노력하여야 한다.
- 우리는 우리에게 특별히 제공된 모든 시설을 최상의 상태로 관리 유지하고, 환경과 천연 자원을 보호하여야 한다.

우리의 마지막 책임은 회사의 주주에 대한 책임이다.

- 우리의 사업은 건전한 이익을 올릴 수 있어야 하며, 우리는 새로운 아이디어를 끊임없이 창출하여야 한다.
- 연구개발을 계속 수행하여야 하고, 혁신적인 프로그램을 기획하여야 하며, 실패의 경우는 이를 극복해 나가야 한다.
- 새로운 장비를 구입하여야 하며, 새로운 시설을 제공하여야 하고 새로운 상품을 개발하여야 한다.
- 또한 역경에 대비한 대책을 항상 강구하여야 한다.
- 우리는 이러한 원칙에 의거하여 사업을 수행함으로써 주주들이 정당한 이익 배당을 받을 수 있게 하여야 한다.

출처: 한국존슨앤드존슨(2011) 우리의 신조(http://www.jnj-korea.co.kr/con_credo.html, 2011.2.13. 검색)

끝으로 조직의 전략 속에 사회책임을 담는 경우는 매우 많이 있으나, 이때 조직이 주의해야 할 것은 [사례 12]의 보다폰 Vodafone 경우와 같이 사회책임 전략 따로, 조직 전략 따로 만들어 서로의 연계가 모호하게 하는 경우다.

이 경우 사회책임 전략이 아무리 정교하게 잘 만들어졌다 해도 이해관계자는 조직이 사회책임을 조직의 본 전략과는 무관한 부가활동으로 인식하고 있다고 볼 가능성이 크다.

사례 12 | 보다폰의 사회책임 전략

영국 소재 통신회사인 보다폰(Vodafone)은 2010년 지속가능성 보고서에서 이해관계자와 교류해서 회사가 다뤄야 할 중대 지속가능성 이슈를 이해하고, 이에 적절하게 대응함으로써 사회책임의 공고한 토대를 계속 마련하는 것을 회사의 사회책임 전략으로 내세웠다.

그러나 같은 기간을 대상으로 한 연례보고서(Annual Report)에서 보다폰이 내세운 회사 전략은 잉여현금흐름의 창출(free cash flow generation)에 초점을 맞추고 있었으며, 이를 달성하기 위해 4가지 주요 목표도 다음과 같이 모두 전통 사업영역에서 선정되어 있었다.

- 운영성과 창출(Drive operational performance)
- 종합통신에서 성장기회 추구(Pursue growth opportunities in total communications)
- 신흥시장 진출(Execute in emerging markets)
- 주주수익을 위한 자본규율 강화(Strengthen capital discipline to drive shareholder returns)

결국 회사 전략의 맥락 속에서 사회책임 전략의 의미를 이해하기 어려웠으며, 사회책임 전략은 회사 전략과 통합되지 못한 부가요소로 겉도는 인상을 받게 된다.

출처: Vodafone Group(2010a) Pressing forward: Vodafone Group Plc Sustainability Report(For the year ending 31 March 2010), Newbury, UK: Vodafone Group. / Vodafone Group(2010b) Annual Report(For the year ended 31 March 2010), Newbury, UK: Vodafone Group.

과정(2): 사회책임 확인[8)]

〈표 24〉가 보여주듯이 ISO 26000의 많은 부분이 사회책임

8) 경영전략의 일반모형 관점에서 볼 때 조직의 사회책임 방향 설정은 전략의 수립으로, 사회책임의 확인 이후부터 모든 사회책임 실천절차는 전략의 실행과 피드백 과정으로 볼 수 있다.

확인과 관련되어 있다. 그러나 사회책임 확인과 관련된 서로 다른 특성을 지닌 요소들이 한데 섞여 있기 때문에, 이 책에서는 사회책임 확인 관련 요소들을 그 특성에 따라 사회책임의 (1) 범위, (2) 근원, 그리고 (3) 확인된 사회책임의 여과로 나누어 살펴보기로 한다.[9)]

❖ 사회책임 범위의 확인

어떤 조직의 사회책임 확인 작업에서 해당 조직이 갖는 사회책임의 범위를 결정짓는 것은 ISO 26000에 등장하는 연루와 영향권, 가치사슬value chain, 공급사슬supply chain 개념과 관련이 있으며, 또한 인권과 관련해 제시된 인권 위험상황과도 관련이 있다.

연루와 영향권의 개념은 이 책 제 4 장에서 다루었으므로, 여기서는 조직의 영향권이 해당 조직의 사회책임 범위 안에 들어가는 이유에 대해서만 살펴보기로 한다.[10)]

(1) 영향권

조직이 다른 주체에 영향력을 가지게 되는 근원으로는 소유권과 거버넌스, 경제관계, 법률 또는 정치권한, 여론 등이 있으

9) 사회책임 확인절차에서 사회책임 범위 확인을 사회책임 근원 확인보다 먼저 오도록 한 단순한 변화가 사회책임을 대하는 조직의 근본입장에 변화를 가져올 수 있다. 사회책임 근원 → 범위 확인의 접근방식이 조직의 사회책임 이슈 발생 이후 그 이슈가 조직의 사회책임의 범위에 속하는지는 살펴보는 대응적 접근방식이라면, 사회책임 범위 → 근원 확인의 접근방식은 조직의 사회책임 범위를 결정지어 놓고 이 범위 내에서 사회책임 이슈가 발생하는지를 확인하는 보다 적극적인 접근방식이 될 수 있기 때문이다.

10) 연루가 형사책임으로 이어지기 위해서는 두 요소, 즉 상당한 도움과 인지가 있어야 함은 이 책 제 4 장에서 살펴보았다. 또한 같은 곳에서 위 두 요소를 넘어 형사책임의 범위를 넓히려는 시도와 인지보다는 상세검토에 강조점을 두어 책임의 범위를 넓히려는 연루의 비법적 의미도 살펴보았다.

며, 물리적 근접성, 범위, 기간, 강도 등 다른 요인도 조직의 영향력 정도에 영향을 미친다(26000 7.3.3.1절).[11]

ISO 26000은 조직이 다른 주체에 대해 사실상의 통제력을 가지고 있을 때, 조직이 행동해야 할 책임은 조직이 공식통제력을 지녔을 때 발생하는 책임과 비슷할 수 있다고 했다. 그리고 이때 사실상의 통제란 "한 조직이 그렇게 할 법률 또는 공식권한을 갖지 않을 경우라도 다른 당사자의 결정과 활동을 지시할 수 있는 능력이 있을 때"로 ISO 26000은 정의했다(26000 7.3.3.2절).

ISO 26000에 따르면 조직의 사회책임은 그 조직의 관계 속에서 실행되어야 하며, 여기서 관계relationship란 "조직의 영향권 안에서 일어나는 해당 조직의 활동an organization's activities within its sphere of influence"을 의미한다고 했다(26000 2.18절). ISO 26000은 조직이 공식통제 그리고/또는 사실상 통제를 가진, 결정과 활동의 영향에 대해 해당 조직은 책임을 지며(26000 5.2.3절),[12] 지속가능발전에 대한 긍정영향을 높이거나, 부정영향을 최소화하기 위해, 또는 이 둘 모두를 위해 조직은 다른 조직과 함께 조직의 영향력을 행사할 수 있다고 했다(26000 7.3.3.2절).[13]

---

11) 기업이 실제 영향권을 확인하는 방식은 이 책 [사례 5]에서 소개했다.

12) 이런 취지로 인해 ISO 26000 최종국제표준초안(FDIS)에서는 공정운영관행의 한 이슈로 '영향권에서의 사회책임 촉진'을 제시했었다. 이는 최종본인 국제표준(IS)에서 '가치사슬에서의 사회책임 촉진'으로 바꾸었는데, 이 변화의 의미는 가치사슬을 다루고 나서 살펴보기로 한다.

13) 사회책임의 범위 설정 기준으로서 영향권 개념을 사용하는 ISO 26000의 입장에서 대해 기업 인권 특별대표인 존 러기 교수는 강한 반대 입장을 나타냈다(Ruggie, 2009). 그는 조직이 영향력을 행사할 수 있기 때문에 영향력을 행사해야 한다고 해석하는 것은 문제가 있다고 보았다(UN, 2008a). 러기 교수의 주장과 달리, ISO 26000이 영향권 개념을 계속 사용해야 한다고 주장하는 학자도 있었으며(예: Wood, 2010), ISO 26000 최종본도 영향권 개념을 계속 사용했다. 이 부분 논쟁에 관해서는 사회책임 범위 확인 논의를 정리하면서 다시 검토하기로 한다.

(2) 가치사슬

다음으로는 가치사슬과 공급사슬에 대한 ISO 26000의 해석을 살펴보자.

ISO 26000은 공급사슬을 "조직에 제품 또는 서비스를 제공하는 활동이나 당사자의 연속sequence of activities or parties that provides products or services to the organization"으로(26000 2.22절), 가치사슬을 "제품 또는 서비스의 형태로 가치를 제공하거나 받는 활동이나 당사자의 전체 연속entire sequence of activities or parties that provide or receive value in the form of products or services"으로 정의했다(26000 2.25절). 두 개념 사이 관계에 대해서 같은 의미로 이해되는 경우도 있지만(26000 2.22절), ISO 26000에서는 위와 같이 정의하면서, 가치사슬이 공급사슬보다는 넓은 범위를 갖는 것으로 해석하고 있다.[14)]

ISO 26000은 사회책임 핵심 주제 중 하나인 공정운영관행의 하위 이슈로 가치사슬에서의 사회책임 촉진을 들고 있으며, 가치사슬 안에 있는 다른 조직의 사회책임 노력을 조직이 지원하는 것에 더해, 가치사슬 내 조직에 대한 상세검토 실시를 권장했다(26000 6.6.6.2절).[15)] 이를 상세검토가 사회책임 실천절차 모형과 다를 바가 없다는 점과 연결시키면, 어떤 조직의 사회책임 실천 범위는 해당 조직뿐 아니라 가치사슬 내 다른 조직으로

---

14) 이 책에서는 가치사슬과 공급사슬 개념의 정의와 상호관계에 대해 다른 논의를 소개하지 않고, 단지 ISO 26000의 정의를 그대로 따르기로 한다.

15) 그러나 '가치사슬에서의 사회책임 촉진'을 다룬 ISO 26000 본문에서는 '가치사슬 내 조직'이라고 표현하지 않고 '해당 조직이 관계를 맺고 있는 조직(organizations with which it has relationships)'이라고 표현하고 있어, 영향권 내 조직과 혼동의 우려가 있다. ISO 26000이 관계라는 개념을 영향권과 연결시켜 규정했기 때문이다.

그림 40 단순한 가치사슬의 예

출처: UNGC와 BSR(2010), p. 26.

확장되게 된다.

그런데 ISO 26000은 가치사슬 내 조직을 확인하는 방법에 대해서는 설명하지 않고 있다. 예를 들어, UNGC와 BSR(2010)은 가치사슬 내 조직을 확인하기 위해, 조직의 주된 제품과 서비스를 먼저 결정한 후, 각 제품과 서비스별로 [그림 40]과 같은, 물질과 정보의 흐름을 쫓아가면서 조직을 열거할 것을 권한다.

그러나 실제 가치사슬은 [그림 40]처럼 단순하지는 않으며, [사례 13]에서 보인 것처럼 개별 제품별로 물질과 정보의 흐름을 파악해 가치사슬을 구체적으로 확인하고 관리하는 방식을 취하게 된다.[16]

16) [사례 13]을 가지고 각주 9)에서 제기한 사회책임 확인절차에서 사회책임 범위 확인과 사회책임 근원 확인의 순서 변화가 갖는 의미를 다시 생각해 보자. [사례 13]은 인권 침해와 관련된 갈등재료의 이슈가 제기되면서, 이것이 일어나는 소재를 찾아가는 근원 → 범위의 접근방식을 취한 것이라 할 수 있다. 그러나 보다 적극적이고 포괄적인 사회책임 확인절차가 되려면 재료의 전체 흐름을 파악한 후에 인권 침해를 포함한 다양한 사회책임의 이슈가 있는지를 파악하는 게 더 낫다. 현실적으로 사회책임의 모든 범위를 추적하고 관리하기 어렵기 때문에 이슈가 제기된 후 소재를 찾는 방식이 사용될 수밖에 없음을 인정하지만, 요점은 근원 → 범위의 접근방식은 범위 → 근원의 접근방식의 현실적 어려움을 보완하는 목적으로 사용되어야 하며, 범위 → 근원의 접근방식을 완전히 대체해서는 안 된다는 것이다.

사례 13 | EICC의 공급사슬 지속가능성 관리

2004년 전자업계의 사회책임 공동노력을 위해 설립된 '전자산업 시민의식 연합(Electronic Industry Citizenship Coalition, EICC)'은 (1) 도입, (2) 자가진단, (3) 외부평가, (4) 교정행동과 개선으로 이어지는 공급사슬 사회책임 관리체계를 구축했다.

EICC는 2009년 인권 침해가 심각한 아프리카 무력충돌 지역에서 생산되는 광물 같은, 이른바 '갈등재료(conflict material)'가 자신들의 제품 재료로 쓰이는 것을 관리하기 위해 공급사슬 추적에 나섰다.

그 결과 복잡하게 얽힌 갈등재료의 공급사슬을 아래와 같이 정리했으며, 이를 기초로 공급사슬 위에서 인권 침해 지역의 갈등재료의 유입을 차단할 수 있는 지점을 찾아 이 지점을 중심으로 갈등재료에 관한 관리 노력을 하고 있다.

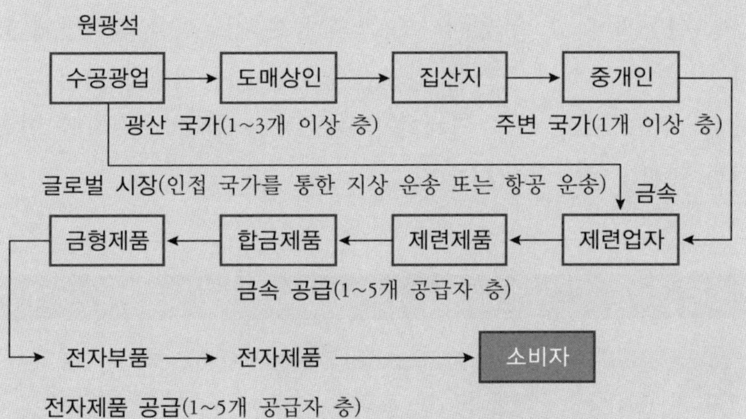

출처: EICC(2010) 2009 Annual Report, Washington, DC: EICC.

이상에서와 같이 어떤 조직의 사회책임 범위 속에 다른 주체의 행동도 포함되게 되는 방식으로는 연루, 가치사슬, 영향권을 통한 방식이 있음을 살펴보았다.

조직의 사회책임 범위가 넓어지게 되는 다른 요소로는 조직이 취하는 행동의 맥락 특성이 있다. "배 밭에서는 갓끈을 고쳐 매지 말아라"라는 옛말과 같이, 평상시 같으면 아무런 문제가 되지 않을 행동을 유독 의심을 받게 하는 상황이 있을 수 있다. 우리는 이런 상황을 이 책 제5장에서 인권과 관련된 인권 위험 상황의 형태로 살펴보았다.

예를 들어 심각한 자연재해나 무력충돌이 일어난 상황에서 어떤 회사가 평상시와 같이 영업행위를 계속할 경우, 이 회사는 그 상황에서 기대되는 사회책임을 다하지 못했다는 비난을 받을 수 있다. 그리고 구조적 인권침해가 일어나고 의심받는 국가에서 조직이 활동을 하고 있는 경우도 비록 해당 활동이 조직의 일상 활동과 다를 바 없더라도 그 활동은 정당성을 의심받게 된다.[17] 특히 기업이 구조적 인권침해와 관련된 위험을 미리 파악해서 대처하도록 하기 위해서 [사례 14]와 같이 국제적인 인권 위험 종합포털이 준비되고 있다.

사례 14 | DIHR의 국가위험 포털

덴마크 인권기구(Danish Institute for Human Rights: DIHR)는 1987년 설립된 덴마크 인권센터(Danish Centre for Human Rights)의 업무를 이어받아 2002년 설립되었으며, UN 파리 원칙(Paris Principles)에 따라 인정된 국가인권기구다.

---

17) 이 책 제2장에서 국제민간기구의 활동의 소개한 '설리반 원칙'이 구조적 위험상황에서의 조직 활동에 따른 사회책임 범위 확대의 한 예가 된다. 인종차별정책으로 국제사회의 비난을 받던 남아프리카공화국에서 영업활동을 하던 기업에 대해 사회책임의 문제가 제기된 것이다.

DIHR은 덴마크 국제개발기구(Danish International Development Agency)와 스웨덴 국제개발협력기구(Swedish International Development Cooperation Agency)로부터 자금지원을 받아 2010년부터 국가위험 포털(Country Risk Portal) 개발에 들어갔다.

이 포털은 전세계 많은 국가의 기업 관련 인권 정보를 무료로 제공함으로써 기업은 물론 다양한 이해관계자가 인권 관련 이슈를 제대로 파악하고 대응할 수 있도록 돕는 것을 목적으로 한다.

현재는 DIHR이 따로 운영하고 있는 '인권과 기업(Human Rights and Business)' 웹사이트와 함께 운영되고 있으며, 100개가 넘는 국가에서 국제적으로 인정되고 있는, 대부분의 인권 관련 정보를 제공하기 위해 준비 중이며, 2011년 상반기에 시범적인 정보 제공을 시작할 예정이다.

출처: DIHR(2011) 웹사이트(http://www.humanrights.dk, 2011.3.13. 검색) / DIHR (2010) The Human Rights and Business Country Risk Portal, Copenhagen, Denmark: DIHR. / Human Rights and Business(2011) 웹사이트(http://humanrightsbusiness.org, 2011.3.13. 검색)

위에서 살펴본 행동 주체와 행동 특성의 두 요소를 중심으로 사회책임 범위를 결정하는 과정을 요약해보면 〈표 25〉와 같이 정리될 수 있다.

표 25 사회책임의 범위

행동 주체 / 행동 특성		우리 조직	다른 주체		
			연루	영향권	가치사슬
행동의 자체 특성					
행동의 맥락 특성	구조적 위험상황 (위험지역)				
	우발적 위험상황				

가장 기본이 되는, 사회책임의 행동 주체는 우리 조직이 된다. 또한 가장 기본이 되는, 사회책임의 행동 특성은 기대했던 사회책임을 충족시키지 못한 행동 자체의 특성이다. 우리가 생각하는 가장 좁은 범위의 사회책임은 보통 이 부분에 해당한다.

그러나 경우에 따라 사회책임의 범위는 이 좁은 범위를 넘어설 수 있다는 것이 앞서 논의의 내용이었다.

행동 주체의 측면에서는 다른 주체가 사회책임을 충족하지 못하는 행동을 했을 경우도 그 행동을 한 조직과 우리 조직이 연루, 영향권, 가치사슬의 형식으로 연관되어 있는가 여부에 따라 우리 조직에도 비난과 그에 따른 행동 요구가 들어올 수 있다. 연루, 영향권, 가치사슬은 서로 다른 성격의 조직 간 관계를 나타내므로,[18] 이들 3개의 관계형식은 [그림 41]과 같이 8개의 가능성으로 정리될 수 있다.

그리고 3개의 관계형식 모두가 없는 가장 아랫 부분의 경우를 제외하고는 우리 조직이 문제 행동을 일으킨 조직과 적어도 하나의 관계형식이 존재할 경우 비난과 그에 따른 행동을 요구받을 가능성이 있다.[19]

---

18) 연루와 영향권이 다른 특성을 지니고 있음은 이 책 제 4 장에서 '연루와 영향권의 관계'를 논의하면서 살펴보았다. 우리 조직의 가치사슬에 있는 모든 개체가 우리 조직의 영향권에 들어 있는 것도 아니다. 우리 조직에 꼭 필요한 제품/서비스를 공급하는 개체가 독점인 경우 우리 조직이 그 개체에 영향력을 행사하기란 쉽지 않다. 우리 조직 제품/서비스의 구매자도 마찬가지다.

19) [그림 41]을 통해 3개의 관계형식 중에서 연루가 가장 강한 관계를 나타냄을 알 수 있다. [그림 41]의 위 4개 경우를 보면 우리 조직이 다른 조직의 문제 행동에 연루되어 있다면, 다른 조직이 우리 조직의 영향권 포함 여부나 가치사슬 포함 여부는 문제되지 않고, 모두 다 직접연루에 해당하는 비난과 행동 요구를 받게 되는 것으로 정리되어 있다. 따라서 〈표 25〉에서 행동 주체를 분류하면서 연루를 다른 주체 아래 포함시켰으나, 엄밀하게

그림 41 다른 조직과의 다양한 관계와 그에 따른 결과

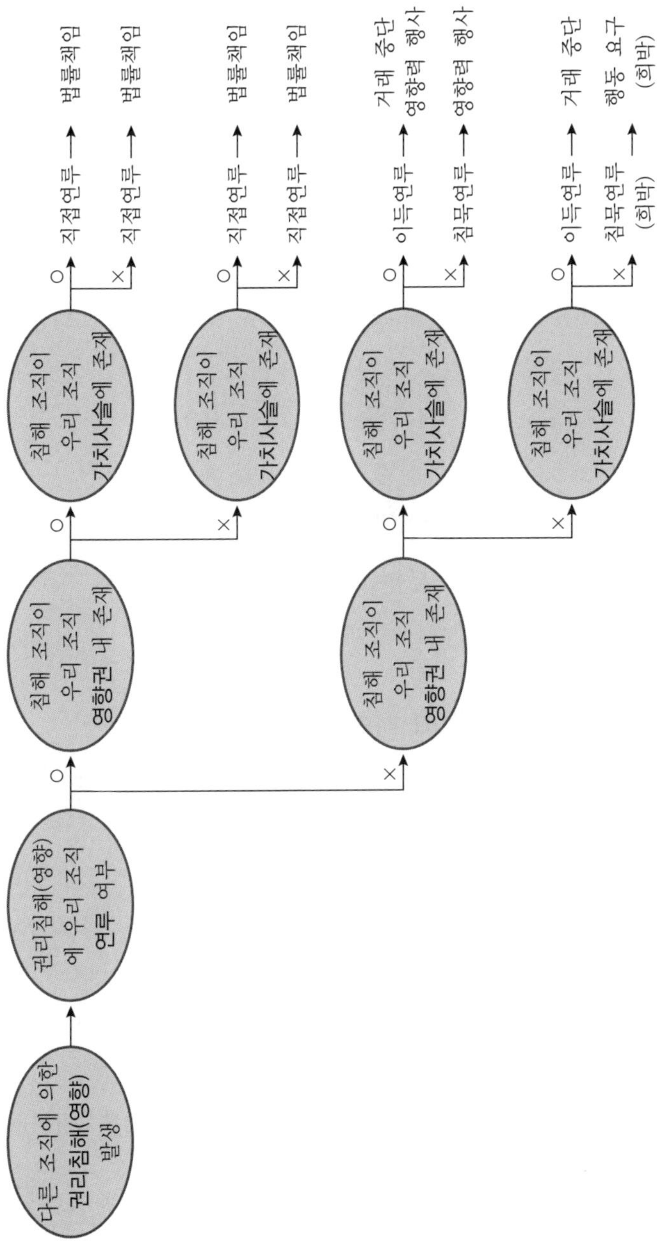

❖ 사회책임 근원의 확인

조직이 사회책임을 인식하는 과정으로 ISO 26000은 (1) 지속가능발전에 대한 조직의 기여 관련 이슈 인식, (2) 조직의 결정과 활동의 영향으로 야기된 이슈 인식, 그리고 (3) 이해관계자 식별의 세 요소를 포함시켰다(26000 5.1절). 또한 ISO 26000이 제시한 사회책임 7개 핵심 주제가 조직의 사회책임 범위를 정의하고, 관련 이슈를 식별하는 데 도움을 준다고 했다(26000 6.1절). ISO 26000이 제시한 이 4가지 사회책임 인식의 근원은 서로 관련이 있기도 하지만, 각각 다른 배경을 가지고 있어, 조직이 이를 종합해서 자신의 사회책임을 인식하는 과정은 단순하지 않을 수 있다. 여기서는 이 4가지 사회책임 근원에 대해 살펴보고, 이를 종합해보기로 한다.

(1) 지속가능발전에 대한 조직의 기여

지속가능발전에 조직이 기여할 수 있는 이슈는 어떤 것이 있는가? 이 책 제 4 장에서 ISO 26000이 사회책임의 핵심을 "지속가능발전에 대한 조직의 기여 극대화"로 규정하고, 표준의 많은 부분에서 사회책임과 지속가능발전의 관계를 강조하고 있다고 했다.

그러나 지속가능발전에 대한 기여 여부 판단은 ISO 26000이 제시한 사회책임 인식과정의 네 요소 중 가장 어려운 분야다. 앞서 이 책 제 4 장에서 지속가능발전에 대한 개념과 함께

보면 연루 자체는 우리 조직의 행동 자체 특성으로 인한 사회책임에 해당되게 되는, 가장 기본이 되는 사회책임의 범위에 속한다고 할 수 있다.

국가와 조직 두 차원에서의 구체화를 살펴보았지만, 지속가능발전이 어떤 상태이며, 조직이 택할 수 있는 여러 행동대안 중 어떤 것이 더 지속가능발전에 기여하는지를 한눈에 판단할 수 있도록 돕는 지표는 사실 없기 때문이다.

이 책 제 4 장 [그림 22]에서 지속가능발전 구체화방법으로 소개한 환경경제통합계정과 지속가능발전지표 이외에도, 다양하고 복잡한 지표들을 결합해서 지속가능발전의 수준을 보다 단순하게 나타낸 지속가능발전 총량지표aggregate indicator들이 있기는 하다.[20] 그러나 이들 중 어떤 것도 조직의 특정 결정이나 행동이 지속가능발전에 기여하는지 여부와 기여한다면 어느 정도 기여하는지의 정도를 파악하는 데 도움을 주기는 어렵다.[21] 지속가능발전 기여 여부와 기여 정도를 측정할 수단은 아직 개발되지 않았으나, [사례 15]에 소개한 것과 같은 지속가능발전에 대한 비전은, 특히 단일 판단수단이 마련되지 않은 상황에서, 조직이 지속가능발전에 기여한다는 것의 의미를 되짚어볼 수 있는 좋은 기초가 될 수 있다.

---

20) 국제사회에서 활용되고 있는 지속가능발전 측정 총량지표의 예를 몇 개만 들어보아도, 환경성과지수(Environmental Performance Index: EPI), 생태발자국(Ecological Footprint: EF), 환경지속가능성지수(Environmental Sustainability Index: ESI), 지속가능성 척도(Barometer of Sustainability), 진정한 저축(Genuine Savings), 진정한 진보지표(Genuine Progress Indicator: GPI), 총물질필요(Total Material Requirement: TMR), 지구생태지수(Living Planet Index: LPI), 인간개발지수(Human Development Index: HDI) 등 다양한 형태가 있다.

21) 이런 어려움의 일부는 지속가능발전의 접근이 국가와 조직 수준에서 따로 진행되고 국가 수준의 접근도 공통의 이해틀을 마련하지 않고 각각 따로 이뤄졌기 때문이다. 이로 인한 문제는 이 책 제 4 장 '지속가능발전의 구체화(2): 조직 차원'의 뒷부분에서 설명했다.

사례 15 | WBCSD의 지속가능경영 비전 2050

세계지속가능발전기업협의회(World Business Council for Sustainable Development: WBCSD)는 지속가능발전을 향한 변화의 촉매로서 경영계의 리더십을 제공하고, 기업을 지원하기 위해 1995년 설립된 조직으로, 현재 약 200개 정도의 기업이 참여하고 있으며, 스위스 제네바에 본부를 두고 있다.

WBCSD가 2010년에 발표한 비전 2050(Vision 2050)은 경제, 사회, 환경 측면 9개 분야에 대한 비전을 아래와 같이 제시하고, 이를 달성하기 위해 취해야 할 행동과 성공지표도 마련했다.

분야	비전
인간가치	사람과 지구, 하나의 세상
인간개발	모든 사람의 기본욕구 충족
경제	진정한 가치, 진정한 비용, 진정한 이윤
농업	새 녹색혁명을 통한, 충분한 식량과 바이오연료
임업	회복과 재생
에너지	저탄소 에너지의 확실하고 충분한 공급
건물	순(純)에너지 0인 건물에 근접
이동성	안전하고 저탄소인 이동성
물질	폐기물 0

구체성 측면에서 조직의 특정 결정이나 행동의 지속가능발전 기여 여부와 기여 정도를 측정하고 판단하도록 돕는 데에는 한계가 있겠지만, WBCSD의 비전 2050은 지속가능발전에 기여하는 조직의 방향을 설정하는, 하나의 의미 있는 기준으로는 활용될 수 있다고 본다.

출처: WBCSD(2010) Vision 2050: The New Agenda for Business, Geneva, Switzerland: WBCSD.

(2) 영향의 식별

이 책 제4장에서 살펴보았듯이 ISO 26000의 사회책임 정의에서 영향은 사회책임의 전제가 되기 때문에 어떤 영향이 있는가를 식별하는 것은 사회책임 실천절차의 중요한 부분이다. ISO 26000도 조직의 기회와 긍정영향을 최대화할 뿐 아니라, 사회와 환경에 대한 부정영향의 위험을 최소화하기 위해서, 각각의 핵심 주제와 관련된 조직 스스로의 영향을 의식적이고 체계적으로 관리하고, 조직의 영향권 내에서 조직의 영향을 추적하는 게 좋다고 했다(26000 7.4.3절).

그러나 ISO 26000에는 영향을 식별하는 방법에 대한 구체적인 설명이 없이, 국제 비즈니스리더 포럼IBLF의 '인권 영향평가 지침A Guide to Human Rights Impact Assessment'과 환경경영 중 수명주기 영향평가life cycle impact assessment 표준인 ISO/TR 14047: 2003을 언급하고 있을 뿐이다.

국제영향평가협회IAIA는 영향평가impact assessment를 "현재의 행동이나 제안된 행동의 미래 결과를 식별하는 과정"이라고 했지만, [사례 16]에서 볼 수 있듯이 영향평가는 결국 영향의 식별뿐 아니라 평가, 대응에 이르는 전체 과정을 포함하게 된다. 따라서 영향평가과정은 사회책임 실천절차모형과 본질면에서 다르지 않게 되며, 다만 영향평가과정의 경우는 환경, 인권 등 특정영향을 중심으로 사회책임 실천절차모형을 적용한 것이라고 볼 수 있다.

사례 16 | 인권 영향평가 및 관리 가이드

세계은행 그룹의 국제금융공사(International Finance Corporation: IFC)와 국제 비즈니스 리더스 포럼(IBLF)이 UN 글로벌콤팩트와 협력해서 운영하고 있는 '인권 영향평가와 관리 가이드(Guide to Human Rights Impact Assessment and Management: HRIAM)' 웹사이트는 인권 영향 및 관리과정을 7단계로 나누어 제안하고 있으며, 영향 식별은 그 중 한 부분을 차지하고 있다.

HRIAM의 이 모형은 이 책에서 제안한 사회책임 실천절차모형과 비교했을 때, 조직의 방향 설정과 의사소통 부분을 줄이고 나머지 3개 요소를 인권에 보다 집중해서 설명한 것으로 볼 수 있다.

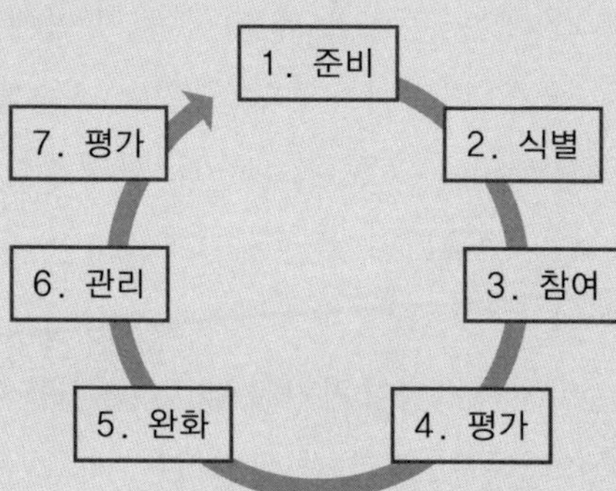

구분	단계	내용
평가	준비	• 회사의 인권 상세검토 접근방식 결정 • 회사의 인권 영향평가 범위
	식별	• 주요 인권 위험과 영향 식별 • 기준선 설정
	참여	• 인권 위험과 영향 입증을 위해 이해관계자 참여 • 인권 이슈를 고려하는 불만해결체계 개발
	평가	• 인권 위험과 영향 평가 • 평가 결과 분석

관리	완화	• 적절한 완화 행동계획 개발 • 행동계획과 권고를 경영진에 보고
	관리	• 완화 행동계획과 권고 실행 • 인권을 경영시스템 안에 통합
	평가	• 회사의 인권 대응능력 추적, 평가, 보고 • 평가 검토와 필요시 적절한 조정

출처: HRIAM(2011) 웹사이트(www.guidetohriam.org, 2010.12.16 검색)

매우 다양한 방법으로 영향을 식별할 수 있으나,[22] Clark 외(2004)는 사회영향을 평가하는 방법 9가지를 선정해서 이들 방법의 특성과 주로 적용될 수 있는 조직을 〈표 26〉과 같이 정리했다. 이들은 사회영향평가 방법의 특성을 과정, 영향, 화폐화로 구분했다. 과정process은 해당 방법으로 활동과정에서 나온 산출물 등의 효율성efficiency과 효과성effectiveness을 추적하고 관측할 수 있는지를 말하며, 영향impact은 해당 방법이, 우리가 앞에서 정의한 대로 활동으로 인해 일어난 변화인 영향을 확인할 수 있는지, 그리고 화폐화monetization는 해당 방법을 가지고 활동의 결과나 영향을 금전가치로 바꿀 수 있는지를 의미한다.

이렇게 영향 식별과 평가의 방법은 다양하지만, 이 책 [사례 4]에서 보인 것처럼 아주 단순한 방법으로도 영향을 식별할 수 있다.

22) 예를 들어, 환경영향평가에 관한 교육 자료를 무료로 제공하는 웹사이트인 '환경영향평가: 공개교육자료(Environmental Impact Assesment: Open Educational Resource)'는 영향평가의 방법으로 체크리스트, 매트릭스, 네트워크, 오버레이, 전문가시스템, 전문판단 등을 제시했다.

표 26 사회영향평가 방법 비교

	방법	특성			적용	
		과정	영향	화폐화	비영리	영리
1	변화이론(Theories of Changes)	●			●	
2	균형성과표(Balanced Scorecard, BSC)	●	○		●	
3	아큐멘 성과표(Acumen Scorecard)	●			●	●
4	사회수익평가 (Social Return Assessment)	●				●
5	투자자를 위한 앳키슨 나침반 평가 (AtKisson Compass Assessmenf for Investors)	●	○			●
6	사회영향 진행평가(Ongoing Assessment of Social Impact: OASIS)	●	●		●	
7	사회투자수익(Social Return on Investment: SROI)		●	●	●	
8	비용이득분석(Benefit-Cost Analysis)		●	●	●	
9	빈곤 · 사회영향분석(Poverty and Social Impact Analysis: PSIA)		●	●	●	●

주: ● 관련이 큼　　○ 어느 정도 관련이 있음
출처: Clark 외(2004), p. 11.

(3) 이해관계자 식별

ISO 26000은 조직의 결정과 활동의 영향을 결정하는 것이 조직의 이해관계자 식별을 돕는다고 했다(26000 5.3.2절). 조직의 결정과 활동의 영향으로 야기된 이슈를 인식하고, 이해관계자를 식별하는 것은 이 책 [그림 7]로 표현된 관계를 따라 사회책임을 인식하는 것이다.

사례 17 | IFC의 이해관계자 식별 가이드

1956년 설립된 국제금융공사(IFC)는 개도국에 대한 민간부문의 투자 촉진을 담당하는 세계은행 그룹의 한 기관이다. IFC는 민간조직이 개도국에서 투자 프로젝트를 추진하면서 겪게 될 수 있는 이해관계자 문제를 제대로 해결하도록 돕기 위해 몇 가지 매뉴얼을 작성했다.

IFC는 특히 투자 프로젝트에 있어 이해관계자 식별을 위해 쉽고도 바로 쓸 수 있는 기법으로 '영향 구역화(impact zoning)'를 제안하는데, 절차는 다음과 같다.

1. 지역에 환경 사회영향을 일으킬 수 있는, 프로젝트 현장 내외의 주요 구성요소를 그린다.
2. 이들 구성요소 각각에 대한, 폭넓은 영향 구역을 찾는다.
3. 폭넓은 이해관계자 그룹을 찾은 후 이 그룹을 영향 구역 위에 겹쳐 놓는다.
4. 관련 이해관계자 대표와 협의를 거쳐 어떤 그룹이 어떤 영향을 잠재적으로 받는지 확인한다.

출처: IFC(2010) Leadership in Environmental and Social Sustainability (www.ifc.org/sustainability/, 2010.12.16 검색) / IFC(1998) Doing Better Business Through Effective Public Consultation: A Good Practice Manual, Washington, DC: IFC. / IFC(2007) Stakeholder Engagement: A Good Practice Handbook for Companies Doing Business in Emerging Markets, Washington, DC: IFC.

그러나 이 책 제4장에서 살펴보았듯이, [그림 7]의 관계만으로는 사회책임의 전체를 인식할 수 없다. 첫째는, 이해관계자의 또 다른 특성인 기대 형성이 빠져 있기 때문이다.[23] 둘째는, 이해관계자 참여를 통한 사회책임 인식도 빠져있다.

23) 이 부분에 대해서는 이 책 제4장 '이해관계자 개념의 확장'에서 자세히 다뤘다.

이 두 가지 점은 서로 연결되어 있기도 한데, ISO 26000의 제안에 더해 강조해야 할 점은 조직의 이해관계자 식별과정에서 조직의 결정과 활동으로 인한 영향을 받는지 여부와 함께 조직에 대해 어떤 기대를 만드는 과정에 관여하고 있는지도 함께 보아야 한다는 것이다. 기대를 만드는 과정에 관여하는 이해관계자의 경우는 ISO 26000이 지적한 대로, 어떤 이해관계자를 대신해 발언한다고 주장하는 그룹에 대해서는 그 그룹이 대표성을 갖고 믿을 만한지를 조직이 함께 조사할 필요가 있다(26000 5.3.2절). 정리해서 표현하자면, 이 책 제4장 [그림 11]에 구분한 네 유형의 이해관계자는 모두 식별과정에서 고려되어야 한다.

ISO 26000은 조직이 사회의 기대를 이미 알거나 쉽게 배울 수 있을 경우 이해관계자 참여를 통해 사회의 기대를 이해할 필요는 없다고 했다(26000 5.2.3절). 사회의 기대는 법 규정, 널리 받아들여진 사회나 문화적 기대, 구체적인 사안에 대한 기존 표준이나 최적관행에서 찾을 수 있으며, 이해관계자 이해에 대한 기대는 ISO 26000 6절의 관련 행동과 기대에서 찾을 수 있다고 했다(26000 5.2.3절). 그러나 이 책에서 제안하는 사회책임 실천절차모형은 이해관계자 참여를 포함한 의사소통을 중요하게 생각한다. 따라서 조직이 사회의 기대 등을 확실히 알고 있는 경우라도 이해관계자 참여를 포함한 의사소통을 완전히 배제해서는 안 되며, 항상 참여의 가능성을 열어 두는 것이 좋다.[24]

---

24) 이 점은 이 책이 [그림 38]로 제안한 사회책임 실천절차모형에서 잘 나타난다. ISO 26000의 표현을 따르자면 이해관계자 식별은 [그림 38]에서 사회책임 확인의 한 내용으로 들어가지만, 이 책이 주장하는 이해관계자 식별과 참여는 [그림 38] 오른쪽에 따로 구성된 의사소통에 해당한다는 것이다. 이해관계자는 한번 식별되고 끝나는 것이 아니라, 사회책임 실천절차 전체 과정에 걸쳐 계속 의견을 주고받는 상대가 되는 것이다.

이렇게 조직이 우선 영향을 식별한 후 이를 이해관계자 참여를 통해 입증하는 방식은 조직의 과거에 자신이 주었던 영향 경험에 기초해서 영향을 일방적으로 결정하는 방식보다는 분명 진일보한 것이다. 그러나 사회책임의 확인은 영향에 기초해서만 결정되는 것이 아니며, 이해관계자 참여에 의해서도 진행된다는 점도 함께 고려되어야 한 걸음 더 나아간 사회책임 확인과정이 될 것이다.

(4) 7대 핵심 주제를 통한 사회책임 확인

ISO 26000은 사회책임을 인식할 수 있는 구체적인 방법으로 ISO 26000이 제시한 7개 사회책임 핵심 주제의 이슈들에 친숙해질 것을 제안했다(26000 5.2.2절).

ISO 26000이 제안한 7개 사회책임 핵심 주제가 복잡한 사회책임 인식과정을 보다 단순하게 만들어 조직의 사회책임 실천을 도운 것은 사실이다. 그러나 ISO 26000의 7개 사회책임 핵심 주제를 받아들일 때에는 다음 두 가지 사항에 주의해야 한다.

첫째, 앞서 살펴본 것과 같이 ISO 26000은 사회책임 확인의 근원으로 7개 사회책임 핵심 주제와 함께 지속가능발전 기여, 영향, 이해관계자도 얘기했다. 이들 각각의 내용이 서로 다르기 때문에 ISO 26000의 7개 사회책임 핵심 주제가 사회책임의 내용을 모두 다 요약한 것으로 보는 데에는 무리가 있다. 다시 말해 우리 사회에서 자주 등장하는 ISO 26000에 대한 해석으로 "사회책임=ISO 26000의 7개 사회책임 핵심 주제"로 보는 것은 ISO 26000이나 사회책임의 본질을 제대로 이해하지 못하고 겉으로 드러난 문구만을 가지고 한, 극히 제한된 해석이다.[25)]

그림 42 사회책임 전체 과정과 7개 핵심 주제

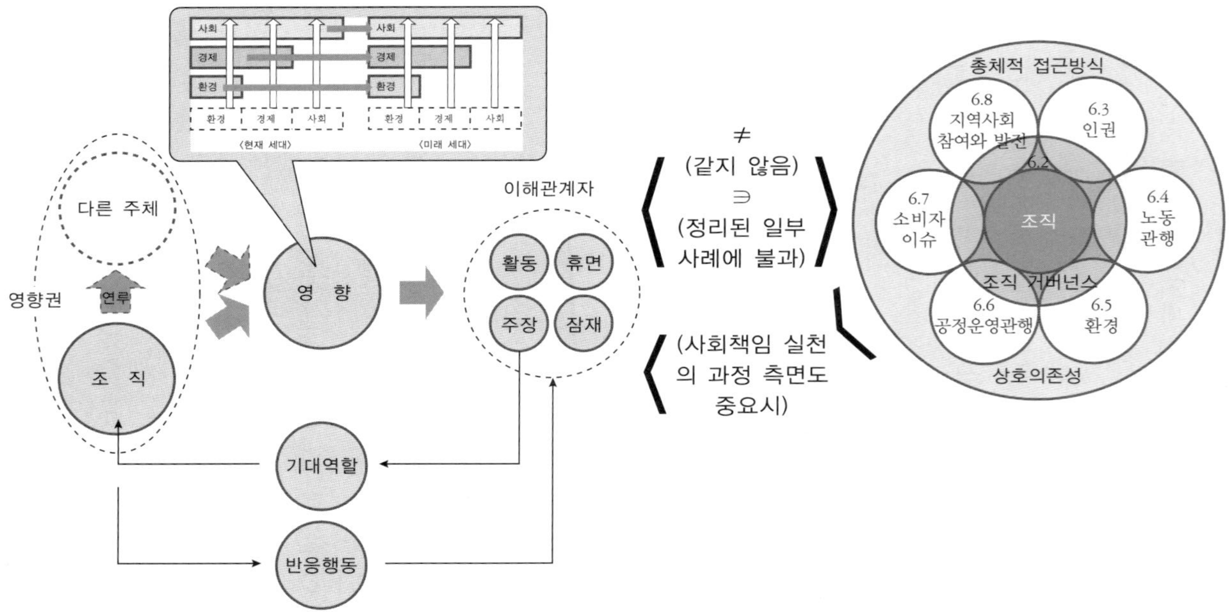

우리가 사회책임 설명을 하면서 사용한 그림을 가지고 정리하면 [그림 21]은 사회책임 전체 과정을 나타내면서 지속가능발전, 영향, 이해관계자 개념을 모두 포함하고 있으며, [그림 25]는 ISO 26000이 정리한 7개 사회책임 핵심 주제를 나타내고 있는데, 이 둘은 [그림 42]에 나타낸 것과 같이 같은 것이 아니며, ISO 26000의 7개 사회책임 핵심 주제는 이런 내용을 담은 하나의 정리된 사례라고 보는 것이 보다 정확한 해석이다.

둘째, 7개 사회책임 핵심 주제는 사회책임의 내용에 초점을 맞춘 것으로 사회책임의 과정과는 관계가 적다.[26] 사회책임의 내용과 과정의 두 가지가 온전히 결합되어야 제대로 된 사회책임의 실천이 되기 때문에 7개 사회책임 핵심 주제를 다룰 때에는 사회책임 실천과정에도 함께 주의를 기울여야 한다.

❖ 확인된 사회책임의 여과

연루, 영향권, 가치사슬의 관계방식을 통해 행동 주체의 범위가 확인되고, 위험상황의 식별을 통해 행동 맥락의 특성이 확인되면, 사회책임의 범위가 결정된다. 여기에 지속가능발전 기여, 영향, 이해관계자, ISO 26000의 7개 사회책임 핵심 주제가 고려되면 사회책임 내용의 윤곽이 드러나게 된다. 그러나 이렇게 확인된 사회책임 모두를 조직이 한 번에 다 받아들이는 것은 사실상 어렵다. 따라서 확인된 폭넓은 사회책임은 받아들이는 조직의 입장에서 다시 걸러지는 여과과정filtering을 거치게 된다.

---

25) 이 점은 이 책 제 3 장 'ISO 26000 개발역사(1): 작업반 구성 이후'에서 소개한 AG의 ISO 26000 개발 조건 여섯 번째와 맥을 같이 한다.

26) 7개 사회책임 핵심 주제 중 거버넌스만은 사회책임 과정과 관련이 있음을 이 책 제 5 장에서 거버넌스를 다루면서 언급했다.

ISO 26000은 이런 여과과정을 관련성, 중대성, 우선순위라는 개념을 가지고 설명하고 있는 것으로 보인다. 언뜻 보기에는 사회책임의 관련성과 중대성을 고려해서 우선순위를 결정하면 된다고 해석할 수 있지만, 그 내용을 자세히 들여다보면 몇 가지 명확히 해야 할 사항이 있다.

다음과 같은 세 가지 이유에서 ISO 26000의 관련성, 중대성, 우선순위의 해석과 적용은 혼란스러울 수 있다.

첫째, 관련성의 의미는 다양할 수 있는데, ISO 26000은 이를 구분하지 않고 섞어 사용하고 있다.

둘째, 관련성은 중대성의 전제조건이 될 수 있으므로[27] 굳이 관련성과 중대성을 나누어 볼 필요가 없이 중대성에만 초점을 맞추면 되지 않을까 생각한다.

셋째, 중대성의 의미와 중대성에 따른 우선순위의 의미도 다양할 수 있는데, ISO 26000은 이 부분에 대해서도 명확한 구분 없이 섞어 사용하고 있다.

이 세 가지 이유 중에서 두 번째 이유는 논리에 관한 것이므로, 첫 번째와 세 번째 이유, 즉 관련성, 중대성, 우선순위의 의미를 중심으로 살펴보기로 한다.

(1) 관련성

ISO 26000은 7개 사회책임 핵심 주제가 정도의 차이는 있지만 조직과 관련성을 가진다고 설명하고 있다(26000 3.3.3절, 7.3.2.1절). 또한 이해관계자가 조직의 결정과 활동에 대한 특정

27) 관련성의 의미를 어떻게 규정할지의 문제는 별도로 하더라도, 관련 없는 내용을 중대하다고 판단하는 경우는 거의 없다.

사안의 관련성 식별에 도움이 될 수 있다고도 하면서, 이해관계자가 식별하지 않아도 어떤 사안이 조직의 사회책임에 관련성이 있을 수 있다고 했다(26000 3.3.3절). 이해관계자가 관심을 갖는 것이 아니라도 조직의 사회책임에 관련성이 있을 수 있다면(26000 3.3.3절. 7.3.2.1절), 조직은 어떤 기준으로 사회책임의 관련성을 판별할 수 있는가?

관련성을 판단하는 기준은 여러 개가 있을 수 있다. 이 책 제4장에서 길게 논의한 '조직의 결정과 활동 → 영향'이라는 영향의 인과성은 조직이 그 영향의 원인을 제공했다는 점에서 당연 해당 사회책임의 조직 관련성을 나타낸다. 그러나 이 관점에서는 인과성이 없더라도 이해관계자가 해당 조직에 기대되거나 적용하기를 바라는 사회책임은 조직 관련성이 있는 것으로 볼 수 없다.

ISO 26000은 지속가능발전과의 관계에 의해 관련성은 가장 잘 결정된다고도 했으니(26000 5.3.2절), 지속가능발전과 관련된 사회책임이 조직과 관련성을 가진다고도 할 수 있다.

이런 가능성을 모두 종합해보면 우리가 바로 앞에서 다뤘던 사회책임의 근원 네 가지와 어느 정도 일치한다. 또한 관련성의 개념을 조금 더 넓게 본다면 사회책임의 범위 확인에서 다룬 연루, 영향권, 가치사슬과 위험상황과도 연결될 수 있다.

따라서 ISO 26000에서는 관련성 결정을 따로 떼어 다루지 않고, 사회책임 확인에 포함시키는 것이 옳다고 생각한다. 다시 말해 앞서 살펴본 사회책임의 범위와 근원 확인과정 전체가 조직의 관련성을 살펴보는 과정인 것이다.[28]

28) 관련성을 따로 다룰 경우, 특히 ISO 26000이 제안하는 7개 사회책임 핵심

(2) 중대성

ISO 26000은 사회책임 인식 이후 단계로 중대성 평가를 제안하고 있다(26000 5.2.2절). 중대성 평가에 있어서도 이해관계자에 미치는 영향과 함께 지속가능발전에 줄 수 있는 영향 양 측면을 모두 고려할 것을 제안한다. 조직 특성과 사회책임 간 관계도 고려된다(26000 7.2절).

ISO 26000에 따르면, 중대성은 다음 요소에 의해 결정된다(26000 7.3.2.2절).

- 이해관계자와 지속가능발전에 대한 이슈의 영향 정도
- 이슈들에 대해 행동을 취하거나 취하지 못했을 때 잠재효과
- 이해관계자들이 이슈를 우려하는 수준
- 영향과 관련된 책임 있는 행동에 대한 사회기대

위와 같은 ISO 26000의 중대성 설명은 중대성을 판단하는 기준으로 적어도 세 가지를 한 번에 얘기하고 있는 것이다. 즉, 이해관계자에게 중요한 것, 지속가능발전에 중요한 것, 그리고 조직에 중요한 것이다. 이들 세 요소는 서로 겹칠 수도 있지만 반드시 그런 것은 아니다.

예를 들어 GRI는 지속가능성을 중심으로 한 사회책임의 중대성 평가를 위해 [그림 43]과 같은 모형을 제안한다. 이 모형에서는 앞서 ISO 26000이 언급한 중대성 판단 기준 중, 이해관

주제에 대해서 ISO 26000은 순환논법을 쓰고 있다. 즉 ISO 26000에 따르면 7개 사회책임 핵심 주제는 대부분의 조직과 관련성을 가지는 사회책임이다. 그런데 어떤 사회책임이 조직과 관련되었음을 판단하는 기준 중 하나로 ISO 26000은 그 사회책임이 7개 사회책임 핵심 주제에 해당하는가를 염두에 두고 있다.

그림 43 GRI의 지속가능성 이슈 중대성 평가모형

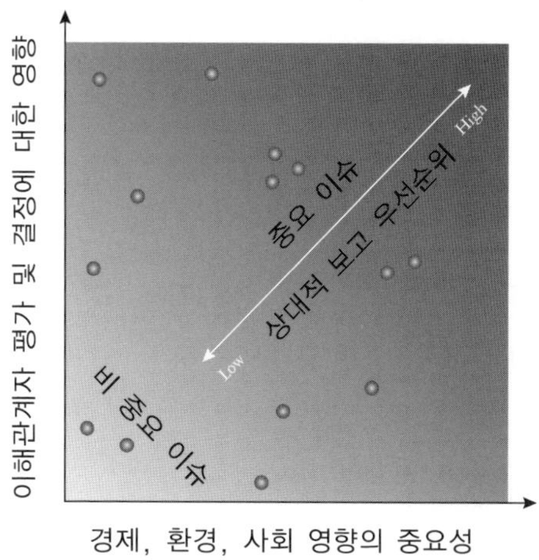

출처: GRI(에코프론티어, 한국표준협회 번역) (2006), p. 8.

계자와 지속가능발전[29)]을 함께 사용하고 있다.

사회책임의 중대성을 평가할 때 ISO 26000이 언급한 세 기준 중 어느 것이 우선되어야 한다고 말하기는 어렵지만, 세 기준에 따라 중대성 평가가 이뤄지는 게 좋다고 설명하는 것이 더 명확할 것이다.

(3) 우선순위

ISO 26000은 조직이 이슈를 다루는 어떤 행동이 높은 우선순위priority를 가지는지를 결정할 때 다음 사항을 고려할 것을 권한다(26000 7.3.3절).

29) 지속가능발전에 대한 중대성은 '3대 기본'인 환경, 경제, 사회에 대한 중대성으로 풀어 사용하고 있다.

- 법률 준수, 국제 표준, 국제 행동 규범, 최적관행에 대한 조직의 현재 실적
- 중요 목표를 이뤄내는 조직의 능력에 이슈가 상당한 영향을 끼칠 수 있는가 여부
- 실행에 필요한 자원에 비교하여, 관련된 행동의 잠재적 효과
- 원하는 결과를 이루기 위해 걸리는 기간
- 신속히 다루지 않으면 상당한 비용 결과를 초래할 수 있는가의 여부
- 실행의 용이성 및 속도[30)]

ISO 26000이 말하는 우선순위는 앞서 소개한 중대성과 또 다른 개념으로 구성되어 있다. 조직에 대한 영향은 앞서 중대성 평가기준과 같지만, 우선순위에는 여기에 더해서 실행용이성과 같은 요소를 함께 고려하고 있는 것이다.

이 부분 역시 우선순위의 의미를 혼란스럽게 만든다. ISO 26000이 말하는 우선순위란 사회책임 이슈 자체의 우선순위, 즉 사회책임 이슈의 중대성 정도가 아니라 이런 이슈를 다룰 조직의 반응행동의 우선순위인 것이다. 아무리 중대한 사회책임 이슈라도 자원이나 준비 부족으로 당장 다루기 어렵다면 반응행동의 우선순위는 떨어질 수 있다. 따라서 사회책임 이슈 자체의 우선순위를 중대성으로 정의하고, 여기서 언급하는 우선순위는 반응행동의 시간계획에서 우선순위로 이해하는 것이 명확할 것이다.

30) 이는 조직 내에서 사회책임에 관한 인지도 및 행동의 동기유발을 끌어올리는 데에 영향을 줄 수도 있다.

과정(3): 사회책임 실천

사회책임 실천절차모형의 세 번째 과정은 이전 과정에서 확인되고 우선순위가 결정된 사회책임을 실천하는 것이다. 사회책임의 실천은 조직 내 사회책임 인식 제고와 역량 구축, 그리고 시스템 구축을 포함한다.

❖ 조직의 사회책임 인식 제고

ISO 26000은 조직이 모든 측면에서 사회책임을 구축하려면 조직의 모든 직급으로부터의 헌신과 이해가 필요하다고 했다(26000 7.4.1절).

사회책임과 관련된 조직 노력의 초기 단계에서는, 원칙, 핵심 주제 및 이슈를 포함한, 사회책임의 측면에 대한 이해 제고에 인식 구축의 초점을 맞추는 게 좋다(26000 7.4.1절).

헌신과 이해는 조직의 상층부에서부터 시작하는 게 좋다. 조직을 위한 사회책임의 이점을 이해하는 것은 조직 임원진이 헌신을 확립하는 데 중요한 역할을 할 수 있다. 따라서 조직의 임원진에게 사회책임의 시사점과 이익에 대한 철저한 이해를 제공하는 노력이 이루어지는 게 좋다(26000 7.4.1절).

일부 피고용인들은 다른 사람들보다 사회책임에 대한 행동을 취하는 것에 보다 관심이 있고, 선뜻 받아들일 것이다. 조직은 사회책임이 실제 어떤 의미를 지니는지 입증하기 위해, 초기 노력을 이렇게 수용적 반응을 보이는 영역에 집중하는 것이 도움이 된다(26000 7.4.1절).

조직 내 사회책임 문화를 창출하는 것은 상당한 시간이 걸릴 수도 있지만, 여러 조직의 경험을 통해 보면 기존 가치와 문화에서 출발해서 체계적으로 진행하는 것이 효과적이었다(26000 7.4.1절).

❖ 조직의 사회책임 역량 구축

사회책임 관행을 실행하기 위한 역량을 구축하는 것은 이해관계자 참여와 같은 일부 활동 영역에서 기능을 강화하거나 개발하는 것, 그리고 핵심 주제 적용에 대한 지식과 이해 제고를 수반할 수도 있다. 조직 내 인력의 기존 지식과 기능을 이용하는 노력이 이루어지는 게 좋다(26000 7.4.1절).

교육과 평생학습은 사회책임의 인식을 제고하고 역량을 구축하는 데 중심이 된다. 이런 측면에서, 지속가능발전을 위한 교육은, 활발하고 능동적인 행동을 육성하는 가치를 적정하게 고려하도록 사람들을 독려함으로써, 사람들에게 사회책임 이슈를 다루는 권한을 주는, 새로운 방향을 설정하고 있다(26000 7.4.1절).

위와 같은 노력은, 적절한 경우, 공급사슬의 관리자들과 근로자들의 역량을 구축하고 훈련시키는 것도 포함하는 게 좋다. 구체적 훈련은 일부 이슈에 도움이 될 수도 있다(26000 7.4.1절).

❖ 조직 시스템에 사회책임 통합

조직은 사회책임을 시스템, 정책, 과정 및 의사결정 행동에 통합함으로써 사회책임을 조직 전략의 주요 요소로 포함한다. 핵심 주제와 이슈에 대한 행동의 우선순위를, 전략, 과정, 일정과 함께, 관리할 수 있는 조직 목표로 전환한다(26000 7.4.2절).

(1) 강 령

조직은 앞서 첫 과정에서 설정한 사회책임 원칙이나 가치를, 적절한 행동에 관한 성명으로 옮김으로써 조직의 사회책임에 대한 헌신을 구체화하는 문서로 된 행동강령이나 윤리강령을 채택할 수 있다. 이러한 강령들은 ISO 26000 4절의 사회책임 원칙과 6절의 사회책임 핵심 주제에 기초하는 게 좋다(26000 7.4.2절).

(2) 거버넌스

사회책임을 조직 전반에 걸쳐 통합시키기 위한 중요하고도 효과적인 수단은 조직의 거버넌스를 통하는 것인데, 이는 조직의 목표를 추구하면서 조직의 결정이 이루어지고 실행되는 시스템이다(26000 7.4.3절). 조직은 사회책임 원칙이 조직의 거버넌스에 적용되고, 조직의 구조와 문화에 반영됨을 확인하는 게 좋다. 조직은 조직의 사회책임을 고려하고 있음을 확실히 하기 위해 적절한 시간 간격을 두고 절차와 과정을 검토하는 게 좋다(26000 7.4.3절).

사회책임을 효과적으로 통합하기 위해서, 조직은 새로운 접근방식과 아이디어를 제안하는, 보다 큰 자유, 권한과 동기유발을 촉진할 수 있는, 의사결정과정과 거버넌스의 변화 필요성을 식별할 수도 있다(26000 7.4.1절).

또한 조직은 기존 경영관행이 조직의 사회책임을 반영하고 이를 다루는 것을 보장한다. 사회책임 원칙과 핵심 주제와 이슈가 조직의 다양한 부분에 적용되는 방법을 식별한다(26000 7.4.3절).

조직을 위한 운영활동을 수행할 때는 사회책임을 고려한다. 구매와 투자 관행, 인적자원관리와 다른 조직 기능에 사회책임을 통합한다(26000 7.4.3절).

새로운 활동과 관련된 것을 포함해서, 결정을 내릴 때, 조직은 이러한 결정사항들이 이해관계자에 미칠 수 있는 영향을 고려하는 게 좋다. 이를 위해 조직은 조직의 활동이 사회와 환경에 미칠 수 있는, 부정영향을 최소화하고, 긍정영향을 증가시킬 수 있는 최상의 방법을 고려하는 게 좋다. 이러한 목적을 위해 필요한 자원과 계획은 결정이 이루어질 때 고려하는 게 좋다(26000 7.4.3절).

(3) 조직 문화

조직의 기존 가치와 문화는 조직 전반에 걸쳐 사회책임이 완전히 통합되는 용이성과 속도에 중대한 영향을 미칠 수 있다. 가치와 문화가 이미 사회책임의 가치와 문화와 밀접하게 일치된 일부 조직의 경우, 통합과정은 매우 단순할 수도 있다. 다른 조직의 경우, 조직의 일부는 사회책임의 이익을 인식하지 않을 수도 있고, 변화에 저항할 수도 있다. 이러한 영역에서 사회책임을 다하는 접근방식을 통합하는 데에는 체계적인 노력이 장기간에 걸쳐 수반될 수도 있다(26000 7.4.3절).

(4) 전담 조직

조직의 규모와 본질에 적합하다면, 조직의 운영 절차가 사회책임의 원칙과 핵심 주제에 부합하도록 운영 절차를 검토하고 개정하는 부서 또는 그룹을 조직 내에 설립한다(26000 7.4.3절).

(5) 통합 속도

조직 전반에 걸친 사회책임 통합과정이 한 번에 일어나지 않고, 모든 핵심 주제와 이슈에 대해 같은 속도로 이루어지지도 않는다는 것을 인정하는 것이 중요하다. 단기 및 장기간에 걸쳐 일부 사회책임 이슈를 다루기 위한 계획을 개발하는 것이 유용할 수도 있다. 그런 계획은 현실적인 것이 좋으며, 조직의 역량과 이용할 수 있는 자원, 이슈의 우선순위 및 관련 행동을 고려하는 게 좋다(26000 7.3.4절, 7.4.3절).

과정(4): 사회책임 실천결과 확인

사회책임 실천절차모형의 네 번째 과정은 실천한 결과를 확인하는 과정이다. ISO 26000은 이 과정을 관측과 검토 및 개선에서 다루고 있다.

❖ 관 측

조직의 모든 부분에서 사회책임을 실행하는 효과성과 효율성에 대해 신뢰를 갖기 위해서는, 핵심 주제와 관련 이슈와 관련된 활동에 대한 진행 중인 성과를 관측하는 것이 중요하다(26000 7.7.2절). 조직은 조직성과의 사회책임 측면을 관측하고 측정하기 위한, 조직의 도구를 개선할 필요가 있다는 점을 발견할 수도 있다(26000 7.4.1절). 이러한 노력의 정도는 다루는 핵심

31) ISO 26000에서 데이터 신뢰성 제고는 조직의 신뢰성 제고와 함께 섞여 ISO 26000 7.7.3절에서 다뤄지고 있다. 그러나 데이터 신뢰성 제고는 사회책임 실천결과를 관측할 때부터 고려해야 할 사항이기 때문에 이 책에서는 관측과 함께 설명한다.

주제의 범위, 조직의 규모와 본질 및 기타 요인에 따라 분명히 달라질 것이다(26000 7.7.2절).

관측과 관련해서는 관측 대상, 관측 방법, 데이터 신뢰성 제고[31)]에 관해 살펴보기로 한다.

(1) 관측 대상

관측할 활동을 결정할 때, 조직은 중대한 활동에 초점을 맞추고, 관측 결과를 이해하기 쉽고, 신뢰할 만하고, 적시성이 있고, 이해관계자의 관심사에 대응하도록 만드는 노력을 하는 게 좋다(26000 7.7.2절).

(2) 관측 방법

적절한 시간 간격의 검토, 벤치마킹, 그리고 이해관계자로부터의 피드백 입수를 포함하여 사회책임 성과를 관측하는 데 이용될 수 있는 많은 다양한 방법이 있다(26000 7.7.2절).

조직은 종종 조직의 특성과 성과를 다른 조직의 활동과 비교함으로써 자신의 프로그램에 대한 통찰력을 얻을 수 있다. 그런 비교는 구체적 핵심 주제와 관련한 행동이나 또는 조직 전반에 걸쳐 사회책임을 통합하기 위한 광범위한 접근방식에 초점을 맞출 수도 있다(26000 7.7.2절).

사례 18 | 투모로우의 가치순위

영국 런던에 본사를 두고 있는 지속가능성 컨설팅회사인 투 투모로우즈(Two Tomorrows)는 2009년부터 '투모로우의 가치순위(Tomorrow's Value Rating: TVR)'라는 이름으로, 주요 산업에 속한 기업들의 환경 사회책임을 평가해 순위를 발표하고 있다.

TVR의 전신은 2004년부터 어카운터빌리티(AccountAbility)와 공동 운영한 '설명책임 순위(Accountability Rating)'였는데, 이 평가방법은 포춘(Fortune)이 2006년부터 2008년까지 발표한 '설명책임을 가장 잘 지는 기업(the most accountable companies)' 순위의 기초가 되었다.

설명책임 순위의 평가방법이 다우존스 지속가능성 지수(Dow Jones Sustainability Index: DJSI)와 FTSE4Good과 같은 다른 지속가능성 평가방법에 반영되자, 투 투모로우즈는 새로운 방식의 평가인 TVR을 개발했다.

TVR은 같은 산업에 속한 기업을 대상으로 전략, 거버넌스, 참여, 가치사슬, 혁신의 5개 영역에 대한 평가를 기초로 100점 만점의 점수를 매겨, 매년 순위를 발표하고 있다. 현재는 식품 음료, 실리콘밸리, 정보 통신기술, 에너지 공익사업, 호텔그룹의 5개 산업의 평가를 발표하고 있는데, 이중 3개 산업분야의 최근 발표된 상위 5개 기업과 점수는 다음과 같다.

순위	식품 음료		정보 통신기술		에너지 공익사업	
1	유니레버	64%	보다폰	60%	EDF	57%
2	네슬레	59%	노키아	55%	센트리카	56%
3	다농	58%	HP	52%	E.ON	51%
4	펩시코	51%	프랑스 텔레콤	49%	GDF 수에즈	47%
5	코카콜라	49%	지멘스	47%	RWE	46%

지속가능성 평가에 있어 우리에게 보다 친숙하고 전체 산업을 대상으로 하는 DJSI나 FTSE4Good과 달리, TVR은 몇 개 산업에 한정되어 평가되고 있다는 한계를 갖지만, 산업별 특성을 조금 더 반영하고 거버넌스, 혁신 등 사회책임 성과의 다른 측면을 보다 강조한다는 점에서 사회책임경영의 벤치마킹 대상 선정의 또 다른 정보출처로 활용할 수 있다.

출처: Tomorrow's Value Rating(2011) 웹사이트(http://www.tomorrowsvaluerating.com, 2011.2.13. 검색)

보다 공통된 관측의 방법 중의 하나는 지표에 의한 측정이다. 지표는 조직과 연관된 비교가능하고 시간에 따른 변화를 보여주는 결과에 관한 질적이거나 양적인 정보이다. 예를 들어, 지표는 시간 흐름에 따라 프로젝트 목표의 달성을 관측하거나 평가하는 데 사용될 수 있다. 지표는 명료하고 참고가 되며 실용적이고 비교가능하며 정확하고 믿을 수 있고 신뢰할 만한 것이 좋다. 지표의 선택과 이용에 대한, 광범위한 추가 상세정보는 사회책임과 지속가능성에 대한 많은 참조문헌에서 얻을 수 있다(26000 7.7.2절).

양적 결과를 나타내는 지표들이 상대적으로 이용하기 수월하지만 이러한 지표들은 사회책임의 모든 측면에 충분하지 않을 수도 있다. 예를 들어, 인권 분야에서 사람들이 공정하게 대우받고 있는지 여부에 대한 여성과 남성의 견해는 차별에 관한 어떤 양적 지표들보다 훨씬 의미가 클 수 있다(26000 7.7.2절).

설문조사나 포커스그룹 토의의 결과와 관련한 양적 지표들은 견해, 추세, 조건이나 상황을 기술한 질적 지표와 결합할 수도 있다. 또한, 사회책임이 오염 감소나 불만 대응 같은 측정가능한 활동에서의 구체적 성과 이상의 것임을 인식하는 것이 중요하다. 사회책임은 가치, 사회책임의 원칙의 적용과 태도에 기초하므로 관측은 인터뷰, 관찰 및 행동과 헌신을 평가하는 기타 기법과 같은, 보다 주관적인 접근방식을 포함할 수 있다(26000 7.7.2절).

(3) 데이터 신뢰성 제고

조직은 정부, 비정부조직, 기타 조직 또는 대중에게, 또는 민감한 정보를 포함한 데이터베이스를 유지하기 위해, 성과 데이터의 제공을 요구받은 조직은 시스템에 대한 상세한 검토를 통해 조직의 데이터 수집과 관리 시스템에 있어 신뢰를 높일 수 있다(26000 7.7.4절).

데이터 시스템 검토의 목적은 다음과 같이 정하는 게 좋다(26000 7.7.4절).

- 조직이 타인에게 제공하는 데이터의 정확성에 대한 조직의 신뢰 제고
- 데이터와 정보의 신뢰성 향상
- 적절한 경우, 데이터의 보안과 프라이버시를 보호하는 시스템의 신뢰성을 확인

이러한 세밀한 검토는 온실가스나 오염물질 배출에 관한 데이터를 공개하는 법이나 기타 요구사항, 자금기관이나 감독부서에 대한 프로그램 데이터 제공의 요구사항, 환경 라이선스나 허가 조건, 그리고 금융이나 의료 또는 개인 데이터와 같은, 개인정보 보호에 대한 관심에 의해 촉발될 수도 있다(26000 7.7.4절).

이런 검토의 일부로, 조직 내부든 외부든, 독립적인 개인이나 그룹이 조직에 의해 데이터가 수집되고 기록되거나 보관되거나 처리되고 이용되는 방법을 조사하는 게 좋다(26000 7.7.4절). 검토는 실수로 인한 데이터의 오염이나 권한 없는 개인의 접근이 허용되는, 데이터 수집과 관리 시스템의 취약성 식별을 도울 수 있다. 검토 결과는 조직이 조직의 시스템을 강화하고 개선하도록 도울 수 있다.

데이터 정확성과 신뢰성은 또한 데이터 수집가들에 대한 좋

은 훈련, 데이터 정확성을 위한 명확한 설명책임, 오류를 범하는 개인에 대한 직접적 피드백, 그리고 보고된 데이터를 과거 데이터, 그리고 다른 비교할 수 있는 상황에서 나온 데이터와 비교하는 데이터 품질과정을 통해 개선될 수 있다(26000 7.7.4절).

❖ 검 토

사회책임 관련 활동에 대한 일상적인 감독과 관측에 추가하여, 조직은 사회책임을 위한 달성목표와 목표에 비해 어떻게 성과를 내고 있는지를 결정하기 위해서, 그리고 프로그램과 절차에 필요한 변화를 식별하기 위해, 적절한 시간 간격으로 검토를 실시하는 게 좋다(26000 7.7.3절).

전형적으로 이러한 검토는 이전 검토 결과와 사회책임의 핵심 주제 전반에 걸친 성과의 비교를 포함하는데 이는 달성목표와 목표에 비해 진척을 결정하고 달성을 측정하기 위함이다. 또한, 검토는 사회책임에 대한 태도, 조직 전반에 걸친 사회책임 통합, 원칙, 가치 성명 및 관행의 고수와 같이, 쉽게 측정되지 않는 성과 측면의 조사도 포함하는 게 좋다. 이해관계자의 참여는 그런 검토에서 가치가 있을 수 있다(26000 7.7.3절).

ISO 26000은 사회책임의 실천결과를 검토할 때 다음과 같은 질문을 할 것을 권장한다(26000 7.7.3절).

- 목표와 달성목표를 생각한 대로 달성하였는가?
- 무엇이 작동했고 왜 그랬는가?
- 무엇이 작동하지 않았고 왜 그랬는가?
- 조금 더 잘 할 수 있었던 것은 무엇인가?

- 목표는 적절했는가?
- 전략과 과정은 목표에 적합했는가?
- 모든 관련된 사람이 포함되었는가?

❖ 개 선

정기적인 검토, 또는 적절한 시간 간격을 둔 검토에 기초하여, 조직은 사회책임에 관한 조직의 성과를 개선할 수 있는 방법을 고려하는 게 좋다. 검토 결과는 조직에 사회책임의 지속적 개선을 가져오도록 돕기 위해 이용하는 게 좋다(26000 7.7.5절).

개선은 사회책임 관련 활동과 프로그램의 범위 확대로 표현될 수 있다. 사회책임 관련 활동을 위한 같은 자원 추가나 다른 자원의 제공이 고려될 수도 있다. 개선은 또한 새롭게 식별된 기회를 이용하는 프로그램이나 활동을 포함할 수 있다. 반면 개선은 상황의 변화나 더 큰 달성을 위한 바람을 반영하기 위한 달성목표와 목표 변경을 포함할 수 있다(26000 7.7.5절).

조직의 목적과 목표 실현을 독려하기 위해, 일부 조직은 고위임원진과 관리자의 연간 또는 정기 성과 검토 안에 사회책임의 구체적 목표에 대한 달성을 연결한다. 그러한 조치들은 조직의 사회책임 행동이 중요한 헌신이라는 것을 의도하는 것이다(26000 7.7.5절).

검토 과정에서 나타난 이해관계자들의 견해는 조직이 새로운 기회와 변화된 기대를 식별하도록 도움을 줄 수도 있다. 이는 조직이 사회책임에 대한 조직 활동의 성과를 개선하는 데 도움을 주는 게 좋다(26000 7.7.5절).

과정(5): 의사소통

사회책임 실천절차모형의 과정 전체에 걸쳐 함께 실행되어야 하는 것이 의사소통이다. ISO 26000은 이와 관련된 내용을 의사소통과 이해관계자 참여, 그리고 신뢰성 제고의 세 측면에서 다루고 있다.

❖ 사회책임 의사소통 일반론

(1) 사회책임 의사소통의 역할

ISO 26000은 사회책임에 관한 의사소통이 다음과 같은 역할을 한다고 했다(26000 7.5.1절).

- 사회책임을 위한 조직의 전략과 목표, 계획, 성과, 과제에 대한 조직 내·외부 양 측면의 인식을 제고
- 사회책임 원칙에 대한 존중 입증
- 이해관계자와의 대화 참여와 대화 조성을 지원
- 조직이 어떻게 사회책임에 대한 자신의 헌신을 충족하고, 이해관계자의 이해관계와 사회의 기대에 대응하는지를 보여줌
- 사회책임과 관련된 정보공개를 위한 법적 및 기타 요구사항을 다룸
- 시간에 걸친 영향의 변화에 관한 세부사항을 포함하여, 조직의 활동, 제품, 서비스의 영향에 대한 정보 제공
- 조직의 사회책임 활동을 지지하도록 피고용인과 다른 사람을 참여시키고 동기를 유발하도록 지원

- 사회책임 성과 개선을 자극할 수 있는, 동료조직 간 비교를 용이하게 함
- 조직에 대한 이해관계자들의 신뢰를 강화하기 위해, 사회책임을 다하는 행동, 개방성, 언행일치 및 설명책임에 대한, 조직의 명성을 제고

(2) 사회책임 정보의 바람직한 특성

ISO 26000은 사회책임과 관련된 정보는 다음과 같은 특성을 갖추는 게 좋다고 했다(26000 7.5.2절).

- 완전성complete: 정보는 사회책임과 관련된 모든 중대한 활동과 영향을 다루는 게 좋다.
- 이해가능성understandable: 의사소통에 참여할 이들의 지식과 문화, 사회, 교육 및 경제적 배경에 관련해서 정보를 제공하는 게 좋다. 사용된 언어와, 자료구성방식을 포함한, 자료표현 방식이 정보를 받고자 하는 이해관계자들에게 접근 가능하게 하는 게 좋다.
- 대응성responsive: 정보는 이해관계자들의 이해에 대응하는 게 좋다.
- 정확성accurate: 정보는 사실 측면에서 옳고, 정보목적에 유용하고 적합하도록 충분히 상세한 것을 제공하는 게 좋다.
- 균형성balanced: 정보는 균형잡히고 공정하며, 조직 활동의 영향에 관한 관련 부정적 정보를 빠뜨리지 않는 게 좋다.
- 적시성timely: 시기가 지난 정보는 판단을 잘못 이끌 수 있다. 정보가 특정 기간 동안의 활동을 서술한다면, 정보가 다룬 기간의 식별을 통해 이해관계자들은 해당 조직의 성

과를 그 조직의 이전 성과, 그리고 다른 조직의 성과와 비교할 수 있을 것이다.

- 접근가능성accessible: 구체적 이슈에 대한 정보는 관련 이해관계자들이 이용할 수 있는 게 좋다.

(3) 사회책임 의사소통 매체와 유형

의사소통에 사용될 수 있는 많은 다른 방법과 매체가 있다(26000 7.5.3절). 이것은 회의, 대중이벤트, 포럼, 보고서, 뉴스레터, 잡지, 포스터, 광고, 편지, 음성메일, 라이브 공연, 비디오, 웹사이트, 팟캐스트(웹사이트 오디오 방송), 블로그(웹사이트 토론 포럼), 제품 첨부물과 표시를 포함한다. 보도자료, 인터뷰, 사설 및 기사를 이용한 매체를 통해 의사소통하는 것 또한 가능하다.

사회책임과 관련된 많은 상이한 유형의 의사소통이 존재하는데, 일부 예는 다음 사항을 포함한다(26000 7.5.3절).

- 이해관계자와의 회의나 대화
- 사회책임의 구체적 이슈나 프로젝트에 대해 이해관계자와 의사소통(가능하고 적절한 경우, 이 의사소통에 이해관계자와의 대화를 포함하는 게 좋다)
- 사회책임과 관련 활동에 대한 일반 인식을 제고하고 지원하기 위해, 조직의 경영진과 피고용인 및 구성원간의 의사소통(그런 의사소통은 대화를 포함할 때 일반적으로 가장 효과적이다)
- 조직 전반에 걸쳐서의 사회책임의 통합에 초점을 둔 팀 활동
- 조직의 활동과 관련한 사회책임에 대한 주장에 관심이 있

는 이해관계자와 의사소통(이런 주장은 내부 검토와 검증을 통해 입증될 수 있다. 신뢰도 제고를 위해 이런 주장은 외부 검증을 통해 입증된다. 적절한 경우, 의사소통은 이해관계자의 피드백 기회를 제공하는 게 좋다)

- 사회책임과 관련된 조달 요구사항에 대하여 공급자들과 의사소통
- 사회책임에 대한 결과를 낳는 긴급상황에 대해 대중과 의사소통(긴급상황이 발생하기 전에, 의사소통은 인식과 대비 제고에 목표를 두는 게 좋다. 긴급상황 동안, 의사소통은 이해관계자들에게 계속 알려주는 게 좋고, 적절한 행동에 대한 정보를 제공하는 게 좋다)
- 제품표시, 제품 정보 및 기타 소비자 정보와 같은, 제품 관련 의사소통(피드백 기회는 이 의사소통의 형태를 개선할 수 있다)
- 동료 조직을 겨냥한, 잡지나 신문의 사회책임 측면에 대한 기사
- 사회책임의 일부 측면을 촉진하기 위한, 광고나 기타 공개 성명
- 정부기구나 공적 질의에 대한 제출
- 이해관계자 피드백의 기회를 가지는, 정기적인 대중 보고서

❖ 이해관계자 참여

이해관계자 참여는 조직과 하나 이상의 조직 이해관계자간의 대화를 수반한다. 이는 조직의 결정에 대해, 정보를 제공받은 근거를 제공함으로써 조직이 사회책임을 다루는 것을 지원한

다(26000 5.3.3절).

(1) 이해관계자 참여의 활용목적

조직이 조직의 이해관계자를 참여시키는 데에는 다양한 이유가 있다. 이해관계자 참여는 다음과 같은 목적으로 이용될 수 있다.

- 조직의 결정과 활동이 구체적인 이해관계자에게 미칠 것 같은 결과에 대한 조직의 이해를 높인다.
- 조직의 결정과 활동의 유익한 영향은 증가시키고 해로운 영향은 감소시키는 최선의 방법을 결정한다.
- 조직의 사회책임에 대한 주장이 믿을 만한 것으로 인지되는지 여부를 결정한다.
- 조직성과를 향상시킬 수 있도록 조직이 성과를 검토하는 것을 돕는다.
- 전체적으로 조직 자체의 이해, 이해관계자의 이해와 사회 전체의 기대와 관련된 상충을 조정한다.
- 이해관계자의 이해와 넓게는 사회에 대한 조직의 책임 간의 연결을 다룬다.
- 조직에 의한 지속적인 학습에 기여한다.
- 법적 의무를 다한다(예를 들어 피고용인에 대해).
- 조직과 이해관계자간 또는 이해관계자간에 상충하는 이해를 다룬다.
- 얻는 다양한 관점의 혜택을 조직에 제공한다.
- 조직의 결정과 활동의 투명성을 높인다.

• 상호 유리한 목표를 달성하는 파트너십을 만든다.

이해관계자와의 대화를 통해, 조직은 이해관계자의 견해에 대한 직접적 정보를 얻고 교환함으로써 이익을 얻을 수 있다. 조직은 다음의 목적으로 조직의 이해관계자들과 대화를 추구하는 게 좋다(26000 7.5.4절).

• 필요한 경우 개선될 수 있도록, 내용의 적절성과 효과성, 매체, 의사소통의 빈도와 범위를 평가
• 향후 의사소통의 내용을 위한 우선순위 설정
• 입증에 관해 이 접근방식이 이용된 경우, 이해관계자에 의한, 보고된 정보의 입증을 확보
• 최적관행을 식별

이해관계자 참여는 다음 요소가 있을 때 의미가 있을 가능성이 크다(26000 5.3.3절).

• 참여의 명확한 목적이 이해된 경우
• 이해관계자의 이해가 식별된 경우
• 이들 이해가 조직과 이해관계자 간에 설정한 관계가 직접적이거나 중요한 경우
• 이해관계자의 이해가 지속가능발전과 관련되고 중대한 경우
• 이해관계자가 자신의 결정을 내리는 데 필요한 정보와 이해(理解)가 있는 경우

(2) 이해관계자 참여 과정

가장 관련성 있는 이해관계자 참여를 토대로 하는 공정하고

제대로 된 과정을 개발하는 게 좋다(26000 5.3.3절). 이해관계자로 식별된 조직이나 개인의 이해(또는 이해들)는 거짓이 없는 게 좋다. 식별 과정은 이해관계자들이 조직의 결정과 활동으로부터 영향을 받아왔거나 또는 받을 것 같은지를 확인하도록 노력하는 게 좋다. 가능하고 실용적인 경우, 참여는 이런 이해에 가장 대표적인 조직과 하는 게 좋다. 효과적인 이해관계자 참여는 선의에 기반하며 홍보를 초월한다.

이해관계자 참여시, 조직은 조직에 보다 "우호적"이거나 다른 그룹에 비해 조직의 목적을 더 지원하기 때문에 조직화된 그룹을 선호해서는 안 된다(26000 5.3.3절). 조직은 참여 이해관계자가 단지 침묵하고 있다는 이유만으로 이들을 소홀히 해서는 안 된다. 조직은 생각하는 파트너가 사실상 독립적이지 못할 때, 대화 파트너가 있다는 모습을 보이기 위해 특정 단체를 만들거나 지지해서는 안 된다. 거짓이 없는 이해관계자 대화는 독립적인 당사자와 어떠한 자금이나 그와 유사한 지지에 대해 투명한 공개를 수반한다.

조직은 조직의 결정과 활동이 조직의 이해관계자의 이해와 욕구에 끼칠 영향에 대해 의식하고 있는 게 좋다(26000 5.3.3절). 조직은 조직을 접촉하고 조직에 참여하는, 조직 이해관계자의 다양한 능력과 필요뿐 아니라 조직의 이해관계자에 대해서도 적정한 고려를 하는 게 좋다.

(3) 이해관계자 참여 형태

이해관계자 참여는 여러 형태를 취할 수 있다(26000 5.3.3절). 조직에 의해 시작될 수도 있고, 조직이 하나 이상의 이해관계자에 대응함으로써 시작될 수도 있다. 비공식적이거나 공식적 회의로 이루어질 수 있으며, 개별 회의, 컨퍼런스, 워크숍, 공청회, 원탁토의, 자문위원회, 정기적이고 구조화된 정보와 협의 절차, 단체협상 및 웹 기반 포럼과 같은 다양한 형식을 따를 수 있다. 이해관계자 참여는 상호작용하고, 이해관계자의 견해를 들을 수 있는 기회를 제공하기 위한 것인 게 좋다. 이것의 필수특성은 양방향 의사소통을 포함하는 것이다.

사례 19 | GE의 이해관계자 참여

GE의 이해관계자 참여는 연중 계속 일어난다는 점과 회사의 전략기획과정과 연계되어 있다는 점에서 좋은 평가를 받고 있다. GE가 정리한 이해관계자 참여와 회사의 전략과정과의 관계는 다음과 같다.

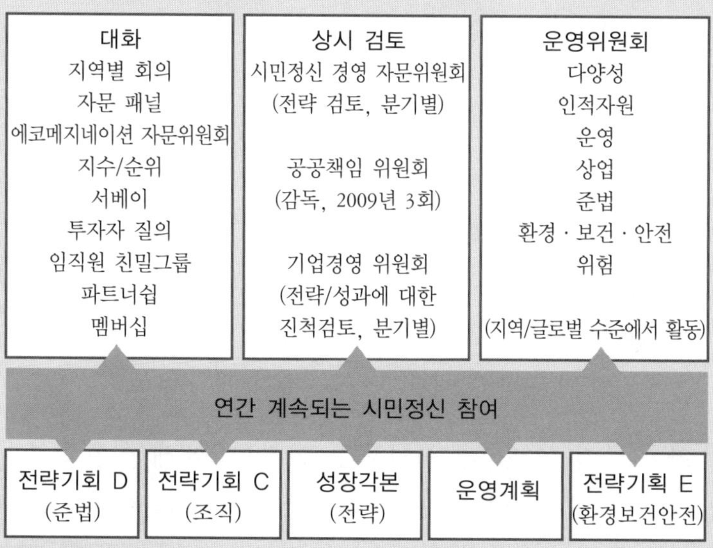

출처: GE(2010) 2009 Citizenship Report: Renewing Responsibilities, Fairfiled, CT: GE

❖ 갈등 해결

조직의 사회책임 활동 중, 조직은 개별 이해관계자나 이해관계자 그룹과의 갈등이나 의견 불일치를 겪을 수도 있다. 갈등 유형과 이를 다루기 위한 체계의 구체적 사례는 인권(26000 6.3.7절), 소비자 이슈(26000 6.7.6절) 맥락에서 다루고 있다(26000 7.6.3절). 갈등이나 의견 불일치 해결을 위한 공식 방법은 또한 종종 노동협약의 일부를 이룬다.

조직은 갈등이나 의견 불일치의 유형에 적절하고, 영향을 받은 이해관계자들에게 유용한, 이해관계자와의 갈등이나 의견 불일치 해결 체계를 개발하는 게 좋다. 이런 체계로는 다음과 같은 것들이 포함될 수도 있다(26000 7.6.3절).

- 영향을 받고 있는 이해관계자들과 직접 논의
- 오해를 다루기 위한 서면 정보의 제공
- 이해관계자와 조직이 서로의 견해를 제시하고 해결책을 모색할 수 있는 포럼
- 공식 불만처리 절차
- 조정 또는 중재 절차
- 보복의 두려움 없이 잘못을 보고할 수 있는 시스템
- 불만을 해결하기 위한 다른 유형의 절차들

조직은 갈등과 의견 불일치를 해결하기 위해 이용할 수 있는, 절차에 관한 세부 정보에 이해관계자가 접근할 수 있도록 하는 게 좋다. 이런 절차는 공평하고 투명한 게 좋다(26000 7.6.3절).

❖ 사회책임 신뢰성 제고

조직이 자신의 신뢰성을 제고할 수 있는 방법은 여러 가지가 있다.

그 중 한 가지는 이해관계자 참여인데, 이는 이해관계자와의 대화를 포함하며, 모든 참여자들의 이해와 의도가 이해되었다는 신뢰를 증가시키는 중요한 수단이다(26000 7.6.1절). 이런 대화는 믿음을 구축하고 신뢰성을 제고한다. 이해관계자 참여는 조직의 성과 관련 주장을 입증하는 데 이해관계자들을 참여시키는 근거가 될 수 있다. 조직과 이해관계자들은 이해관계자들이 조직의 성과 측면을 정기적으로 검토하거나 그렇지 않으면 관측할 수 있도록 방식을 만들 수 있다.

어떤 이슈에 대한 신뢰성은 때때로 구체적 인증제도 참여를 통해 제고될 수 있다(26000 7.6.1절). 제품 안전을 인증하거나, 환경 영향, 노동관행, 기타 사회책임의 측면에 관해 과정 또는 제품을 인증하기 위한 이니셔티브가 개발되어 왔다. 그런 제도들은 그 자체로 독립적이며 신뢰할 수 있는 게 좋다. 어떤 상황에서, 조직은 신뢰성을 주기 위해 조직의 활동에 독립 당사자를 참여시킨다. 이 예로 신뢰할 수 있기 때문에 선정된 인사들로 구성된 자문위원회나 검토위원회의 설립을 들 수 있다.

조직은 때때로 자신의 활동 영역 내 또는 조직의 각 지역사회 내에서의 사회책임을 다하는 행동을 수립하거나 촉진하기 위해 동료조직 협회에 참여한다(26000 7.6.1절).

조직은 적절한 조치를 취하고, 성과를 평가하며 진척과 결점에 대해 보고하는 것에 대한 관련된 헌신을 함으로써 자신의 신뢰성을 높일 수도 있다(26000 7.6.1절).

사회책임 보고서와 주장의 신뢰성 제고 방안은 많다. 이들은 다음을 포함한다(26000 7.6.2절).

보고서의 본질이 조직의 유형, 규모, 능력에 따라 좌우됨을 인지하면서, 사회책임 성과에 관한 보고서를 시간에 걸쳐 비교하고, 동료조직이 작성한 보고서와 비교할 수 있도록 만든다. 조직이 모든 중대한 사안을 다루는 노력을 했음을 보이기 위해, 주제가 보고서에서 다뤄지지 않고 빠진 이유에 대해 간략한 설명을 제공한다(26000 7.6.2절).

데이터와 정보에 대한 정확성을 입증하기 위해, 해당 데이터와 정보를 믿을 만한 출처로까지 관측하는, 엄격하고 책임 있는 입증 과정을 이용한다. 입증 과정을 수행하기 위해, 조직 내 또는 외부에서, 보고서 준비 과정과 독립된 개인 또는 개인들의 도움을 이용한다. 입증을 증언하는 성명을 보고서의 일부로 발행한다(26000 7.6.2절).

보고서가 조직의 관련되고 중대한 이슈들을 반영하고 있으며, 이것이 이해관계자의 요구에 대응하고 있다는, 그리고 다루는 이슈를 완전히 포괄한다는 확인을 제공하기 위해 이해관계자 집단을 이용할 수 있다(26000 7.6.2절).

다른 사람이 쉽게 입증을 할 수 있는 정보의 종류와 형태로 제공함으로써 투명성을 확보하는 추가 조치를 취한다. 예를 들면, 성과와 관련된 통계를 단순히 보고하는 대신에, 조직은 또한 정보의 출처와 통계가 산출된 과정에 대한 세부사항을 이용할 수 있게 만들 수 있다. 일부 경우에, 조직은 활동이 일어나는 장소를 열거함으로써 공급사슬에 대한 조직이 하는 주장의 신뢰성을 높일 수 있다(26000 7.6.2절).

또한 외부 조직의 보고 지침에 부합하도록 보고하는 것도 사회책임 보고의 신뢰성을 높이는 방법이다(26000 7.6.2절).

사회책임 실천절차모형 정리

이상으로 우리는 [그림 38]로 제안한 사회책임 실천절차모형의 간 절차에 따른 ISO 26000 내용을 살펴보았다.

이 장 전체에 걸쳐 논의한 것과 같이 각각의 절차는 몇 가지 하위 구성요소를 가지는데, 이를 하나의 그림으로 정리해서 표현하자면 [그림 44]와 같이 될 것이다.

그림 44 사회책임 실천절차 상세모형

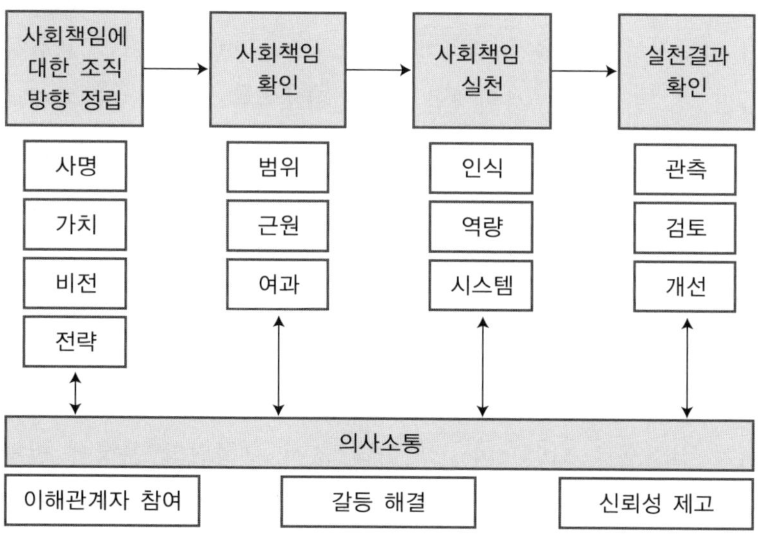

이 모형을 정리하면서 조직의 사회책임 실천단계와 추진방식에 따라 실천절차모형도 변화될 수 있으리라는 생각이 들었다. 이 경우 가장 눈에 띄는 요소는 앞서 사회책임 실천절차모형의 세 번째 과정인 '사회책임 실천'의 하위 구성요소로 소개한 조직 내 사회책임 인식의 문제였다.

[그림 44]에 요약된 것과 같이 ISO 26000은 사회책임이 확인된 후 이에 대한 조직 내 이해와 인식을 높이는 것을 언급하고 있다(26000 7.4.1절). 이런 방식은 조직 전체 차원에서 사회책임을 인식한 후 이를 구성원들에게 알리는 방식으로 이해되기 쉽다.

그러나 ISO 26000이 강조하는 것과 같이 진정한 의미에서 통합된 사회책임이 실천되려면, 사회책임에 관한 조직의 방향이 설정된 후 이에 대한 조직 구성원들의 이해와 인식이 있은 후 사회책임 확인은 각 구성원의 활동영역에서 일어나도록 하는 것이 바람직하지 않을까 생각한다. 이 두 접근방식을 달리 표현하자면, [그림 44]의 사회책임 실천절차모형은 '위로부터 아래로의(top-down)' 접근방식에 가깝지만, 진정으로 조직 전반에 걸쳐 사회책임이 통합된다면 '아래로부터 위로의(bottom-up)' 접근방식으로 사회책임 실천되어야 하지 않을까 하는 것이다.

이런 입장을 반영해서 [그림 44]를 바꿔본다면, [그림 45]와 같이 않을까 한다.

이 모형에서는 [그림 44]의 확인과 실천 절차가 하나로 합쳐져 실천으로 되었으며, 그 아래 조직 구성원의 인식이 먼저 있은 후, 조직 구성원이 담당하는 다양한 영역에 있어 사회책임 확인이 일어난 후, 확인된 사회책임을 실천하는 데 필요한 역량

그림 45 보다 통합된 형태의 사회책임 실천절차

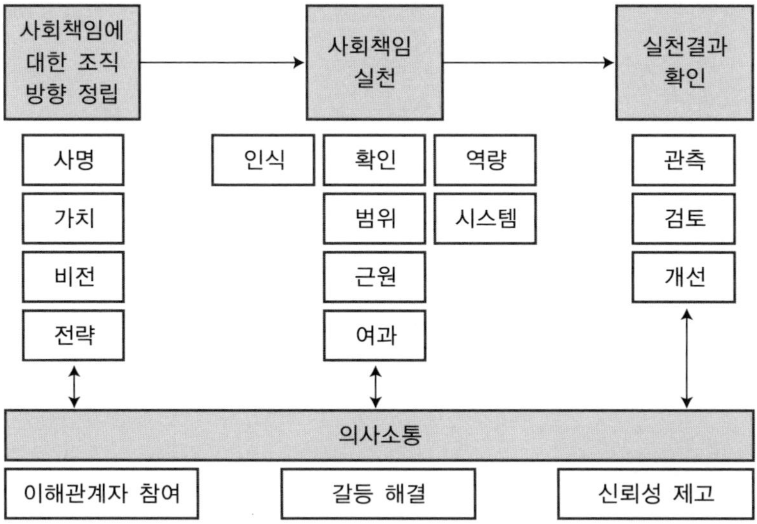

과 시스템을 만들어가는 과정을 거치는 것이다. [그림 44]와 [그림 45] 중 어느 것을 따라 조직이 사회책임을 실천할 것인가는 조직의 사회책임 도입 단계에 따라 달라질 수 있겠으나, [그림 45]의 모형이 보다 통합된 실천의 형태가 아닐까 생각한다.

제 3 부

ISO 26000의 의의

07 ISO 26000 실천의 과제

07 ISO 26000 실천의 과제

이 책에서 우리는 사회책임의 전반을 살펴보고 그 중에서 ISO 26000이 개발되게 된 배경과 그 구체적인 내용 중 생각해 보아야 할 사항을 검토했다.

이 책을 마무리하면서 ISO 26000이 갖는 의미와 사회책임을 실천하기 위해 우리가 앞으로 고민해야 할 과제를 정리해 보도록 한다.

ISO 26000의 영향력 결정 모형

2010년 ISO 26000의 출현을 바라보는 조직의 관계자들이 가장 궁금해 하는 것이 과연 ISO 26000이 어떤 정도의 영향을 가질 것인가 하는 것이다. 특히 ISO 26000은 이를 지키도록 하는 강제력이 없는 연성규범인 데다가, ISO 9001이나 ISO 14001 등 ISO의 다른 자매 국제표준과 같이 인증을 받을 수 있는 표준도 아니다.

ISO 26000이 나온 지 채 6개월이 안 되는 시점에서 ISO 26000의 향후 영향력을 예측한다는 것은 매우 어려운 일이지만, 그 영향력 결정에 관련된 몇 가지 요소를 통해 ISO 26000의 의의를 생각해 보도록 한다.

ISO 26000의 영향력은 서로 연결되는 두 가지 측면을 통해 검토할 수 있다.[1)]

영향력의 첫 번째 측면은 얼마나 많은 조직이 새로 소개된 ISO 26000을 채택할 것인가라고 하는 수용 정도로 영향력의 양적 측면을 구성한다.

영향력의 두 번째 측면은 ISO 26000 채택이 가져올 질적 변화이다. 그리고 질적 변화는 다시 (1) 사회책임 국제표준으로서 ISO 26000의 품질과 (2) ISO 26000을 활용하는 조직의 접근방식이라는 두 가지 요소에 의해 결정되리라 생각한다.

[그림 46]과 같이 이들 세 요소가 서로 연결되어 ISO 26000의 향후 영향력을 결정하게 될 것이다.

ISO 26000의 향후 영향력을 결정할 이들 요소에 대해 각각

그림 46 ISO 26000의 향후 영향력 결정요소

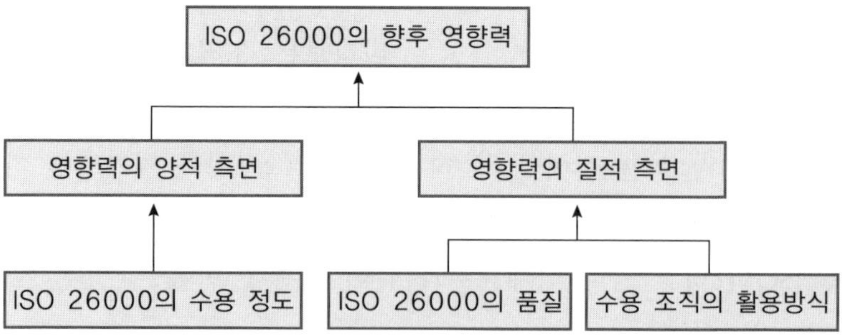

1) 이 부분 논의는 노한균(2008c)을 활용해서 발전시켰다.

살펴보도록 한다.

ISO 26000의 수용 정도

첫째, 양적 변화의 측면에 관해서 Castka와 Balzarova (2008)는 ISO 26000이 경영시스템표준도 아니고, 제3자 인증 대상도 아니기 때문에, 이런 성격을 지닌 기존의 ISO 9001이나 ISO 14001의 파급에 관한 연구를 직접 적용하는 데에는 한계가 있음을 인식했다. 따라서 이들은 기술, 혁신, 조직관행 등의 전파에 관한 좀 더 포괄적인 연구를 기초로 ISO 26000 전파에 관한 10개의 가설을 세웠다.

이들 10개 가설은 〈표 27〉과 같이 조직의 특성과 이해관계자 특성의 두 내용으로 크게 구분할 수 있다. 조직의 특성은 조직이 현재 처한 상태가 ISO 26000의 채택에 영향을 주는 경우를 말하며, 이해관계자 특성은 조직의 이해관계자가 ISO 26000의 채택에 영향을 주는 경우를 말한다.[2)]

이 책에서는 이 10가지 가설의 타당성이나 포괄성에 대한 상세한 검토를 하지는 않을 것이다.[3)] 다만 이 10개 가설을 살

---

2) 〈표 27〉을 보면 조직 특성과 이해관계자 특성이란 구분이 선명하게 이뤄질 수 없음을 알 수 있다. 조직과 이해관계자는 상호작용의 고리 속에서 계속 관계를 만들어가므로, 이해관계자 특성이 조직의 특성으로 바뀌어 들어오고, 반대의 과정도 일어나기 때문이다. 그럼에도 불구하고 조직 특성은 ISO 26000 채택의 동인이 조직의 내부에서 자발적으로 나오는 경우를, 이해관계자 특성은 조직 외부에서 ISO 26000 채택에 대한 어느 정도의 요구가 있는 경우를 말한다고 보면 대체로 〈표 27〉의 구분이 이해될 수 있을 것이다.

3) 가설 1 하나만 예로 들어 타당성을 검토해보면, 가설 1은 기존의 사회책임 지향 조직이 ISO 26000을 먼저 채택할 것이라고 하였으나, 기존 사회책임 지향 조직은 나름대로의 사회책임 실천 시스템을 이미 갖추고 있어, ISO

표 27 ISO 26000 전파에 관한 가설

구 분	가 설
조직 특성	1. ISO 26000의 초기 채택자들은 채택에 따른 인지이득이 실행비용을 넘어서는 사회책임 지향 조직일 것이다. 2. 국제경영시스템표준과 이와 유사한 체계를 과거에 채택했던 회사들이 ISO 26000을 채택할 가능성이 크다. 3. 다국적기업은 조직 내부 사회책임정책의 정당성을 구하기 위해 ISO 26000을 채택할 것이다. 4. 다국적기업 네트워크에 들어가기 원하는 조직은 계약과 네트워크에 들어갈 기회를 얻기 위해 ISO 26000을 채택할 것이다. 5. 장기 협력관계 네트워크에 참여하는 회사들이 ISO 26000을 선호할 것이다.
이해 관계자 특성	6. 가장 두드러지는 이해관계자가 인정한다면 회사는 ISO 26000을 채택할 것이다. 7. ISO 26000의 국내 전파는 각국 주요 기관의 강제적 압력에 따를 것이다. 8. ISO 26000을 채택하는 다국적기업은 그들 네트워크에서 ISO 26000을 요구할 것이다. 9. ISO 26000의 국가별 채택은 정부가 이 표준을 지지하는 나라에서 더 높을 것이다. 10. 사회책임 의제를 지지하는 정부가 있는 국가에서 정부계약을 따려는 기관은 그들의 사회책임을 보이기 위해 ISO 26000을 채택할 것이다.

출처: Castka and Balzarova(2008)을 이용해 저자가 작성.

펴보면 조직이 새로 도입된 ISO 26000을 채택하도록 만드는 다양한 유인이 조직의 내 외부에 있을 수 있다는 점은 어느 정도 이해할 수 있다.

26000이 요구하는 방식으로의 전환과정에서 사회책임을 새로 도입하는 조직보다 비용이 오히려 더 클 수도 있다. 반면 사회책임을 새로 도입하려는 조직은 ISO 26000 채택을 통해 기존 사회책임 지향 조직과의 차별성을 강조할 수도 있다. 이 책 [사례 3]에서 소개한, 에코페트롤, 소디막, 제네바 주정부 등이 ISO 26000을 미리 채택하고 이를 홍보한 이유를 살펴보면 가설 1의 타당성을 다시 생각할 수 있다.

우리나라의 예를 들어보자면, 이 책 제 1 장 '한국에서의 사회책임 논의'에서 살펴본 것과 같이 정부가 사회책임이나 지속가능경영에 계속 관심을 갖고 정책을 펴고 있으며, [사례 20]에 보는 바와 같이 ISO 26000을 대상으로 한 인식 제고, 교육도 제공하고 있기 때문에 ISO 26000에 대한 관심을 높이는 한 요인을 제공하고 있다고 할 수 있다.[4)]

사례 20 | ISO 26000 이행 체크리스트

지식경제부는 2009년 [산업발전법]을 개정하여 지속가능경영을 "기업이 경제적 수익성, 환경적 건전성, 사회적 책임성을 함께 고려하는 지속가능한 경영"으로 정의하고, 기업의 지속가능경영 활동을

자가진단 체크리스트

ISO 26000 이행수준

총 1000점

프로세스 - 360점

ISO 26000에서 제시하는 조직의 사회적 책임 체제 구축프로세스(인식, 참여, 분석, 전략, 실행, 보고, 검증, 개선)를 바탕으로 진단함. 조직의 기존 경영시스템이나 체제 안에서 통합하고 지속적 개선을 통해 사회적 책임 체제 구축이 가능하도록 함

성 과 - 640점

ISO 26000의 7대 핵심 주제(조직 거버넌스/인권/노동관행/환경/공정운영관행/소비자 이슈/지역사회 참여와 발전)에 대한 조직의 성과 수준을 진단함. 7대 핵심 주제와 37개 이슈, 이슈별 관련 활동과 기대에 사용된 개념과 용어를 조직이 쉽게 이해할 수 있도록 도와주며 조직 스스로 실천하고 있는지를 평가하도록 함

---

4) 이외에 조직이 사회책임을 채택하도록 만드는 이해관계자들의 움직임에 대해서는 노한균(2007a)과 노한균(2010)을 참고할 수 있다.

돕는 종합시책의 법률 기반을 마련했다.

또한 2011년 1월에는 지속가능경영 웹포털을 열고, ISO 26000에 대한 교육 동영상과, 아래와 같은 ISO 26000 자가진단 체크리스트를 무료로 제공하고 있다.

지식경제부가 한국 기업에게 ISO 26000 채택을 권유할 뜻으로 이런 노력을 기울이는 것은 아니라고도 할 수 있지만, 정부의 이런 노력은 이 장 본문에서 살펴본 Castka와 Balzarova(2008)의 이해관계자 특성 가설 중 6, 7, 9, 10번에 해당하기 때문에 한국 기업이 ISO 26000에 더욱 관심을 갖고, 이를 채택하도록 만드는 한 요인이 되는 것도 사실이다.

출처: 지속가능경영 포털(2011) 웹사이트(http://csr-korea.net, 2011.3.1. 검색)/ 지식경제부(2011) 지속가능경영 정보가 한 자리에 모였다! 지속가능경영 웹포털(http://csr-korea.net) 오픈(보도자료), 1월 10일, 과천: 지식경제부.

ISO 26000의 품질

이 책 제 3 장 'ISO 26000 소개'에서 살펴본 것과 같이 ISO는 ISO 26000이 국가 구분이나 조직 유형에 관계 없이, 모든 지역의 모든 조직이 사회책임을 다하는 방식으로 운영되도록 돕기 위해 개발되었다고 했다. 과연 ISO 26000은 조직의 사회책임 실천을 돕기에 충분할 정도의 품질을 갖추고 있는가?

이 책에서 ISO 26000을 살펴보면서 많은 곳에서 제기한 것과 같이 ISO 26000은 사회책임을 공부한 사람이 보기에도 혼란스러울 정도로 논리나 구성이 취약한 부분이 많이 있다. 따라서 이런 측면에서 ISO 26000의 품질은 의도한 목적을 달성할 만큼 높지 않다고 할 수 있다.

그러나 국제표준의 품질이 표준 내용의 명확한 논리성만으로 결정될 수는 없다. 사회책임에 대한 국제표준으로 ISO 26000이 하고 있는 큰 기여 중 하나는 전세계를 걸쳐 사회책임에 관한 인식을 이전보다 높은 수준으로 끌어 올리고 있다는 점이다. 체계화되지 않은 표준 내용에도 불구하고, ISO 26000에 대한 소개와 검토는 점차 많아지고 있으며, GRI나 UNGC와 같은 기존의 사회책임 관련 국제조직들도 자신들의 활동이 ISO 26000과 어떻게 연결되는지를 이미 분석해서 발표했다(GRI, 2010; UNGC, 2010).[5] 이런 현상은 이 책 제3장 'ISO 26000의 특성'에서 제기한 것과 같이, 특히 ISO에 대한 높은 인지도로 인한 것으로 보며, 세계 각국의 사회책임에 관한 인식을 이전보다 높이고 있다는 점에서는 ISO 26000이 사회책임에 대한 국제표준으로서의 역할을 어느 정도 수행하고 있다고 생각한다.[6]

조직의 ISO 26000 활용방식

사회책임 국제표준으로서의 ISO 26000의 품질과 함께 ISO 26000의 향후 영향력의 질적 측면을 결정하는 요소는 ISO 26000을 받아들이는 조직이 이를 어떤 방식으로 활용하는가 하는 것이다.

예를 들어 ISO 26000을 활용하려는 조직의 목적이 진정한

5) GRI가 분석한 ISO 26000과 G3 성과지표와의 대조는 이 책 부록(6)으로, UNGC가 분석한 ISO 26000과 UNGC 원칙과의 대조는 이 책 부록(7)로 정리해서 수록했다.

6) 다만 내용면에서 불완전한 국제표준이 세계 각국에서 관심을 갖게 되는 문제점은 따로 고려해야 할 중대한 과제다. 저자가 이 책을 쓰기로 결정한 이유 중 하나도 이 점임을 이 책 머리말에서 밝혔다. 이 점에 대해서는 뒷부분에서 다른 방식으로 다시 논의한다.

사회책임의 실천보다, 자신이 확보한 시장에 진입장벽을 만들기 위해서라거나 단순히 조직의 인지도를 높이기 위해서 ISO 26000을 사용한다면 조직에게는 어느 정도 긍정영향이 있을 수 있지만, 사회책임이 추구하는 바에도 맞지 않고, 사회 전체로도 바람직하지 않을 수 있다. 따라서 조직의 ISO 26000 활용방식은 향후 ISO 26000의 영향력을 결정하는 중요한 요소가 된다. 이 내용을 조금 더 자세히 살펴보기로 하자.

2010년 11월 ISO 26000 발표를 기준으로 조직은 ISO 26000 발표라는 새로운 상황을 이용해서 발표 이전 조직이 처한 상태보다 조직에 더 긍정영향을 미치는 방향으로 나아가고 싶어 할 것이다. 그리고 이를 위해 조직이 결정해야 할 내용이 ISO 26000을 채택할 것인가, 채택한다면 언제 할 것인가, 어떤 방식으로 채택할 것인가 등이다. 이것을 [그림 47]과 같이 ISO 26000 도입 이전의 조직 상태에서 조직에 긍정영향을 얻는 오른쪽 방향으로 움직이려는 노력으로 표현하고, '조직 중심의 사회책임 추진방향'이라고 불러보자.

그러나 이 책에서 계속 다루었듯이 사회책임의 논의는 조직의 판단기준을 조직에 대한 긍정영향을 넘어 이해관계자에 대한

그림 47 조직 중심 SR 추진방향

그림 48 이해관계자에 대한 영향의 도입

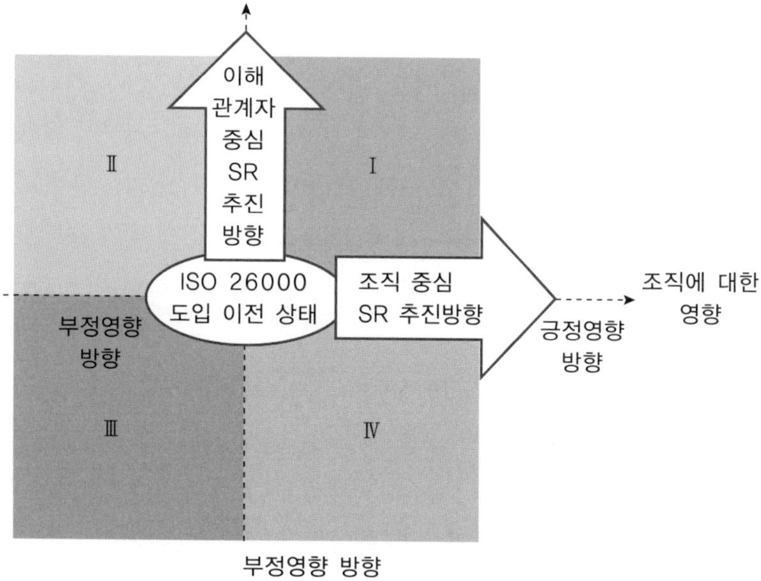

긍정영향까지 넓히기를 요구한다. 따라서 ISO 26000 도입 이후 조직이 취할 행동을 판단할 때에도 [그림 47]과 같은 판단방식은 [그림 48]과 같이 이해관계자에 대한 영향을 포함하는 판단방식으로 바뀌어야 할 것이다.

[그림 48]에서 수평선 윗부분은 ISO 26000 발표 이후의 상황을 이용해 조직이 자신의 이해관계자에게 이전보다 더 큰 긍정영향을 주는 것을 향후 운영의 판단기준으로 삼는 '이해관계자 중심의 사회책임 추진방향'의 영역이라고 할 수 있다. 이것은 [그림 48]에서 수직선 오른쪽 부분으로 표현된 '조직 중심의 사회책임 추진방향'의 영역과 겹치기도 하고([그림 48]의 영역

Ⅰ), 서로 겹치지 않기도 한다([그림 48]의 영역 Ⅱ와 Ⅳ).

만약 [그림 48]에서 조직이 ISO 26000 발표 이후 상황을 조직에 대한 긍정영향을 높이는 방향으로 이용하기 위한 결정을 하면서 영역 Ⅳ로 움직여가기로 결정한다면, 이는 ISO 26000이 추구하는 사회책임의 기본 취지에 맞지 않을 뿐더러,[7] 조직의 이해관계자들로부터 거센 요구를 유발시킬 수도 있다. 반면 그런 경우는 많지 않겠으나 조직이 ISO 26000 발표 이후 상황을 이용해 영역 Ⅱ로 움직이겠다고 결정하는 경우도 그다지 바람직하지 않을 것이다.

따라서 ISO 26000 발표 이후 조직이 취해야 할 행동[8]을 판단하는 경우 조직에 대한 영향은 물론 이해관계자에 대한 영향도 함께 고려하는 것이 바람직하며, 판단의 결과는 양자 모두에게 ISO 26000 발표 이전의 상태보다는 긍정영향을 가져오는 방향, 즉 [그림 48]의 영역 Ⅰ로 움직이는 게 바람직하다.[9] ISO 26000 채택 여부보다 더 중요한 과정은 이렇게 ISO 26000이나 보다 넓게는 사회책임에서 강조한, 이해관계자에 대한 고려를 판단에 포함시키는 것이라고 할 수 있다.[10]

7) ISO 26000이 제시한 사회책임 원칙 중 '이해관계자 이해 존중'을 생각할 수 있다.

8) 앞서 설명한 것과 같이 조직이 판단하게 될 행동에는 ISO 26000의 채택 여부까지도 포함이 된다.

9) 조직이 판단할 때 조직과 이해관계자의 영향을 함께 고려하는 것과 둘에게 모두 긍정영향을 일으키는 방향으로 이동하도록 판단하는 것은 다른 문제다. 첫 번째 문제는 [그림 47]과 같이 조직에 대한 영향을 기준으로 판단을 하던 데에서 [그림 48]의 수직선과 같은, 이해관계자에 대한 영향을 판단기준에 포함시키는 것인 반면, 두 번째 문제는 그런 판단기준의 확장으로 만들어진 네 영역 중 조직과 이해관계자 모두에게 긍정영향을 주는 영역을 파악해서 그리로 움직이는 결정을 말한다.

10) 만약 조직과 이해관계자는 언제나 서로 대립되는 관계일 수밖에 없다고 생각한다면 아예 [그림 48]의 영역 Ⅰ은 이론에서나 존재할 수 있고 현실

ISO 26000 발표 이후 많은 사람들이 이 국제표준이 얼마나 확산될 것인가에 관심을 가지고 있다. 그러나 이 책에서 제안한 ISO 26000의 영향력 결정 모형을 통해 살펴볼 때 이런 관심은 영향력의 중요한 요소에 대한 관심이기는 하지만, 영향력의 모든 부분을 살펴보는 것은 아니다.

오히려 ISO 26000의 영향력의 질적 측면을 결정하는, ISO 26000 발표 이후 조직의 활용방식에 따라 ISO 26000의 향후 영향력은 크게 달라질 것이다. 예를 들어 이해관계자에 대한 영향에는 관심을 가지지 않고 ISO 26000을 오로지 조직에 이득이 되는 활동에만 활용한다면, 이해관계자들의 불만과 반발, 감시는 더욱 커지고, 조직은 이런 반발에 대한 방어를 강화하는 악순환이 계속될 것이다. 이런 환경 속에서는 ISO 26000이 더 많은 조직에 의해 수용되는, 즉 ISO 26000 영향력의 커진 양적 측면이 오히려 전체 상황을 어렵게 만들 수도 있다.

더군다나 ISO 26000 영향력의 질적 측면을 결정하는 또 다른 요소인 ISO 26000의 품질이 결정된 시점에서는 조직의 활용방식이 ISO 26000 영향력의 질적 측면을 높이는 방법이 될 수밖에 없기 때문에 더욱 중요하다.

조직의 ISO 26000 활용방식은 ISO 26000의 미래를 결정하는 데에도 중요한 역할을 할 것이다. [그림 49]에 정리한 것과 같이 앞으로 당분간 나타날, 조직의 ISO 26000 활용방식은 이를 보고 ISO 26000 채택 여부 등을 검토할 조직의 특성에 영향

에서는 없다고 볼 수도 있다. 어떤 방식으로든 현재 상태보다 조직과 이해관계자 모두 다에게 긍정영향이 돌아가는 영역 Ⅰ의 상태가 있다고 생각하고, 언뜻 보기엔 불가능해 보이는 영역 Ⅰ로의 이동을 가능하게 만들려는 노력이 이 논의의 기본전제다.

그림 49 영향력 결정요소 간 상호작용 관계

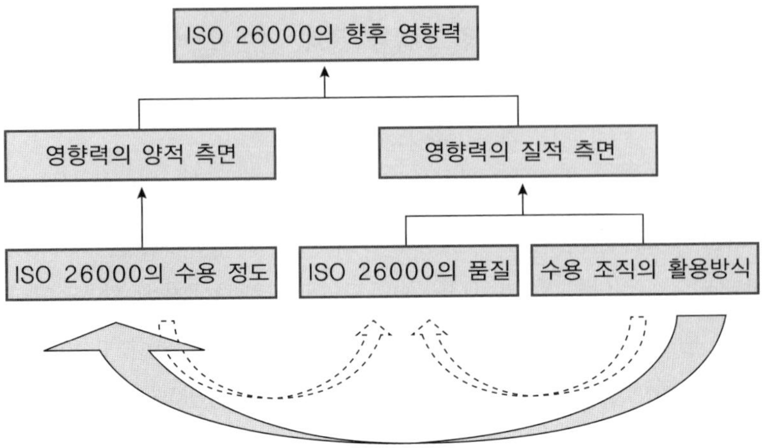

을 주게 된다.

ISO 26000이 '조직 중심의 사회책임 추진방향'을 이끄는 도구로 계속 자리 잡아간다면, 앞으로 ISO 26000은 점차 그런 욕구를 가진 조직에 의해서 점점 더 많이 받아들여질 것이다. 반면 ISO 26000을 통해 조직과 이해관계자 이해를 조화롭게 하는 방향으로 사회책임을 실천해 간다면, 앞으로 ISO 26000은 그런 취지로 활용하려는 조직에 의해 점차 더 받아들여질 것이다. 이것이 [그림 49] 아랫부분에 진한 화살표로 표시한 상호작용이다.

또한 ISO 26000이 막 발표된 현시점에서는 ISO 26000의 품질이 변경되기 어렵지만, 앞으로 있을 개정작업을 통해 ISO 26000의 품질 자체가 변경될 수 있는 과정에서도 그동안 ISO 26000을 수용한 조직이 ISO 26000을 어떤 방식으로 활용했고,

다른 목적으로 활용한 조직이 전체 수용조직 중 얼마를 차지하는가가 향후 ISO 26000의 품질은 물론, 결국은 보다 먼 미래의 ISO 26000 영향력을 결정하리라 생각한다. 이런 내용이 [그림 49] 아랫부분에 점선 화살표로 표시한 상호작용이다.

수용 조직의 대응과제

이상의 논의를 통해서 새로 발표된 ISO 26000을 앞으로 어떻게 활용할지를 검토하는 조직에 대한 제언을 정리하려 한다.[11)]

수용 조직은 ISO 26000을 문구 그대로 받아들여 기계적으로 적용하기보다는 조직의 경영전략 속에서 재해석해서 해당 기업의 것으로 소화하는 것이 매우 중요하다. ISO 26000을 받아들이는 조직의 독자 이해와 경영방식이 들어있지 않는 채, 검증이나 인증 등 다양한 형태의 신뢰성 제고방안을 외부에서 찾는 등, ISO 26000을 형식적으로 준수하는 것은 오히려 이해관계자의 신뢰를 떨어뜨리고 비용만 지불하는 악영향을 가져올 수 있다.

ISO 26000은 7개 사회책임 핵심 주제를 사회책임의 기본 내용으로 규정한 것이기 때문에 모든 것을 준수하기를 희망하고 있지만, 7대 핵심주제 이외의 새로운 이슈의 부상이나 기존 핵심 주제 자체 논의의 방향 전환도 충분히 고려해야 한다. 더욱이 현재 상태로는 ISO 26000이 완성도가 상당히 높은 사회책임 국제표준이라고 볼 수 없기 때문에, ISO 26000의 형식적 준수는 더욱 주의할 필요가 있다.

수용 조직은 ISO 26000을 포함한 사회책임의 다양한 기대

11) 이 부분은 노한균(2010)에서 제안한 내용에 기초해서 다시 정리한 것이다.

를 조직이 수용하거나 수용하지 않는 모든 경우를 조직 내외에 설명할 수 있는accountable 논리를 스스로 세울 필요가 있다. 이런 설명노력은 조직과 외부환경 또는 이해관계자의 관계에서도 성립하지만, 조직 내부 다양한 기능과 임직원 간에도 적용된다.

수용 조직의 독자논리와 재해석을 통한 ISO 26000의 실행은, ISO 26000의 장점은 물론 적용한계와 개선점까지도 정확하게 확인할 수 있게 할 것이며, 이를 바탕으로 앞으로 3년 뒤에 있을 ISO 26000의 재검토과정에서 우리 기업의 현실을 보다 많이 반영한, 개선된 국제표준이 탄생할 수 있을 것이다.

부 록

1 약어표
2 이 책 본문에서 인용된 ISO 26000 대조
3 ISO 조직도
4 ISO 26000 사회책임 핵심 주제와 이슈 모음
5 GRI G3 성과지표 개요
6 ISO 26000과 GRI G3 성과지표 대조표
7 ISO 26000과 UNGC 원칙 대조표

(1) 약어표

약어	전체 이름	우리말 번역
ABNT	Associa o Brasileira de Normas T cnicas	브라질 표준기구
ACCC	Australian Competition and Consumer Commission	호주 경쟁 소비자 위원회
ACE	Award for Corporate Excellence (U.S.)	(미국) 우수기업상
AG	Advisory Group on Social Responsibility (ISO)	(ISO) 사회책임에 관한 자문그룹
AI	Amnesty International	국제앰네스티
AIDS	Acquired Immune Deficiency Syndrome	후천성 면역 결핍증
ANFOR	Association Fran aise de Normalisation	프랑스 표준기구
APR	annual percentage rate	평균이자율
BLIHR	Business Leaders Initiatives on Human Rights	인권에 관한 비즈니스 리더 이니셔티브
BSC	balanced scorecard	균형성과표
BSI	British Standard Institution	영국 표준기구
BSR	Business for Social Responsibility	사회책임을 위한 기업
CD	Committee Draft (ISO)	(ISO) 위원회초안
CERES	Coalition for Environmentally Responsible Economies	환경책임경제연합
CI	Consumers International	국제소비자기구
COPOLCO	Committee on Consumer Policy (ISO)	(ISO) 소비자정책위원회
CRT	Caux Round Table	코 원탁회의

약어	전체 이름	우리말 번역
CSR	corporate social responsibility	기업사회책임
DCMS	Department for Culture, Media and Sport (U.K.)	영국 문화 매체 스포츠부
DEVCO	Committee on Developing Country Matters (ISO)	(ISO) 개도국문제위원회
DIHR	Danish Institute for Human Rights	덴마크 인권기구
DIS	Draft International Standard (ISO)	국제표준초안
DJSI	Dow Jones Sustainability Index	다우존스 지속가능성 지수
ECOSOC	Economic and Social Council (UN)	(UN) 경제사회이사회
EF	Ecological Footprint	생태 발자국
EFQM	European Foundation for Quality Management	유럽품질경영재단
EICC	Electronic Industry Citizenship Coalition	전자산업 시민의식 연합
EPI	Environmental Performance Index	환경성과지수
ESI	Environmental Sustainability Index	환경지속가능성지수
EU	European Union	유럽연합
FDI	foreign direct investment	해외직접투자
FDIS	Final Draft International Standard (ISO)	(ISO) 최종국제표준초안
FIAS	Foreign Investment Advisory Services (World Bank)	(세계은행) 외국인투자 자문서비스
GDP	gross domestic product	국내총생산

약어	전체 이름	우리말 번역
GE	General Electric	제너럴 일렉트릭
GPI	Genuine Progress Indicator	진정한 진보지표
GRI	Global Reporting Initiative	글로벌 리포팅 이니셔티브
HDI	Human Development Index	인간개발지수
HIV	human immunodeficiency virus	인간 면역 결핍 바이러스
HRIAM	Guide to Human Rights Impact Assessment and Management	인권 영향평가와 관리 가이드
IAF	International Accreditation Forum	국제인정포럼
IAIA	International Association for Impact Assessment	국제영향평가협회
IBLF	International Business Leaders Forum	국제 비즈니스 리더스 포럼
ICC	International Chamber of Commerce	국제상공회의소
ICCR	Interfaith Center on Corporate Responsibility	범종교 기업책임센터
ICFTU	International Federation of Free Trade Unions	국제자유노동운동연맹
ICN	International Competition Network	국제경쟁네트워크
IEC	International Electrotechnical Commission	국제전기기술위원회
IFAN	International Federation of Standards Users	국제표준이용자연맹
IFC	International Fiance Corporation	국제금융공사
IISD	International Institute for Sustainable Development	국제지속가능발전연구소

약어	전체 이름	우리말 번역
ILO	International Labour Organization	국제노동기구
IOE	International Organization of Employees	국제고용자조직
IPIECA	International Petroleum Industry Environmental Conservation Association	국제석유산업환경보전협회
IS	International Standard (ISO)	(ISO) 국제표준
ISO	International Organization for Standardization	국제표준화기구
KBCSD	Korea Business Council for Sustainable Development	한국지속가능발전기업협의회
LPI	Living Planet Index	지구생태지수
MDGs	Millenium Development Goals	새천년 개발목표
MEAs	multinational environmental agreements	다자간 환경협약
MNCs	multinational corporations	다국적기업
MNEs	multinational enterprises	다국적기업
MOU	memorandum of understanding	양해각서
MSS	management system standard	경영시스템표준
NCP	national contact point (OECD)	(OECD) 국가연락사무소
NGO	non-governmental organization	비정부 조직
NIPA	national income and product accounts	국민소득 생산계정
NOx	nitrogen oxide	산화질소
NRE	Nouvelles r gulations conomiques (France)	(프랑스) 신경제규제법

약어	전체 이름	우리말 번역
NWIP	New Work Item Proposal (ISO)	(ISO) 신규작업항목제안서
OASIS	Ongoing Assessment of Social Impact	사회영향 진행평가
OECD	Organization for Economic Co-operation and Development	경제협력개발기구
OGP	International Association of Oil & Gas Producers	국제석유 가스생산자협회
OHCHR	Office of the UN High Commissioner for Human Rights	UN 인권 고등판무관실
ORSE	Observatoire sur la Responsabilit Soci tale des Entreprises (France)	(프랑스) 기업사회책임 감시기구
PBTs	persistent bio-accumulative and toxic substances	잔류성 생체축적성 독성 물질
POPs	persistent organic pollutants	잔류성 유기 오염물질
PPP	public-private partnership	공공-민간 협력
PSD	Private Sector Development (World Bank)	(세계은행) 민간부문 발전
PSIA	Poverty and Social Impact Analysis	빈곤 사회영향분석
RISE	Research Initiative on Social Entrepreneurship	사회기업가정신 연구 이니셔티브
SA	Standards Australia	호주 표준기구
SAG	Strategic Advisory Group on Social Responsibility (ISO)	(ISO) 사회책임에 관한 전략자문회의
SDI	sustainable development indicator	지속가능발전지표

약어	전체 이름	우리말 번역
SEAT	Socio-Economic Assessment Toolbox	사회 · 경제 평가 도구상자
SEEA	System of Environmental-Economic Accounting	환경 · 경제통합계정
SII	Standards Institutions of Israel	이스라엘 표준기구
SOx	sulphur oxide	산화황
SR	social responsibility	사회책임
SROI	Social Return on Investment	투자사회수익
SSRO	service, support, research and others	서비스 · 지원 · 연구 · 기타
TBL	triple bottom line	3대 기본
TI	Transparency International	국제투명성기구
TMB	Technical Management Board (ISO)	(ISO) 기술관리부
TMR	Total Material Requirement	총물질필요
TVR	Tommorrow's Value Rating	투모로우의 가치순위
UN	United Nations	국제연합
UNCED	United Nations Conference on Environment and Development	UN 환경 개발회의
UNCTAD	United Nations Conference on Trade and Development	UN 무역 개발회의
UNCTC	United Nations Centre on Transnational Corporations	UN 다국적기업센터
UNEP	United Nations Environmental Programme	UN 환경계획
UNGC	United Nations Global Compact	UN 글로벌콤팩트

약어	전체 이름	우리말 번역
VOCs	volatile organinc compounds	휘발성 유기화합물
vPvBs	very persistent and very bio-accumulative substances	고잔류성 고생체축적성 물질
WBCSD	World Business Council for Sustainable Development	세계지속가능발전기업협의회
WBI	World Bank Institute	세계은행연구소
WCED	World Commission on Environment and Development	세계환경 개발위원회
WD	Working Draft (ISO)	(ISO) 작업초안
WG SR	Working Group on Social Responsibility (ISO)	(ISO) 사회책임 작업반
WTO	World Trade Organization	세계무역기구
WWF	World Wildlife Fund	세계야생동물기금

(2) 이 책 본문에서 인용된 ISO 26000 대조

부록(2)는 ISO 26000의 전체 구성이 이 책 어느 부분에서 언급되고 있는지를 빨리 찾을 수 있도록 돕기 위해 만들었습니다. 독자가 관심을 가지는 ISO 26000 목차를 먼저 찾은 후 이 책에서 다루는 부분을 찾아 볼 수 있습니다.

ISO 26000 \ 이 책		1장	2장	3장	4장	5장	6장	7장
	서론			30	88			
1	범위			40	88			
2	용어와 정의	4			52 56 59 64 70 73 86 88 -89 103	119 140 144 -145 160 170 178	217 226 -227	
3	사회책임에 대한 이해							
3.1	조직의 사회책임: 역사적 배경	5	23		88			
3.2	사회책임 최신 동향		23		88			
3.3	사회책임 특성							
3.3.1	일반				88			
3.3.2	사회의 기대							
3.3.3	사회책임에서 이해관계자의 역할						246 -247	
3.3.4	사회책임의 통합							
3.3.5	사회책임과 지속가능발전과의 관계				55 88 103			

ISO 26000 \ 이 책		1장	2장	3장	4장	5장	6장	7장
3.4	국가와 사회책임							
4	사회책임의 원칙							
4.1	일반				88			
4.2	설명책임				105			
4.3	투명성				105			
4.4	윤리적 행동				72 105			
4.5	이해관계자 이해 존중				70 88 -89 105			
4.6	법치주의 존중				72 105			
4.7	국제행동규범 존중				62 64 72 86 105			
4.8	인권 존중				105	127 -128		
5	사회책임 인식과 이해관계자 참여							
5.1	일반				88		234	
5.2	사회책임 인식							
5.2.1	영향, 이해 및 기대				54 59			
5.2.2	사회책임 핵심 주제와 관련 이슈 인식					115	243 248	
5.2.3	사회책임과 조직의 영향권				76		226 242	

ISO 26000 \ 이 책		1장	2장	3장	4장	5장	6장	7장
5.3	이해관계자 식별과 참여							
5.3.1	일반							
5.3.2	이해관계자 식별				59 -60 79 89		240 242 247	
5.3.3	이해관계자 참여						266 -268	
6	사회책임 핵심 주제 지침							
6.1	일반				77	115 -116	234	
6.2	조직 거버넌스					114		
6.2.1	개요					120		
6.2.2	원칙과 고려사항							
6.2.3	의사결정 과정과 구조							
6.3	인권					114		
6.3.1	개요					127		
6.3.2	원칙과 고려사항					127 130		
6.3.3	이슈1: 상세검토					143	217	
6.3.4	이슈2: 인권 위험상황					141		
6.3.5	이슈3: 연루 회피				62	143		
6.3.6	이슈4: 불만 해결					143		
6.3.7	이슈5: 차별과 취약그룹					124 140 -141	270	
6.3.8	이슈6: 시민 · 정치권					137		

ISO 26000 \ 이 책		1장	2장	3장	4장	5장	6장	7장
6.3.9	이슈7: 경제 · 사회 · 문화권					138		
6.3.10	이슈8: 근로에서 근본 원칙과 권리					124 143 151 -155		
6.4	노동관행					114		
6.4.1	개요					144		
6.4.2	원칙과 고려사항							
6.4.3	이슈1: 고용과 고용관계					145 148 -150		
6.4.4	이슈2: 근로조건, 사회보호					155 -157		
6.4.5	이슈3: 사회적 대화					159 -160		
6.4.6	이슈4: 근로에서의 보건과 안전					157 -158		
6.4.7	이슈5: 근무지에서의 인간개발과 훈련					148 159		
6.5	환경					114		
6.5.1	개요							
6.5.2	원칙과 고려사항					160		
6.5.3	이슈1: 오염 예방					162 -165		
6.5.4	이슈2: 지속가능한 자원 사용					162		
6.5.5	이슈3: 기후변화 완화, 적응					165 -166		

ISO 26000 \ 이 책		1장	2장	3장	4장	5장	6장	7장
6.5.6	이슈4: 환경 보호, 생물다양성, 자연서식지 복구					167 –168		
6.6	공정운영관행					114		
6.6.1	개요					168		
6.6.2	원칙과 고려사항							
6.6.3	이슈1: 반부패					171 –172		
6.6.4	이슈2: 책임 있는 정치참여					172 –173		
6.6.5	이슈3: 공정경쟁					173 –174		
6.6.6	이슈4: 가치사슬에서 사회책임 촉진					176 –177	227	
6.6.7	이슈5: 재산권 존중					177 –178		
6.7	소비자 이슈					115		
6.7.1	개요					179		
6.7.2	원칙과 고려사항							
6.7.3	이슈1: 공정마케팅, 공정계약					179 –181		
6.7.4	이슈2: 소비자 보건 안전					182 –184		
6.7.5	이슈3: 지속가능소비					185		
6.7.6	이슈4: 소비자 서비스, 지원, 불만 분쟁 해결					187 –188	270	
6.7.7	이슈5: 소비자 데이터 보호와 프라이버시					188 –189		
6.7.8	이슈6: 필수서비스 접근					189 –190		

ISO 26000 \ 이 책		1장	2장	3장	4장	5장	6장	7장
6.7.9	이슈7: 교육과 인식					190 –191		
6.8	지역사회 참여와 발전					115		
6.8.1	개요					191 –192		
6.8.2	원칙과 고려사항					192 –193		
6.8.3	이슈1: 지역사회 참여					195 –196		
6.8.4	이슈2: 교육 문화					203		
6.8.5	이슈3: 고용창출, 기능개발					197 –198		
6.8.6	이슈4: 기술개발과 접근성					199		
6.8.7	이슈5: 부와 소득 창출					200 –202		
6.8.8	이슈6: 보건					204 –205		
6.8.9	이슈7: 사회투자					196 –197		
7	조직 전반에 걸친 사회책임 통합 지침							
7.1	일반							
7.2	조직 특성과 사회책임 관계						248	
7.3	조직의 사회책임 이해							
7.3.1	상세검토						217	
7.3.2	조직에 대한 핵심 주제, 이슈의 관련성과 중대성 결정				89		246 –248	

ISO 26000 \ 이 책		1장	2장	3장	4장	5장	6장	7장
7.3.3	조직의 영향권						226 249	
7.3.4	이슈 우선순위 설정						255	
7.4	조직 전반에 걸친 사회책임 통합 관행							
7.4.1	사회책임 인식 제고, 역량 구축						251 -253 255 274	
7.4.2	사회책임 위한 조직 방향 설정						218 252 -253	
7.4.3	조직 거버넌스, 시스템, 절차 안에 사회책임 구축						237 253 -255	
7.5	사회책임에 대한 의사소통							
7.5.1	사회책임에서 의사소통의 역할						262	
7.5.2	사회책임 관련 정보 특성						263	
7.5.3	사회책임에 관한 의사소통 유형						264	
7.5.4	사회책임 의사소통 관련 이해관계자 대화						267	
7.6	사회책임에 대한 신뢰성 제고							
7.6.1	신뢰성 제고방법						271 -272	
7.6.2	사회책임 보고서와 주장의 신뢰성 제고						272 -273	

ISO 26000 \ 이 책		1장	2장	3장	4장	5장	6장	7장
7.6.3	조직과 이해관계자 간 갈등, 의견 불일치 해결						270	
7.7	사회책임 관련 조직활동/관행의 검토/개선							
7.7.1	일반							
7.7.2	사회책임에 대한 관측 활동						255 −258	
7.7.3	사회책임에 대한 조직 진척과 성과 검토						260	
7.7.4	데이터 정보 수집 관리 신뢰성 제고						259 −260	
7.7.5	성과 개선						261	
7.8	사회책임을 위한 자발적 이니셔티브							
7.8.1	일반							
7.8.2	참여의 자발적 본질							
7.8.3	고려사항							
7.8.4	부속서 A에 대한 주석							
부속서	A. 사회책임을 위한 자발적 이니셔티브와 도구 사례							
부속서	B. 약어							
	문헌목록							
상자 1	이 국제표준 이용자를 돕기 위한 요약 정보			40				
상자 2	양성평등과 사회책임							
상자 3	ISO 26000과 중소조직							

ISO 26000 \ 이 책		1장	2장	3장	4장	5장	6장	7장
상자 4	연루의 이해				62			
상자 5	사회책임으로 조직이 얻는 이득							
상자 6	국제인권장전과 핵심 인권문서					131		
상자 7	어린이노동							
상자 8	국제노동기구							
상자 9	노사공동 보건 안전위원회							
상자 10	기후변화 적응행동 사례							
상자 11	UN 소비자보호 가이드라인							
상자 12	소비자 분쟁 해결							
상자 13	새천년개발목표							
상자 14	조직 핵심활동을 통해 지역사회 발전에 기여하는 방법							
상자 15	사회책임 보고							
상자 16	인증할 수 있는 이니셔티브와 상업적이거나 경제적 이해와 관련된 이니셔티브							
상자 17	이니셔티브에 대한 ISO 미승인							

(3) ISO 조직도[1)]

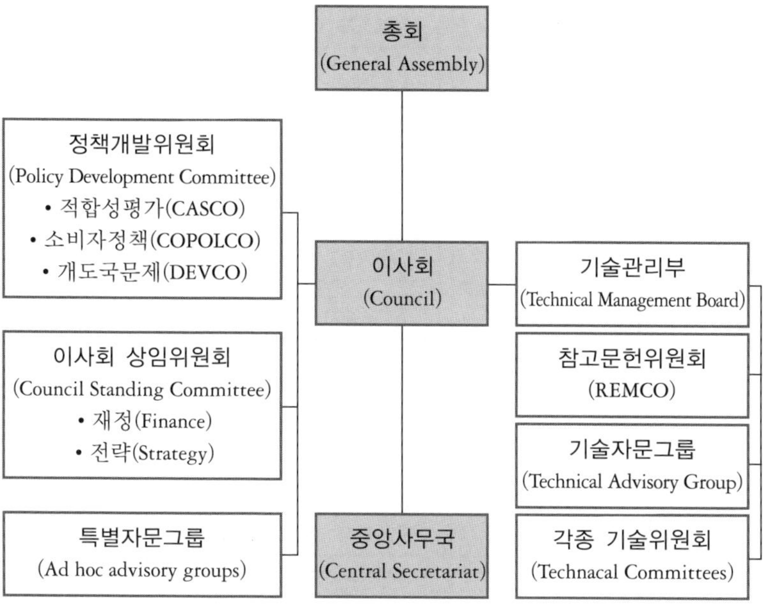

- CASCO : Committee on conformity assessment
- COPOLCO : Committee on consumer policy
- DEVCO : Committee on developing country matters
- REMCO : Committee on reference materials[2)]

---

1) 이 조직도는 노한균(2007a)에서 인용했다.

2) ISO 조직의 우리말 번역은 ISO의 우리나라 회원기관인 기술표준원의 번역을 가능한 존중하였으나, 기술표준원이 '표준물질위원회' 라고 번역한 REMCO의 경우 명백한 오류가 있다고 판단되어 '참고문헌위원회' 로 바꿔 번역하였다.

(4) ISO 26000 사회책임 핵심 주제와 이슈 모음

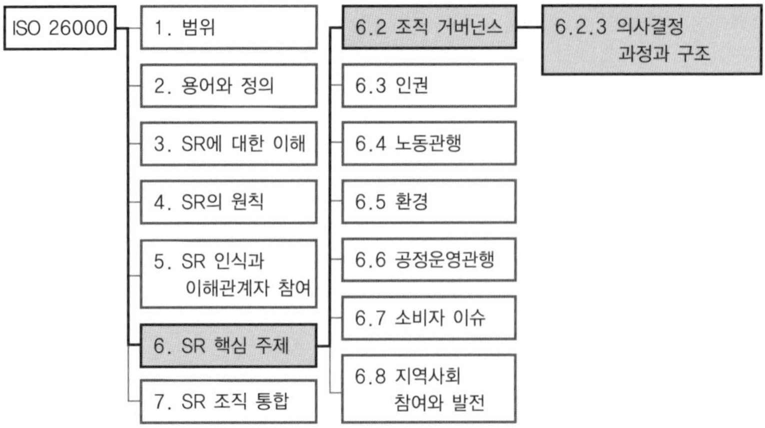

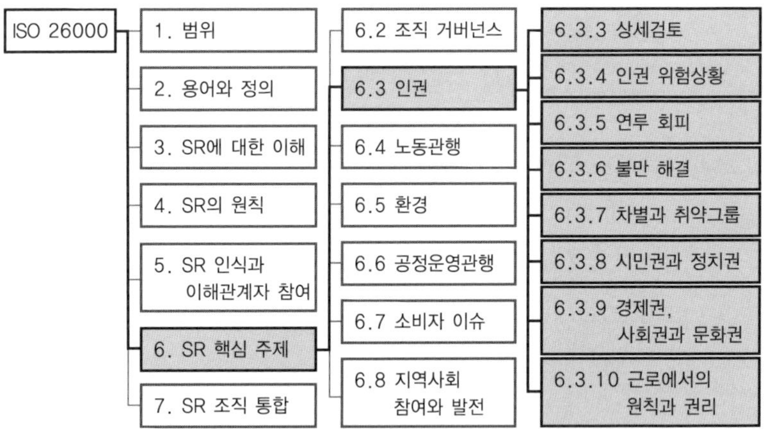

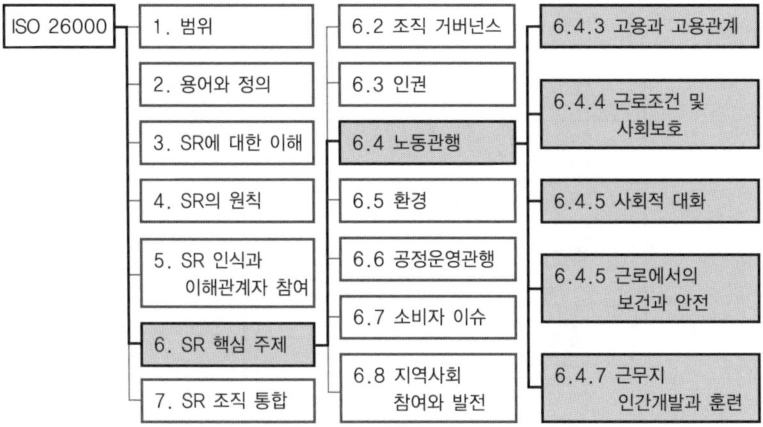
ISO 26000
1. 범위
2. 용어와 정의
3. SR에 대한 이해
4. SR의 원칙
5. SR 인식과 이해관계자 참여
6. SR 핵심 주제
7. SR 조직 통합
6.2 조직 거버넌스
6.3 인권
6.4 노동관행
6.5 환경
6.6 공정운영관행
6.7 소비자 이슈
6.8 지역사회 참여와 발전
6.4.3 고용과 고용관계
6.4.4 근로조건 및 사회보호
6.4.5 사회적 대화
6.4.5 근로에서의 보건과 안전
6.4.7 근무지 인간개발과 훈련

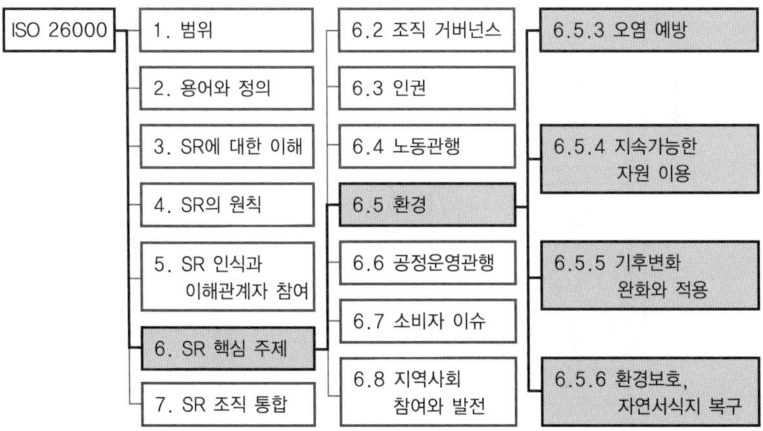
ISO 26000
1. 범위
2. 용어와 정의
3. SR에 대한 이해
4. SR의 원칙
5. SR 인식과 이해관계자 참여
6. SR 핵심 주제
7. SR 조직 통합
6.2 조직 거버넌스
6.3 인권
6.4 노동관행
6.5 환경
6.6 공정운영관행
6.7 소비자 이슈
6.8 지역사회 참여와 발전
6.5.3 오염 예방
6.5.4 지속가능한 자원 이용
6.5.5 기후변화 완화와 적용
6.5.6 환경보호, 자연서식지 복구

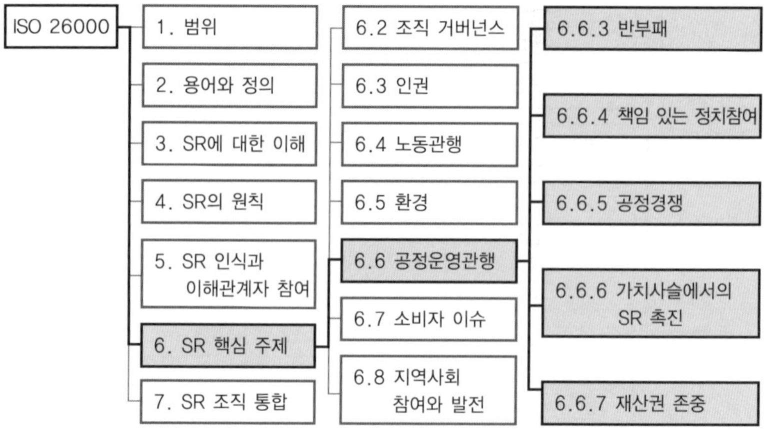
ISO 26000
1. 범위
2. 용어와 정의
3. SR에 대한 이해
4. SR의 원칙
5. SR 인식과 이해관계자 참여
6. SR 핵심 주제
7. SR 조직 통합
6.2 조직 거버넌스
6.3 인권
6.4 노동관행
6.5 환경
6.6 공정운영관행
6.7 소비자 이슈
6.8 지역사회 참여와 발전
6.6.3 반부패
6.6.4 책임 있는 정치참여
6.6.5 공정경쟁
6.6.6 가치사슬에서의 SR 촉진
6.6.7 재산권 존중

ISO 26000
1. 범위
2. 용어와 정의
3. SR에 대한 이해
4. SR의 원칙
5. SR 인식과 이해관계자 참여
6. SR 핵심 주제
7. SR 조직 통합
6.2 조직 거버넌스
6.3 인권
6.4 노동관행
6.5 환경
6.6 공정운영관행
6.7 소비자 이슈
6.8 지역사회 참여와 발전
6.7.3 공정 마케팅
6.7.4 소비자 보건과 안전 보호
6.7.5 지속가능소비
6.7.6 소비자 지원, 불만 해결
6.7.7 소비자 데이터 보호
6.7.8 필수 서비스에 대한 접근
6.7.9 교육과 인식

ISO 26000
1. 범위
2. 용어와 정의
3. SR에 대한 이해
4. SR의 원칙
5. SR 인식과 이해관계자 참여
6. SR 핵심 주제
7. SR 조직 통합
6.2 조직 거버넌스
6.3 인권
6.4 노동관행
6.5 환경
6.6 공정운영관행
6.7 소비자 이슈
6.8 지역사회 참여와 발전
6.8.3 지역사회 참여
6.8.4 교육과 문화
6.8.5 고용 창출과 기능개발
6.8.6 기술개발과 접근성
6.8.7 부와 소득 창출
6.8.8 보건
6.8.9 사회투자

(5) GRI G3 성과지표 개요

분야	세부 분야	번호	구분		지표 내용
			핵심	부가	
경제	경제성과	EC 1	✔		직접적인 경제적 가치의 창출과 배분
		2	✔		기후변화의 재무적 영향과 사업활동에 대한 위험과 기회
		3	✔		연금 지원 범위
		4	✔		정부 보조금 수혜 실적
	시장지위	5		✔	주요 사업장의 현지 법정 최저임금 대비 신입사원 임금 비율
		6	✔		주요 사업장의 현지구매정책, 관행 및 비율
		7	✔		주요 사업장의 현지인 우선 채용절차 및 현지 출신 고위관리자 비율
	간접 경제효과	8	✔		공익을 우선한 인프라 투자 및 서비스 지원 활동과 효과
		9		✔	간접적인 경제적 파급효과에 대한 이해 및 설명
환경	원료	EN 1	✔		중량 또는 부피 기준 원료 사용량
		2	✔		재생원료 사용비율
	에너지	3	✔		1차 에너지원별 직접 에너지 소비량
		4	✔		1차 에너지원별 간접 에너지 소비량
		5		✔	절약 및 효율성 개선으로 절감한 에너지량
		6		✔	에너지 효율적이거나 재생가능에너지 기반 제품/서비스 공급 노력 및 해당 사업을 통한 에너지 감축량
		7		✔	간접 에너지 절약사업 및 성과
	용수	8	✔		공급원별 총 취수량
		9		✔	취수로부터 큰 영향을 받는 용수 공급원
		10		✔	재사용 및 재활용된 용수 총량 및 비율

분야	세부 분야	번호	구분		지표 내용
			핵심	부가	
	생물 다양성	11	✔		보호구역 및 생물다양성 가치가 높은 구역 또는 주변지역에 소유, 임대, 관리하고 있는 토지의 위치 및 크기
		12	✔		보호구역 및 생물다양성 가치가 높은 구역에서의 활동, 제품, 서비스로 인하여 생물다양성에 미치는 영향
		13		✔	보호 또는 복원된 서식지
		14		✔	생물다양성 관리전략, 현행 조치 및 향후 계획
		15		✔	사업영향 지역 내에 서식하고 있는 국제자연보호연맹 지정 멸종 위기종과 국가 지정 멸종 위기종의 수 및 멸종 위험도
	대기 배출물, 폐수 및 폐기물	16	✔		직 · 간접 온실가스 총 배출량
		17	✔		기타 간접 온실가스 배출량
		18		✔	온실가스 감축사업 및 성과
		19	✔		오존층 파괴 물질 배출량
		20	✔		NOx, Sox 및 기타 주요 대기오염물질 배출량
		21	✔		최종 배출지별 총 폐수 배출량 및 수질
		22	✔		형태 및 처리방법별 폐기물 배출량
		23	✔		중대한 유해물질 유출 건수 및 유출량
		24		✔	바젤협약 부속서 I, II, III, VIII에 규정된 폐기물의 운송/반입/반출/처리량 및 해외로 반출될 폐기물의 비율
		25		✔	보고 조직의 폐수 배출로 인해 영향을 받는 수역 및 관련 서식지의 명칭, 규모, 보호 상태 및 생물다양성 가치
	제품 및 서비스	26	✔		제품 및 서비스의 환경영향 저감활동과 성과
		27	✔		판매된 제품 및 관련 포장재의 재생비율

<table>
<tr><th rowspan="2">분야</th><th rowspan="2" colspan="2">세부 분야</th><th rowspan="2">번호</th><th colspan="2">구분</th><th rowspan="2">지표 내용</th></tr>
<tr><th>핵심</th><th>부가</th></tr>
<tr><td></td><td colspan="2">법규준수</td><td>28</td><td>✔</td><td></td><td>환경법규 위반으로 부과된 벌금액 및 비금전적 제재 건수</td></tr>
<tr><td></td><td colspan="2">운송</td><td>29</td><td></td><td>✔</td><td>제품 및 원자재 운송과 임직원 이동의 중대한 환경영향</td></tr>
<tr><td></td><td colspan="2">전체</td><td>30</td><td></td><td>✔</td><td>환경보호 지출 및 투자 총액</td></tr>
<tr><td rowspan="16">사회</td><td rowspan="14">노동여건 및 관행</td><td rowspan="3">고용</td><td>LA 1</td><td>✔</td><td></td><td>고용 유형, 고용 계약 및 지역별 인력 현황</td></tr>
<tr><td>2</td><td>✔</td><td></td><td>직원 이직 건수의 비율</td></tr>
<tr><td>3</td><td></td><td>✔</td><td>임시직 또는 시간제 직원에게는 제공하지 않고 상근직 직원에게만 제공하는 혜택</td></tr>
<tr><td rowspan="2">노사관계</td><td>4</td><td>✔</td><td></td><td>단체교섭 적용 대상 직원 비율</td></tr>
<tr><td>5</td><td>✔</td><td></td><td>중요한 사업 변동사항에 대한 최소 통보기간</td></tr>
<tr><td rowspan="4">직장 보건 및 안전</td><td>6</td><td></td><td>✔</td><td>노사 공동 보건안전위원회가 대표하는 직원 비율</td></tr>
<tr><td>7</td><td>✔</td><td></td><td>부상, 직업병, 손실일수, 결근 및 업무 관련 재해 건수</td></tr>
<tr><td>8</td><td>✔</td><td></td><td>심각한 질병에 관해 직원 및 그 가족 그리고 지역주민을 지원하기 위한 교육, 훈련, 상담, 예방 및 위험관리 프로그램</td></tr>
<tr><td>9</td><td></td><td>✔</td><td>노동조합과의 정식 협약 대상인 보건 및 안전 사항</td></tr>
<tr><td rowspan="3">교육 및 훈련</td><td>10</td><td>✔</td><td></td><td>직원 형태별 일인당 연평균 교육시간</td></tr>
<tr><td>11</td><td></td><td>✔</td><td>지속적인 고용과 퇴직직원 지원을 위한 직무교육 및 평생학습 프로그램</td></tr>
<tr><td>12</td><td></td><td>✔</td><td>정기 성과평가 및 경력개발 심사 대상 직원의 비율</td></tr>
<tr><td rowspan="2">다양성 및 평등한 기회</td><td>13</td><td>✔</td><td></td><td>이사회 및 직원의 구성현황</td></tr>
<tr><td>14</td><td>✔</td><td></td><td>직원 범주별 남녀 직원간 기본급 비율</td></tr>
<tr><td rowspan="2">인권</td><td rowspan="2">투자 및 조달 관행</td><td>HR 1</td><td>✔</td><td></td><td>인권보호 조항이 포함되거나 인권심사를 통과한 주요 투자협약 건수 및 비율</td></tr>
<tr><td>2</td><td>✔</td><td></td><td>주요 공급업체 및 계약업체의 인권심사 비율</td></tr>
</table>

분야	세부 분야	번호	구분: 핵심	구분: 부가	지표 내용
		3		✔	업무와 관련한 인권정책 및 절차에 대한 직원교육 시수
	차별 금지	4	✔		총 차별 건수 및 관련 조치
	결사 및 단체 교섭의 자유	5	✔		결사 및 단체교섭의 자유가 심각하게 침해될 소지가 있다고 판단된 업무 분야 및 해당 권리를 보장하기 위한 조치
	아동 노동	6	✔		아동노동 발생 위험이 높은 사업 분야 및 아동노동 근절을 위한 조치
	강제 노동	7	✔		강제노동 발생 위험이 높은 사업 분야 및 강제노동 근절을 위한 조치
	보안 관행	8		✔	업무와 관련한 인권정책 및 절차 교육을 이수한 보안 담당자 비율
	원주민 권리	9		✔	원주민 권리 침해 건수 및 관련 조치
사회	지역 사회	SO 1	✔		업무활동의 시작, 운영, 종료 단계에서 지역사회 영향을 평가하고 관리하는 프로그램의 특성, 범위 및 실효성
	부패	2	✔		부패 위험이 분석된 사업 단위의 수 및 비율
		3	✔		반부패 정책 및 절차에 대한 교육을 받은 직원비율
		4	✔		부패사건에 대한 조치
	공공 정책	5	✔		공공정책에 대한 입장, 공공정책 수립 및 로비활동 참여
		6		✔	정당, 정치인 및 관련 기관에 대한 국가별 현금/현물 기부 총액
	경쟁저해행위	7		✔	부당경쟁행위 및 독점행위에 대한 법적 조치 건수 및 그 결과
	법규 준수	8	✔		법률 및 규제 위반으로 부과된 벌금 및 비금전적 제재 건수

분야	세부 분야		번호	구분		지표 내용
				핵심	부가	
	제품책임	고객 건강 및 안전	PR 1	✔		개선을 목적으로 제품 및 서비스의 건강 및 안전 영향을 평가한 라이프사이클상의 단계, 주요 제품 및 서비스의 해당 평가 실시 비율
			2		✔	제품 및 서비스의 라이프사이클상의 고객의 건강과 안전영향 관련 규제 및 자발적 규칙 위반 건수
		제품 및 서비스 라벨링	3	✔		절차상 필요한 제품 및 서비스 정보 유형, 그러한 정보요건에 해당되는 주요 제품 및 서비스의 비율
			4		✔	제품/서비스 정보 및 라벨링과 관련된 규제 및 자발적 규칙 위반 건수
			5		✔	고객만족도 평가 설문 결과 등 고객 만족 관련 활동
		마케팅 커뮤니케이션	6	✔		광고, 판촉, 스폰서십 등 마케팅 커뮤니케이션과 관련된 규제, 표준 및 자발적 규칙 준수 프로그램
			7		✔	광고, 판촉, 스폰서십 등 마케팅 커뮤니케이션과 관련된 규제, 표준 및 자발적 규칙 위반 건수
		고객 개인정보 보호	8		✔	고객 개인정보 보호 위반 및 고객 데이터 분실과 관련하여 제기된 불만 건수
			9	✔		제품 및 서비스 공급에 관한 법률 및 규제 위반으로 부과된 벌금 액수

(6) ISO 26000과 GRI G3 성과지표 대조표

범례: ● 관련이 큼　　○ 어느 정도 관련이 있음

ISO / GRI	6.2	6.3 인권								6.4 노동관행					6.5 환경				6.6 공정운영관행					6.7 소비자 이슈							6.8 지역사회 참여/발전						
		3	4	5	6	7	8	9	10	3	4	5	6	7	3	4	5	6	3	4	5	6	7	3	4	5	6	7	8	9	3	4	5	6	7	8	9
EC 1																															●	○	○	○	●	○	●
2															○	○	●	○																			
3																																					
4																																					
5											●																				○	○	○	○	○	○	○
6																						●									○	○	●	○	●	○	○
7																															○	○	●	○	●	○	○
8								●																							●	●	●	●	●	○	●
9								●														●	●						●		○	○	●	●	●	○	●
EN 1															○	●	○	○																			
2															○	●	○	○																			
3															○	●	○	○																			
4															○	●	○	○																			

ISO / GRI	6.2	6.3 인권								6.4 노동관행					6.5 환경				6.6 공정운영관행					6.7 소비자 이슈							6.8 지역사회 참여/발전						
		3	4	5	6	7	8	9	10	3	4	5	6	7	3	4	5	6	3	4	5	6	7	3	4	5	6	7	8	9	3	4	5	6	7	8	9
EN 5															○	●	○	○																			
6															○	●	○	○																			
7															○	●	○	○																			
8															○	●	○	○																			
9															○	●	○	○																			
10															○	●	○	○																			
11															○	○	○	●																			
12															○	○	○	●																			
13															○	○	○	●																			
14															○	○	○	●																			
15															○	○	○	●																			
16															○	○	●	○																			
17															○	○	●	○																			
18															○	○	●	○																			

ISO / GRI	6.2	6.3 인권								6.4 노동관행					6.5 환경				6.6 공정운영관행					6.7 소비자 이슈							6.8 지역사회 참여/발전						
		3	4	5	6	7	8	9	10	3	4	5	6	7	3	4	5	6	3	4	5	6	7	3	4	5	6	7	8	9	3	4	5	6	7	8	9
EN19															●	○	○	○																			
20															●	○	○	○																			
21															●	○	○	○																			
22															●	○	○	○																			
23															●	○	○	○																			
24															●	○	○	○																			
25															○	●	○	●																			
26															○	●	○	○				●				●											
27															○	●	○	○								●											
28															○	○	○	○																			
29															○	●	○	○				●															
30															○	○	○	○																			
LA 1										●	○	○	○	○																							
2										●	○	○	○	○																							

ISO / GRI	6.2	6.3 인권								6.4 노동관행					6.5 환경				6.6 공정운영관행					6.7 소비자 이슈							6.8 지역사회 참여/발전						
		3	4	5	6	7	8	9	10	3	4	5	6	7	3	4	5	6	3	4	5	6	7	3	4	5	6	7	8	9	3	4	5	6	7	8	9
LA 3										●	●	○	○	○																							
4									●	●	●	●	○	○																							
5										●	●	●	○	○																							
6										○	○	○	●	○																							
7										○	○	○	●	○																							
8										○	○	○	●	○																	●	●	○	○	○	●	○
9										○	○	○	●	○																							
10										○	○	○	○	●																							
11										○	○	○	○	●																							
12										○	○	○	○	●																							
13						●			●	●	○	○	○	○																							
14						●			●	●	●	○	○	○																							
HR 1		●	○	●	○	○	○	○	○													●															
2		●	○	●	○	○	○	○	○	●												●															

ISO / GRI	6.2	6.3 인권								6.4 노동관행				
		3	4	5	6	7	8	9	10	3	4	5	6	7
HR 3		○	○	●	○	○	○	○	○					
4		○	○	○	●	●	○	○	●	●				
5		●	●	●	○	○	●	○	●	●		●		
6		●	●	●	○	●	○	○	●					
7		●	●	●	○	●	○	○	●					
8		○	○	●	○	○	○	○	○	●				
9		○	○	○	●	●	●	○	○					
SO 1								●						
2								●						
3														
4														
5														
6														
7														

ISO / GRI	6.5 환경				6.6 공정운영관행					6.7 소비자 이슈							6.8 지역사회 참여/발전						
	3	4	5	6	3	4	5	6	7	3	4	5	6	7	8	9	3	4	5	6	7	8	9
HR 3																							
4																							
5																							
6																							
7																							
8								●															
9									●														
SO 1									●								○	○	●	○	○	○	○
2					●	○	○	○	○														
3					●	○	○	○	○														
4					●	○	○	○	○														
5					○	●	○	○	○								●						
6					○	●	○	○	○								●						
7					○	○	●	○	●														

ISO / GRI	6.2	6.3 인권								6.4 노동관행					6.5 환경				6.6 공정운영관행					6.7 소비자 이슈							6.8 지역사회 참여/발전						
		3	4	5	6	7	8	9	10	3	4	5	6	7	3	4	5	6	3	4	5	6	7	3	4	5	6	7	8	9	3	4	5	6	7	8	9
SO 8																			○	○	○	○	●												○		
PR 1								●														●		○	●	●	○	○	○	○							
2																						●		○	●	●	○	○	○	○							
3																								●	●	●	●	○	○	●							
4																								●	●	●	●	○	○	●							
5																								○	●	●	●	○	●	●							
6																								●	○	○	●	○	○	●							
7																								●	○	○	●	○	○	●							
8																								○	○	○	○	●	○	○							
9																								○	○	○	●	○	○	○							

(7) ISO 26000과 UNGC 원칙 대조표

범례: ● 관련이 큼 ○ 어느 정도 관련이 있음

ISO / UNGC	6.2	6.3 인권								6.4 노동관행					6.5 환경				6.6 공정운영관행					6.7 소비자 이슈							6.8 지역사회 참여/발전						
		3	4	5	6	7	8	9	10	3	4	5	6	7	3	4	5	6	3	4	5	6	7	3	4	5	6	7	8	9	3	4	5	6	7	8	9
HR 1		●	●	●	●	●	●	●	●																												
2		●	●	●	○	○	○	○	○																												
LA 3		○	○	○	○	○	●	○	●	●	●	●	○	○					○	●	○	○	○														
4		○	●	○	○	○	○	○	●	○	●	○	○	○																							
5		●	●	○	○	●	○	○	●																												
6		○	○	○	○	●	○	○	●	●	●	●	○	●																							
EN 7															○	●	●	○	○	○	○	●	○														
8															●	●	●	●																			
9															○	●	●	○	○	●	○	○	○														
AC10																			●	●	○	●	○														

참고문헌

• **우리말 자료**

김성두(1973), 기업인의 자세와 사회책임: 균형 이루어야 할 영리와 사회공익, 기계공업(現 기계산업), 9, 46–48.

김원신(1991), 기업의 사회책임의 찬반론에 대한 이론적 고찰, 산학경영연구, 4, 1–24.

노한균(2007a), 사회책임(SR) 국제표준화 국내 영향 및 대응방안 연구(학술연구용역 보고서), 과천: 기술표준원.

노한균(2007b), 지속가능경영 촉진을 위한 정부의 역할과 과제(학술연구용역 보고서), 서울: 대한상공회의소.

노한균(2008a), CSR에 대한 한국 정부의 정책과 입장(콘라드 아데나워 재단 한국사회책임투자포럼 주최 세미나 발표자료), 2월 19일, 서울: 콘라드 아데나워 재단 한국사회책임투자포럼.

노한균(2008b), 기업의 사회책임에 관한 국제 동향: 국제기구 논의를 중심으로, 한국비영리연구, 6 (3), 101–131.

노한균(2008c), 사회책임 국제표준, ISO 26000의 최근 쟁점 분석: 산티아고 회의를 중심으로, 한국윤리경영학회 추계학술대회, 11월 14일, 서강대학교.

노한균(2010), ISO 26000 발표에 따른 기업의 대응과제, 서울: 전국경제인연합회.

박영철(1983), 사회개발에 있어서 기업의 역할: 사회책임에 대한 기업의 대응, 고려대학교 아세아문제연구소 한국사회개발연구, 39–47.

브래들리 K. 구긴스, 필립 H. 머비스, 스티븐 A. 로크린(강주현 안젤라 번역) (2008) (세계최고 기업들의) 기업시민활동. 서울: FKI미디어.

삼성전자(2011), 삼성전자 환경 사회보고서(http:// www.sam-sung.

com, 2011.1.8. 검색).
서정갑(1986), 기업의 사회책임, 사법행정, 27 (8), 42-46.
유장선(1993), 우리나라의 경제발전과 기업성장에 따른 기업의 사회책임 대책, 서강경영논총, 4, 55-70.
이병철(2007), 기업의 사회책임과 법적 질서: 자유주의 시장경제질서와 사회적 자본으로서의 신뢰에 대하여, 한양법학, 20, 33-74.
정성호(1996), 기업의 사회책임: 그 배경과 실제, 사회과학연구, 35, 47-68.
정원규(2002), 기업의 사회책임에 대한 철학적 고찰, 기업윤리연구, 5, 91-107.
정희철(1974), 이른바 기업의 사회책임과 법적 제문제, 서울대학교 법학, 15 (1), 217-237.
조효제(2007), 인권의 문법, 서울: 후마니타스.
지속가능경영 포털(2011), 웹사이트(http://csr-korea.net, 2011.3.1. 검색).
지식경제부(산업정책연구원 수행) (2009) 해외 정부의 지속가능경영 추진 동향, 과천: 지식경제부.
지식경제부(2011), 지속가능경영 정보가 한 자리에 모였다! 지속가능경영 웹포털(http://csr-korea.net) 오픈(보도자료), 1월 10일, 과천: 지식경제부.
코트라(2010), 주요국 기업의 CSR 활동 사례, 서울: 코트라.
한국존슨앤드존슨(2011), 우리의 신조(http://www.jnj-korea.co.kr/con_credo.html, 2011.2.13. 검색).
한철(1989), 주식회사의 사회책임, 상사법연구, 7, 539-573.
GRI(에코프론티어, 한국표준협회 번역) (2006), 지속가능경영 보고서 가이드라인: G3 버전, 암스테르담, 네덜란드: GRI.

• 외국말 자료

Anglo American(2003), Socio-Economic Assessment Toolbox, London: Anglo American.

Bartlett, C.A. & Ghoshal, S.(1998), Managing across Borders: The Transnational Solution, 2nd edn., Cambridge, MA: Harvard Business School Press.

Berle, A.A.(1931), Corporate powers as powers in trust, Harvard Law Review, 44 (7), 1049-1074.

Bowen, H.R.(1953), Social Responsibility of the Business-man, New York: Harper & Row.

Castka, P. and Balzarova, M.A.(2008), ISO 26000 and supply chains: On the diffusion of the social respon-sibility standard. International Journal of Production Economics, 111 (2), 274-286.

Christen, R.P. & Flaming, M.(2009), Due Diligence Guidelines for the Review of Microcredit Loan Portfolios: A Tiered Approach, Washington DC: World Bank.

Clark, C., Rosenzweig, W., Long, D. & Olsen, S.(2004), Assessing Social Impact in Double Bottom Line Ventures: Methods Catalog(Double Bottom Line Project Report), New York: RISE.

Clark, J.B. & Clark, J.M.(1914), The Control of Trust, New York: Macmillan.

Clark, J.M.(1916), The changing basis of economic responsibility, Journal of Political Economy, 24 (3), 209-229.

Clark, J.M.(1926), Social Control of Business, New York: McGraw-Hill.

Clark, J.M.(1939), Social Control of Business, revised edn, New York: McGraw-Hill.

Davis, K.(1960), Can business afford to ignore social responsibility? California Management Review, 2 (3), 70-76.

DCMS(2005), Combating Illicit Trade: Due Diligence Guidelines for

Museums, Libraries and Archives on Collecting and Borrowing Cultural Materials, London: DCMS.

Dent, N.(2005), Obligation. In: Honderich, T. (ed.) The Oxford Guide to Philosophy, Oxford: Oxford University Press, 668.

DIHR(2010), The Human Rights and Business Country Risk Portal, Copenhagen, Denmark: DIHR.

DIHR(2011), 웹사이트(http://www.humanrights.dk, 2011.3.13. 검색).

Dodd, E.M.(1932), For whom are corporate managers trustees?, Harvard Law Review, 45 (7), 1145-1163.

Ecopetrol(2010), Sustainability Report 2009, Bogota, Colombia: Ecopetrol.

EICC(2010), 2009 Annual Report, Washington, DC: EICC.

Eisner, R.(1971), New twists to income and product, Survey of Current Business, 51 (7), 67-68.

Elkington, J.(1997), Cannibals with Forks: The Triple Bottom Line of 21st Century Business, Oxford: Capstone.

Emmerij, L. & Jolly, R.(2009), The UN and transnational corporations, UN Intellectual History Project (Briefing Note No. 17), New York: UN.

Frederick, W.C.(1978), From CSR1 to CSR2: the maturing of business-and-society thought, Working Paper No. 279, Graduate School of Business, University of Pittsburgh. Republished in Business & Society, 33 (2), 150-164.

GE(2010), 2009 Citizenship Report: Renewing Responsibilities, Fairfiled, CT: GE.

Google(2011), Corporate Information(http://www.google.com/intl/en/corporate/, 2011.2.14. 검색).

GRI(2010), GRI and ISO 26000: How to use the GRI Guidelines in conjunction with ISO 26000, Brussels, Belgium: GRI.

GRI(2011), GRI reports list(http://www.globalreport-ing.org,

2011.1.8. 검색).

Habisch, A., Jonker, J., Wegner, M. and Schmidpeter, R. (2005), Corporate Social Responsibility across Europe. Berlin: Springer.

Hart, H.L.A.(1968), Punishment and Responsibility: Essays in the Philosophy of Law, Oxford, UK: Oxford University Press.

Hart, H.L.A.(2008), Punishment and Responsibility: Essays in the Philosophy of Law, 2nd edn., Oxford, UK: Oxford University Press.

HRIAM(2011), 웹사이트(www.guidetohriam.org, 2010.12. 16 검색).

Human Rights and Business(2011), 웹사이트(http://humanrightsbusiness.org, 2011.3.13. 검색).

Human Rights Matrix(n.d.), The Human Rights Matrix, (http://www.humanrights-matrix.net/page1/assets/FLYER%20beta-1.pdf, 2011.2.5 검색).

IAIA(2009), What is impact assessment? Fargo, ND: IAIA.

ICN(2009), ICN Factsheet and Key Messages (http://www.internationalcompetitionnetwork.org/uploads/library/doc608.pdf, 2011.2.8. 검색).

IFC(1998), Doing Better Business Through Effective Public Consultation: A Good Practice Manual, Washington, DC: IFC.

IFC(2007), Stakeholder Engagement: A Good Practice Handbook for Companies Doing Business in Emerging Markets, Washington, DC: IFC.

IFC(2009), Addressing Grievances from Project-Affected Communities, Washington, DC: IFC.

IFC(2010), Leadership in Environmental and Social Sustainability (www.ifc.org/sustainability/, 2010.12.16 검색).

ISO(2004), Recommendations to the ISO Technical Management Board(ISO/TMB AG CSR N32), Geneva: ISO.

ISO(2009), Guidance on Social Responsibility(ISO/TMB/WG SR N.

172), Geneva: ISO
ISO(2010a), ISO 26000 Project Overview, Geneva: ISO.
ISO(2010b), Discovering ISO 26000, Geneva: ISO.
ISO(2010c), It's crystal clear. No certification to ISO 26000 guidance standard on social responsibility (Press Release Ref. 1378), 11월 30일(http://www. iso.org/iso/pressrelease.htm?refid=Ref1378).
ISO(2010d), Guidance on Social Responsibility(ISO 26000), Geneva: ISO.
ISO(n.d.), Latin American companies pioneer ISO 26000 implementation(www.iso.org, 2010.12.16 검색).
ISO(n.d.), ISO 26000 helps State of Geneva ensure ethics are respected in e-administration(www.iso.org, 2010.12.16 검색).
ISO Advisory Group on Social Responsibility(2004), Working Report on Social Responsibility, Geneva: ISO.
ISO COPOLCO(2002), The Desirability and Feasibility of ISO Corporate Social Responsibility Standards, Geneva: ISO.
Kaplan, R.S. & Norton, D.P.(2004), Strategy Maps: Converting Intangible Assets into Tangible Outcomes, Boston, MA: Harvard Business Press.
Klein, M.(2005), Responsibility, in: Honderich, T.(ed.), The Oxford Guide to Philosophy, Oxford: Oxford University Press, 815-816.
Ludwig Boltmann Institute of Human Rights and Human Rights Consulting Vienna(2009), OMV Human Rights Matrix, Vienna, Austria: OMV.
Marshall, G.(ed.)(1994), The Concise Oxford Dictionary of Sociology, Oxford: Oxford University Press.
Nestl(2011), Strategy-Nestle Roadmap to Good Food, Good Life (http://www.nestle.com/AboutUs/Strategy/Pages/Strategy.aspx, 2011.2.14. 검색).
Nussbaum, M.C.(1992), Human functioning and social justice: In

defense of Aristotelian essentialism, Political Theory, 20 (2), 202–246.

OECD(2004), OECD Principles of Corporate Governance, Paris: OECD.

OECD(2010), Draft due diligence guidance for respon-sible supply chains of minerals from conflict-affected and high-risk areas, Paris: OECD.

OECD(2011), Competition(http://www.oecd.org/topic/0,3699,en_2649_37463_1_1_1_1_37463,00.html, 2011.2.8. 검색).

OGP(2004), Guidelines on Reputational Due Diligence, London: OGP.

OMV(2010), Sustainability Report 2009, Vienna, Austria: OMV.

Osberg, L.(1985), The measurement of economic welfare. Approaches to Economic Well-Being(Vol. 26 for the Royal Commission on the Economic Union and Development Prospects for Canada). D. Laidler (ed.), Toronto, University of Toronto Press. 49–89.

Parsons, T.(1975), The sick role and the role of the physician reconsidered, Milbank Memorial Fund Quarterly, Health and Society, 53 (3), 257–278.

Polsterer, N.(2009), OMV, the UN Global Compact and Human Rights: From Signature to Implementation(Case Story No. 714), New York: UNGC.

Porter, M.E. and Kramer, M.R.(2006), Strategy & society, the link between competitive advantage and corporate social responsibility, Harvard Business Review, 84 (12), 78–92.

Qaqaya, H. & Lipimile, G.(eds.)(2008), The effects of anti-competitive business practices on developing countries and their development prospects, Geneva: UNCTAD.

Rho, H.-K.(2008), Korean government's policy towards corporate social responsibility(CSR), a paper prepared for Konrad Adenauer Foundation.

Ruggie, J.(2009), Note on ISO 26000 Guidance Draft Document,

Memo.

Sen, A.K.(1999), Democracy as a universal value, Journal of Democracy, 10 (3), 3-17.

Spreckley, F.(1981), Social Audit: A Management Tool for Cooperative Working, Vale of Glamorgan, UK: Beechwood College.

Stout, L.A.(2002), Bad and not-so-bad arguments for shareholder primacy, Southern California Law Review, 75, 1189-1209.

Taylor, M.B., Zandvliet, L. & Forouhar, M.(2009), Due Diligence for Human Rights: A Risk-Based Approach(Corporate Social Responsibility Initiative Working Paper No. 53), Cambridge, MA: John F. Kennedy School of Government, Harvard University.

Tomorrow's Value Rating(2011), 웹사이트(http://www.tomorrowsvaluerating.com, 2011.2.13. 검색).

UN(2007), Indicators of Sustainable Development: Guidelines and Methodologies, 3rd Edn, New York: UN.

UN(2008a), Clarifying the concepts of "sphere of influence" and "complicity", A/HRC/8/16, May 15, New York: UN.

UN(2008b), Protect, respect and remedy: a framework for business and human rights, A/HRC/8/5, April 7, New York: UN.

UN(2008c), Corporations and human rights: a survey of the scope and patterns of alleged corporate-related human rights abuse, A/HRC/8/5/Add.2, May 23, New York: UN.

UN(2009), Business and human rights: towards operationalizing the "protect, respect and remedy" framework, A/HRC/11/13, April 22, New York: UN.

UNCTAD(2006), Guidance on Good Practices in Corporate Governance Disclosure, Geneva: UNCTAD.

UNCTAD(2011), Competition Law and Policy (http://www.unctad.org/Templates/StartPage.asp?intItemID=2239&lang=1, 2011.2.8. 검색).

UNGC(2007), UN Global Compact Annual Review 2007, New York: UNGC.
UNGC(2010), An Introduction to Linkages between UN Global Compact Principles and ISO 26000 Core Subjects, New York: UNGC.
UNGC & BSR(2010), Supply Chain Sustainability: A Practical Guide for Continuous Improvement, New York: UNGC.
UNGC, Global Corporate Governance Forum & IFC (2009), Corporate Governance: The Foundation for Corporate Citizenship and Sustainable Business, New York & Washington, DC: UNGC & IFC.
UNGC, OHCHR, Castan Centre for Human Rights Law & IBLF(2008), Human Rights Translated: A Business Reference Guide, New York: UNGC.
U.S. Export–Import Bank(2008), Transaction Due Diligence Best Practices, Washington, DC: Ex–Im Bank.
Vodafone Group(2010a), Pressing forward: Vodafone Group Plc Sustainability Report(For the year ending 31 March 2010), Newbury, UK: Vodafone Group.
Vodafone Group(2010b), Annual Report(For the year ended 31 March 2010), Newbury, UK: Vodafone Group.
WBCSD(2010), Vision 2050: The New Agenda for Business, Geneva, Switzerland: WBCSD.
Weiner, J.L.(1964), The Berle–Dodd dialogue on the concept of the corporation, Columbia Law Review, 64 (8), 1458–1467.
Williams, C.A. & Aguilera, R.V.(2008), Corporate social responsibility in a comparative perspective, IN: A. Crane, A. McWilliams, D. Matten, J. Moon & D.S. Siegel(eds.), Oxford Handbook of Corporate Social Responsibility, Oxford: Oxford University Press, 452–472.
Wilson, C.(1958), Indigenous roots of social respon–sibility? Business History Review, 32 (4), 444–445.

Wikipedia(2010), Welfare capitalism, (http://en. wikipedia.org/wiki/Welfare_capitalism, 2010.11.29 검색).

Wikipedia(2011), Anglo American PLC(http://en.wikipedia.org/wiki/Anglo_American_PLC, 2011.2.1. 검색).

Wood, S.(2010), In defence of the sphere of influence: Why the WGSR should not follow Professor Ruggie's advice on defining the scope of social responsibility, (http://ssrn.com/abstract=1607438, 2010.6.10 검색).

• **인터넷 검색 사이트**

국민연금(http://www.nps.or.kr)

국제앰네스티 한국지부(http://www.amnesty.or.kr)

기업지배구조센터(http://www.cgs.or.kr)

기업호민관(http://www.homin.go.kr)

대 중소기업 상생협력 포털(http://www.winwin.go.kr)

산은경제연구소(http://rd.kdb.co.kr)

아이쿱생협(http://www.icoop.kr)

이로운몰(http://www.erounmall.com)

자본시장연구원(http://www.kcmi.re.kr)

전국민주노동조합총연맹(http://nodong.org)

전국화학노동조합연맹(http://www.fkcu.or.kr)

좋은경영천사(http://cafe.naver.com/gmakorea)

좋은기업센터(http://csr.action.or.kr)

지속가능경영 포털(http://csr-korea.net)

지속가능발전기업협의회(http://www.kbcsd.or.kr)

착한소비365(http://www.goodbuy365.kr)

한국거래소(http://www.krx.co.kr)

한국노동연구원(http://www.kli.re.kr)

한국노동조합총연맹(http://www.inochong.org)

한국투명성기구(http://ti.or.kr)

한국 Responsible Care 협의회(http://www.krcc.or.kr)

TBT 통합정보포탈(http://www.knowtbt.kr)

Amnesty International(AI)[http://www.amnesty.org]

Better Cotton Initiative(BCI)[http://www.bettercotton.org]

Business & Human Rights Resource Centre [http://www.business-humanrights.org]

Business Leaders Initiative on Human Rights(BLIHR) [http://www.

blihr.org/]
Caux Round Table(CRT)[http://www.cauxroundtable.org]
Clean Cloth Campaign(CCC)[http://www.cleanclothes.org]
Coalition for Environmentally Responsible Economies(CERES) [http://www.ceres.org]
Consumers Internationak(CI)[http://www.consumersinternational.org]
Dialogue Institute [http://institute.jesdia-logue.org]
Electronic Industry Citizenship Coalition(EICC) [http://www.eicc.info]
Environmental Impact Assesement: Open Educational Resource [http://eia.unu.edu]
Equator Principles [http://www.equator-principles.com]
Ethical Consumers Community [http://www.ethicalconsumers.ca]
Extractive Industries Transparency Initiative(EITI) [http://eiti.org]
Guide to Human Rights Impact Assessment and Management(HRIAM) [http://www.guidetohriam.org]
Global e-Sustainability Initiative(GeSI) [http://www. gesi.org]
Global Reporting Initiative(GRI) [http://www.globalreporting.org]
Human Rights and Business [http://humanrightsbusiness.org]
Human Rights Matrix [http://www.humanrightsmatrix.net]
Interfaith Center on Corporate Responsibility(ICCR) [http://www.iccr.org]
International Association for Impact Assessment(IAIA) [http://www.iaia.org]
International Chamber of Commerce(ICC) [http://www. iccwbo.org]
International Competition Network(ICN) [http://www. international-competitionnetwork.org]
International Council of Toy Industries(ICTI) [http://www.toyicti.org]
ICTI CARE Process(ICP) [http://www.icticare.org]
International Trade Union Confederation(ITUC) [http://www.ituc-

csi.org]
International Petroleum Industry Environmental Conservation Association(IPIECA) [http://www. ipieca.org]
Principles for Global Corporate Responsibility [http://www. benchmarks.org]
Principles for Responsible Investment(PRI) [http://www. unpri.org]
Rainforest Alliance [http://www.rainforestalliance.org]
Research Initiative on Social Entrepreneurship(RISE) [http://www. riseproject.org]
Responsible Care [http://www.responsi-blecare.org]
Standard Institution of Israel [http://www.sii.org.il]
Sustainable Asset Management(SAM) [http://www.samgroup.com]
Sustainable Buildings and Climate Initiative(SBCI) [http://www. unep.org/sbci/index.asp]
Transparency International(TI) [http://www.transparency.org]
United Nations Centre on Transnational Corporations (UNCTC) [http://unctc.unctad.org]
United Nations Environment Programme-Finance Initiative(UNEP-FI) [http://www.unepfi.org]
United Nations Global Compact(UNGC) [http://unglobalcompact.org]
United Nations Global Compact, Human Rights & Business Learning Tool [http://www2.ohchr.org/training/ungchr_demo/ungchr_demo/index.html]
United Nations Systems Staff College(UNSSC) [http://www.unssc.org]
Voluntary Principles on Security and Human Rights(VPs) [http://www.voluntaryprinciples.org]
World Federation of Trade Unions(WFTU) [http://www. wftucentral.org]
World Business Council for Sustainable Development(WBCSD)

[http://www.wbcsd.org]

World Steel Association [http://www.worldsteel.org]

WTO Technical Barriers to Trade(TBT) Information Management System [http://tbtims.wto.org]

좋은경영천사 소개

'좋은경영천사'는 2009년 여름 '사려 깊은 경제생활을 돕습니다'를 모임의 사명으로 정하고, 사회가치와 경제가치가 조화를 이루는 경제생활을 체계적으로 교육하는 데 관심 있는 몇 사람의 작은 모임으로 시작되었습니다.

'좋은경영천사'의 활동에 관심을 가진 내·외부 회원 간 교류를 위해 네이버에 둥지를 튼 카페(http://cafe.naver.com/gmakorea)는 이듬해인 2010년 3월부터 일반에 공개되었고, 2010년 한 해 동안 약 5,000명의 회원이 기업윤리와 사회책임, 지속가능성에 관한 학술·실무정보는 물론, 전략경영과 국제경영 같은 관련 경영학의 교과정보와 기업분석사례를 무료로 살펴보고 학습할 수 있을 만큼 성장했습니다.

'좋은경영천사'는 교육활동을 통해 특정한 가치기준을 일방적으로 전달하지 않고 있으며, 다만 지속가능성(Sustainability)이란 변화기준 아래서 사회 변화에 있어서 개인의 중요성(Individual power), 개인 각자의 변화가능성(Potentiality), 자율성을 존중하는 변화(Autonomy), 변화를 향한 지속적 노력(Continuity)이라는 'Sus-IPAC'의 원칙을 가지고 활동하고 있습니다.

'좋은경영천사'의 CI는 이런 활동의 취지를 반영해서, 두뇌(brain), 씨앗(seed), 천사의 날개(wing)를 형상화한 것으로, 새로운 경영·경제의 패러다임을 만들어, 우리 사회에 씨앗을 뿌리고, 이를 보호하고 전파해 간다는 의미를 담고 있습니다.

앞으로도 '좋은경영천사'는 처음 정한 사명을 깊이 새기며, 문제의 본질을 깊이 탐구하는, 질 높은 경제·사회가치 교육을 전파하기 위해 관련 연구와 출판, 자문활동을 성실히 수행함으로써 다함께 살아가는 세상을 만들기 위해 노력하겠습니다.

저자 소개

노 한 균

국민대학교 경영대학 교수
경영연구소 지속가능경영연구센터 센터장
좋은경영천사 카페 매니저
국민대 지속가능경영 학생 동아리 '코빅스' 지도교수

[학 력]

서울대학교 경제학과 졸업
캠브리지대학교 경제 · 사회발전학 석사
캠브리지대학교 경영학 박사

[경 력]

1991	제35회 행정고등고시 재경직 합격
1991~2003	상공부(現 지식경제부) 사무관, 서기관
2003~2006	영국 브루넬대학교 경영대학 교수
2006~2007	국가청렴위원회(現 국민권익위원회) 국제협력팀장
2005~2007	국제표준화기구(ISO) 사회책임 작업반 한국 측 전문가
2008~	UN 글로벌콤팩트 한국협회 운영위원
2009~	기술표준원 사회책임 전문위원회 대표전문위원
2010~	한국윤리경영학회 상임이사

[저서 · 논문]

[Shareholder Activism] (Macmillan, 2007), [사회책임 정책 대응방안 연구] (共著, 한국노동연구원, 2009), '기업의 사회책임에 관한 국제 동향' ([한국비영리연구], 2008), '아프리카 활동 다국적기업의 윤리적 정당성 이슈 동향분석' (共著, [EU학 연구], 2008), '지역발전과 사회적 기업의 상호관계에 관한 이론적 탐구' ([비영리연구], 2009) 등

ISO 26000을 통해 사회책임 살펴보기:
새로운 국제표준의 이해와 실천

2011년 6월 1일 초판발행
2012년 8월 20일 중판발행

저 자 노 한 균
발행인 안 종 만
발행처 (주) 박영사
서울특별시 종로구 평동 13-31번지
전화 (733)6771 FAX (736)4818
등록 1959. 3. 11. 제300-1959-1호(倫)

저자와 협의하여 인지첩부 생략함

www.pybook.co.kr e-mail: pys@pybook.co.kr

정 가 23,000원 ISBN 978-89-6454-153-1

이 책의 발간은 지속가능발전기업협의회에서 지원하였음